학생과 교사를 위한

동기

학생과 교사를 위한

동기면담

학급
체크업

Wendy M. Reinke, Keith C. Herman, Randy Sprick 지음

김기은, 김주현, 이서현, 조성희 옮김

Σ시그마프레스

학생과 교사를 위한 동기면담 : 학급 체크업

발행일 | 2016년 7월 11일 1쇄 발행

저자 | Wendy M. Reinke, Keith C. Herman, Randy Sprick
역자 | 김기은, 김주현, 이서현, 조성희
발행인 | 강학경
발행처 | ㈜ 시그마프레스
디자인 | 송현주
편집 | 김은실

등록번호 | 제10-2642호
주소 | 서울특별시 영등포구 양평로 22길 21 선유도코오롱디지털타워 A401~403호
전자우편 | sigma@spress.co.kr
홈페이지 | http://www.sigmapress.co.kr
전화 | (02)323-4845, (02)2062-5184~8
팩스 | (02)323-4197
ISBN | 978-89-6866-736-7

Motivational Interviewing for Effective Classroom Management
The Classroom Check-Up

* 책값은 뒤표지에 있습니다.
* 이 도서의 국립중앙도서관 출판예정도서목록(CIP)은 서지정보유통지원시스템 홈페이지
 (http://seoji.nl.go.kr)와 국가자료공동목록시스템(http://www.nl.go.kr/kolisnet)에서
 이용하실 수 있습니다.(CIP제어번호 : CIP2016015244)

전 세계적으로 인권에 대한 문제가 많이 대두되고 있다. 우리나라도 예외는 아니다. 그중에서 학생들의 인권은 특별하다. 예전에 서당이 있었던 시절부터 몇 년 전까지만 해도 우리나라에서는 체벌을 훈육의 한 방법으로 사용하였다. 하지만 현대에서는 체벌이 학생인권에 문제가 된다고 주장하면서 사라지게 되고 상벌제라는 것이 생기게 되었다. 이는 남을 도와주고 선행을 하는 학생에게는 상점을 주고 수업을 방해하고 복도에서 떠들거나 뛰어다니거나 하는 학생에게는 벌점을 주는 제도이다. 대체로 많은 학교들이 벌점이 많으면 교내청소 등의 훈계를 사용하여 학생들의 행동을 규제해 왔다.

하지만 이것 또한 학생인권에 문제가 된다고 하여 상벌제를 폐지하였다. 이로 인해 교사들은 학생을 통제할 수 있는 방법이 줄어들게 되면서 수업을 통제하는 데 있어서 어려움을 겪게 되었다. 이런 현상에 대해 고민을 하고 있을 즘, 백석대학교 대학원 중독자문 전공 지도교수이신 조성희 교수님의 추천으로 본 책을 만나게 되었으며 학교현장에서 꼭 필요한 책이라고 생각되고 많은 분들께 도움이 될 것이란 확신이 있어 이 책을 공동 번역하였고, 교수님의 배려에 대표자로 서문을 쓰게 되었다.

학급 체크업(CCU)과 동기면담에는 교실에서 학생들이 산만한 행동을 할 때 그것을 어떻게 파악하고 개개인에게 어떤 방식으로 다가가며 행동에 대한 훈계를 어떤 방법으로 도와야 하는지가 상세히 나와 있다. 여기서 학급 체크업이란 학급운영에 초점을 맞추고 효과적인 교육을 위해 교사들을 돕는 자문모델이다. 따라서 이 책은 교실에서의 행동을 효과적으로 운영하기 위한 유용한 모델을 제공한다.

내담자가 가진 자원, 즉 장단점 모두를 내담자의 전문성이라고 한다. 동기면담은 내담자의 전문성을 인정하고 수용해주면서 그들의 행동 변화를 이끌어 나가도록 동행하는 것이다. 학급운영을 위한 동기면담은 긍정적인 행동을 했을 때 칭찬을 해줌으로써 올바른 행동을 하도록 이끈다. 학생이 산만한 행동을 할 때 어떤 방법을 사용하는가? 현재까지 사용해 온 방법이 어느 정도 효과가 있었는가를 생각해 보고 이 책에서 사용한 방법에 학급운영을 위한 동기면담을 활용한다면 좀 더 쾌적한 학급운영이 될 것이다.

이 책을 번역할 수 있도록 용기를 주시고 번역과 감수로 동참해주신, 동기면담의 스승 조성희 교수님, 공역자로 함께 한 대학원 후배 김주현 님, 항상 지지적인 나의 딸 서현이, 그리고 본서가 나오도록 허락하신 (주)시그마프레스 강학경 사장님께 감사를 표한다. 무엇보다도 처음부터 끝까지 함께 해주신 하나님께 감사드린다.

| **차례** |

학급 체크업 소개

제1장

전문가로서 누군가와 자문할 때 어떤 개입방법에 대해 상대방이 하려고 하지 않거나 또는 잘 따르지 못해서 좌절한 적이 있는가? 학교 자문 전문가로서 어떤 교사에게 학급 운영 방법을 바꾸도록 설득한 적이 있는가? 혹시 교사보다 전문가가 나서서 문제 해결을 위해 더 애쓰는 모습을 본 적이 있는가?

위의 경험들은 모두 학급 자문 전문가에게 흔하다. 전부는 아니더라도 교사들 중 다수는 새로운 행동을 실천하는데 동기가 충만하지만 그렇지 않은 교사들도 많다. 교사의 변화 동기는 일반적인 변화 동기와 유사하다. 즉 새로운 행동을 시도하려는 관심과 의지는 수시로 변한다. 어떤 날 혹은 하루 중 어떤 시간대에, 새로운 방식을 시도하는 교사도 있다.

> 학급 자문 전문가로서 교사가 변화하도록 도울 때 겪는 좌절감은 효율적인 학급 운영에 대해 많은 것을 알고 있기 때문에 증폭된다.

학급 자문 전문가에게 있어서,[1] 교사를 도와서 변화하도록 할 때 겪는 좌절감은, 효율적인 학급 운영에 대해 많은 것을 알고 있기 때문에 증폭된다. 전문가들은 다음과 같이 생각한다. "고군분투하는 교사들이 내 말을 듣기만 한다면, 나는 그들을 도울 많은 기법들을 가지고 있어.", "어려움을 겪는 교사들과 연결하는 다리가 하나 있다면 좋겠는데." 그 다리가 바로 학급 체크업(Classroom Check-Up, CCU)이다. 이 체크업은 교사들이 더 나은 학급 운영을 하도록 도움을

---

1) 이 책에서 저자들은 학급 자문 전문가와 학급 코칭 전문가를 구별하지 않는다.

준다. 즉 가교 역할을 하기 위해 개발된 것이다.

학급 체크업의 기원

저자 중에서 레인크 박사가 오리건 대학원생이었을 때, 스프릭 박사를 포함한 훌륭한 학급 자문 전문가로부터 수업을 듣는 기회를 갖게 되었다. 스프릭 박사는 효율적인 교사 전문가가 되는데 필요한 핵심 기술들을 모두 가르쳤다. 한편 실습 과목으로 실제 학교 장면에 가서 본 것은 교사들이 학급 운영 방법을 새롭게 채택하는 데 매우 힘들어하는 모습이었다. 또 다른 저자인 조지 수가이 박사가 이렇게 말한 적이 있다. "우리는 학생 행동을 변화시키는 방법을 알고 있어. 그런데 어려운 건 어른을 변화시키는 거야." 그 당시 웬디 레인크는 톰 디션 박사의 아동 및 가족 클리닉에서 일을 하고 있었는데, 그곳에서 수가이 박사가 가족 변화를 위해 개발된 단기동기개입방법인 가족 체크업(Family Check-Up, FCU)을 가르치고 있었다. 한편 운명처럼, 자문심리사이자 이 책의 저자인 레인크 박사의 남편 헤르만 박사는 FCU의 토대가 되는 임상적 개입방법인 동기면담(Motivational Interviewing, MI)에 전문지식을 갖고 있었다. 레인크 박사는 자신의 박사학위 논문의 일환으로 학급 체크업을 개발했고, 남편의 도움과 훌륭한 멘토들 덕분으로 얻은 영감을 바탕으로 학급 체크업을 수년에 걸쳐 다듬었다.

학급 체크업이란 무엇인가?

> 중요한 가설은 학급 전체의 향상이 학생 개인에게 이득을 준다는 것이다.

학급 체크업은 학급 운영에 초점을 맞추어 효과적인 수업을 증대시키기 위해 교사들과 함께 작업하기 위한 자문 모델이다. 학급 체크업은 학생 개인을 변화시키는 것이 목적이라기보다는 학급 수준에 맞는 행동 습관을 바꾸는 역할을 한다. 여기서 중요한 가설은 학급 전체의 향상이 학생 개인에게 이득을 준다는 것이다. 한편 효과적인 학급 훈련이 자리를 잡는다면 추가적인 도움을 받을 학생들이 더 쉽게 드러난다. 학급 체크업이 추가적인 도움을 필요로 하는 학생들을 발견할 수 있기는 하나, 학급 체크업은 학급의 맥락을 바꾸는 데 초점을 맞춘다. 따라서 개별적인 학생 지원 계획을 개발하는 모델로 의도된 것이 아니다. 개별화된 학생 행동 계획안을 구축하는 데 도움을 주는 모델은 크론과 호너(2003)를 참조하라.

학급 체크업은 왜 효과적인 학급 운영을 돕나?

학급 내 행동 문제는 교사, 학교 행정가, 부모들에게 주요한 관심사다(Rose & Gallop, 2002). 초등-중등 수업 연구에서는 이러한 염려가 당연한 것임을 입증한다(Anderson, Evertson, & Brophy, 1979; Evertson, Anderson, Anderson, & Brophy, 1980). 일반 학급의 다양한 학생들(입학 시 문제행동, 특별교육 대상자) 사이에서 학급 행동을 관리하고 교육하는 것은 교사들에게 더 힘든 일이다. 학급 내의 산만한 행동은 교육에 있어서 시간이 걸리고, 학생들의 학문적이고 사회적인 성장을 둔화시키며, 학생들에게 중요한 학습과 정서적인 건강의 효과적인 행동관리를 만들어야 한다는 압박감을 학생과 교사들에게 준다.

학급 내에서 효과적인 행동 운영을 제공하기 위한 그들의 노력 속에서 교사들을 지원하는 것은 종종 무시되지만 중요하다. 최근 저자들은 200명 이상의 교사들에게 무엇이 그들에게 가장 큰 도전이 되는지에 대한 설문을 진행했다. 지금까지 보고된 가장 큰 도전은 학급 내에서 행동을 운영하는 어려움이었다(Reinke, Stormont, Herman, Puri, & Geol, 2011). 추가적인 훈육이 필요하다고 느끼는 영역에 대한 질문을 했을 때, 이 연구에 참여한 교사들은 훈육과 지원을 위해서 문제적인 학급 행동을 운영하는 영역이 1순위라고 보고했다. 사실 많은 교사들은 이 영역에서 지원받은 것이 충분하지 않다고 느낀다. 예를 들어, 이 설문을 마친 한 교사는 "나의 학급 운영은 말 그대로 시행착오였다."라고 말했다.

이 설문에서 얻어진 정보는 새로운 것이 아니다. 몇 해에 걸친 연구와 설문들은 교사들에게 이같이 새로운 도전을 지적해왔다. 예를 들어, 교사들의 국제적인 설문은 2006년, 모든 학년에 걸쳐 진행되었고, 교사들이 학급 행동 운영에 있어서 추가적인 훈육과 지원에 대해 강한 필요성을 느낀다는 것을 밝혀냈다(Condition for Psychology in Schools and Education, 2006). 비록 이러한 교육적 도전은 잘 문서화되어 있지만, 문제들은 여전하고, 결과적으로 학급 행동 운영은 많은 교사들에게 직면한 지속적인 이슈로 남아 있다.

저자들은 또한 비효과적인 학급 행동 운영은 교사와 학생들에게 부정적인 결과로 나타난다는 것을 알고 있다. 예를 들어, 연구에서는 잘 운영된 학급의 학생에 비해 행동 관리가 잘 안 된 학급의 학생의 경우 학업 성취도가 더 낮았으며(Weinstein, 2007), 장기적으로는 부정적인 학업적, 행동적, 사회적 결과를 초래하는 경향을 보였다. 구체적으로 더 산만한 행동이 많은 학급 학생들은 (1) 향후 학급 행동에서 문제를 일으키기 쉬우며, (2) 특수교육 제도에 관여될 가능성이 높고, (3) 행동장애와 우울증을 포함한 감정적인 문제가 생길 경향이 높다(Ialongo, Poduska, Werthamer, & Kellam, 2001; Kellam, Ling, Merisca, Brown, &

> 학급 훈육의 문제는 교사, 교장, 부모들에게 주요한 고민거리다.

Ialongo, 1998; National Research Council, 2002). 하지만 많은 교사들은 단순히 학급에서의 문제 행동을 운영하는 데 적당히 준비하며, 심지어 일부는 행동 운영에 관한 한 가지 교육 과정도 이수하지 않은 채 근무에 투입된다(Barrett & Davis, 1995; Evertson & Weinstein, 2006; Houston & Williamson, 1992). 따라서 교사들이 학급 운영을 그들의 주요한 고민거리로 꼽는 것은 당연하다(Maag, 2001; Reinke et al., 2011). 사실 새로운 교사들 중 절반 이상이 학생들의 비행 문제로 5년 내 그만둔다(Ingersoll, 2002).

비록 학급 행동 운영을 주제로 한 많은 책이 있지만, 대부분은 이러한 훈련의 실천에 있어서 교사들을 지원하는 데 초점을 맞추지 않고 있다. 전형적으로 그러한 책들은 교사들 스스로에게 전략을 제공하기 위한 노력의 일환으로 쓰여 있다. 하지만 이러한 정보를 효과적인 실행으로 옮기는 데 있어서 교사들에게는 어려움이 있다. 이 책은 학급 수준별 자문 모델에 따라 경험적으로 행동변화 이론으로 도출된 동기면담을 이용함으로써 효율적인 행동운영사용의 증대에 관한 유일하고 혁신적인 접근을 제공한다. 학급 체크업과 동기면담(MI)은 개별 학생 수준과 비교해서 학급 전체에서 적용하는 교사 자문 모델의 통합을 믿으며, 학생과 교사들에게 의미 있고 지속적인 변화를 창출할 수 있을 것이다.

이 책의 목적은 무엇인가?

이 책은 학급 행동 운영을 향상시키기 위해 애쓰는 교사와 교직원들에게 훈련 지침을 제공하기 위해 설계되었다. 이 책의 내용은 학교 심리학자, 특수교육 및 행동 전문가, 학교운영자, 지도교사, 효과적인 학급 행동 운영을 사용하는 교사들을 돕는 학교 전문 인력들에게 도움이 된다. 학급에서 효과적인 학급 운영 사용의 증가를 이끄는 전문가들에게 유용한 모델을 제공하는 것이 그 목적이다.

1장과 2장은 학생들에게서 나타나는 산만한 문제 행동의 결과로 교사들이 직면하는 상황과 도전에 대해 논의한다. 게다가 효과적인 학급 운영 전략 사용의 중요성과 효과적인 학급 운영에 관한 연구에 의해 드러난 중요한 요인들이 기술되어 있다.

3장과 4장은 동기면담의 개요 및 교사들과 함께 일하는 사람들을 위한 특별한 동기전략을 제공한다. 동기면담은 다양한 행동 변화와 자발성 증대를 위한 혁신적이며 잘 구축된 접근법이다. 저자들은 동기면담 모델을 개략적으로 보인 후, 교사들이 적용하는 부분에 대해 대부분의 초점을 맞췄다. 몇몇 특정한 동기증진 전략은, 교사들이 원할 경우 직접적인 조언을 제공하기, 학급 행동에 있어서 교사들에게 개인적인 피드백을 제공하기, 결정을 하는 데 있어서 개인적인 책임감을 북돋우기, 개입을 위한 대안 메뉴 개발하기, 과거에 교사들이 성공적으로 학급 행동을 바꿔왔을 때 강점과 시기의 존재를 확인함으로써 교사들의 자기효능감을 지지하기 등을 포함한다. 추가적으로 효과적인 자문의 질과 훈련에 대해서도 논의한다.

4장과 5장 사이에 역자들이 특별히 준비한 〈쉬어가기〉가 있다. 4장에서 기술한 동기면담을 학교에서 교사가 어떻게 구체적으로 적용할 수 있는지 실제 학교 장면에서 수집한 10개의 사례들을 모았다. 〈쉬어가기〉는 교사를 위한 동기면담 적용 사례 모음이며, 각 사례에서 교사의 반응에 OARS를 포함하여 저항을 다루는 특별한 전략들로 부호화하였다. 각 사례는 학생 개별 또는 집단으로 만나는 교사들이 동기면담의 핵심 기술 OARS와 기타 효과적인 전략을 어떻게 사용하는지 보여주는 매우 실용적인 예제다.

5장과 6장은 이러한 효과적인 자문 훈련과, 학급 수준에서의 효과적인 행동 운영 전략이 수행되고 유지될 가능성을 증대시키기 위한 동기전략을 이용하는 자문 모델인 학급 체크업을 소개한다. 이 장에서는 학급 체크업 과정의 모든 면을 소개하고, 교사 자문 시 이것의 적용에 있어서 명확한 방향을 제공한다.

7장과 8장에서는 특정한 학급과 교사의 필요에 개별적으로 잘 맞고 학급 체크업 자문 과정에 다양한 수준으로 적용 가능한 특정 학급 운영 개입을 소개한다. 이 책의 마지막 부분은 효과적인 자문을 제공하기 위해 요구되는 것과 학급 체크업을 기반으로 하여 다른 효과적인 학급 훈련을 증가시키는 데 어떻게 사용될 수 있는지 알아본다.

저자들은 책을 체계화해서 각 장들을 실제 자문 과정과 맞추었다. 앞 장들은 학급 체크업을 행하는 데 있어서 자문을 준비하기 위한 필수적인 배경정보를 제공한다. 학급 체크업을 제공하기에 앞서 전문가들은 효과적인 학급 운영에 대한 연구(2장)와 자문기술(3장, 4장)에 익숙해질 필요가 있다. 5장부터 7장까지는 학급 체크업 평가, 피드백, 계획 과정을 완성하기 위한 점진적인 절차를 묘사한다. 학급 체크업을 완성한 후에 전문가들은 교사들이 그들의 학급훈련을 향상하기 위한 개입을 선택하고 수행하도록 도울 준비를 해야 한다. 따라서 8장은, 전문가들에게 있어서 폭넓은 개입은 학급 체크업 과정 동안 필수적인 향상으로 인식되는 어떠한 훈련의 변화 속에서도 교사들을 지지하기 위해 돕도록 이끈다. 말하자면 이 책의 목적은 다음의 다섯 가지 주요 결과를 산출하기 위함이다.

> 이 책은 학급 행동 관리를 향상시키기 위해 애쓰는 교사와 교직원들에게 훈련 지침을 제공하기 위해 설계되었다.

1. 효과적인 학급 운영 훈련의 연구 기반과 이러한 전략을 활용함으로써 교사를 지원하는 범학급적 자문의 필요성을 설명한다.
2. 효과적인 학급 운영 훈련을 교사들이 사용하기 위한 효율적인 자문 모델을 제공한다.
3. 학급 체크업 자문 모델을 수행하기 위한 특정한 과정을 정의한다.

4. 데이터를 활용함으로써 객관적인 피드백을 제공하고 학급의 특정 요구에 적절한 개입을 통해 동기면담(MI)의 영역 내에서 자문기술을 향상시킨다.
5. 학급 체크업 모델이 학급에서 효과적인 실행의 범위를 조성하게 하는 방법에 대해 논의한다.

이 책은 누구를 위한 것인가?

이 책은 학교에서 교사들이 학급 운영을 더욱 효과적으로 하여 학습의 효과를 높이고 학생들의 만족도를 증진시키며 교사의 소진을 막도록 돕는 모든 전문가들을 위한 것이다. 현재 우리나라에서는 학교와 관련한 전문가들이 많다. 교내에서 학생들을 만나는 전문상담교사뿐 아니라 Wee 센터 전문가, 청소년 관련 기관 및 시설 전문가들이 교사들과 만난다. 이 책은 직접적·간접적으로 학생이 학급 내에서 잘 적응하고 성공적으로 학교를 마치는 데 교사를 돕는 모든 전문가들을 위한 것이다. 이러한 전문가들은 효과적이고 유용하며 혁신적인 범 학급적 행동자문 모델을 사용할 필요가 있다. 교사들이 학생들의 행동 관리 역량을 향상시키는 데 필요하며, 효과적인 행동 지원 체제와 자원을 설계하는 일을 맡은 운영자나 운영 팀들에게도 가치가 있다.

만약 "저는 효과적인 학급 운영을 향상시키려고 애쓰는 교사입니다. 이 책을 읽는 것만으로도 도움이 될까요?"라고 질문할 수 있다. 답은 "그렇습니다!"이다. 교사는 이 책에서 스스로 향상시키고자 하는 학급 운영의 영역에 접근하고, 교사가 그렇게 행동하도록 돕는 아이디어를 얻는 데 유용한 것임을 깨달을 것이다. 교사는 새로운 학급 전략이 얼마나 잘 이행되고 있는지 자기 모니터링하는 것과 그것들이 효과적인지 아닌지를 결정할 수 있게 된다. 게다가 동기면담의 사용을 포함한 효율적인 자문에 관한 정보는 가족과 함께 일하는 사람들을 포함한 누구에게나 유용하다.

이 책에서는 상담, 자문, 코칭 등의 용어를 구분하지 않는다. 이 책에서 전문가라고 하는 경우이 세 가지 모두 또는 한 가지만을 하는 전문가 모두를 포함한다.

효과적인 학급 행동 관리란 무엇이고 왜 중요한가?

제2장

효과적으로 운영된 학급은 사소한 다툼이나 산만한 행동을 다른 행동으로 부드럽게 변화시키고, 존중하는 의사소통을 통하여 문제를 해결하고 업무에 대한 집중과 많은 관심, 학생들의 요구에 지원 및 반응함으로 특징지어진다(Pianta, 2003). 효과적인 학급 운영은 산만한 행동을 지적하고 훈계하기보다는 문제 행동을 주도적으로 예방하는 것이다. 이런 활동들에는 최대한 학생 기대를 목표로 삼은 하루를 통하여 산만한 행동을 예방하고 필요 시 규칙 위반에 개입하며, 의미 있는 학업적인 활동에 참여하게 하고, 학생들과 함께 사전 대비책으로 하는 것 등이 포함된다(Brophy, 1993). 그러니까 효과적으로 운영된 학급은 안전하고 긍정적이며, 지원이 잘되어 있는 환경에서 자극적이고 매력적인 학교 활동을 제공함으로써 학생들이 잘 성장하도록 한다. 말로는 쉽지 않은가? 사실상 교육적·사회적으로 다양한 수준의 학생들이 20명 이상 있는 학급을 운영하기란 복잡한 일이다. 효과적인 학급 운영은 조직적이고 교육적이며 행동적인 전략의 사용을 요구하는 등 다양한 측면이 있다. 그렇게 많은 요구가 있는 것도 놀랄 일은 아니다.

이러한 도전 과제들이 있음에도 불구하고, 효과적인 학급 운영을 하도록 교사들을 지원하는 데 집중하는 것이 중요하다. 상당히 많은 연구 결과에서 효과적인 학급 운영이 산만한 행동을 줄일 수 있고(Hawkins, Catalano, Kosterman, Abbott, & Hill, 1999; Kellam et al., 1998; Walker, Colvin, & Ramsey, 1995), 사회적이고 학업적 성취를 높일 수 있음(Brophy, 1996; Coladarci, & Gage, 1984)을 증명하였다. 잘 훈련된 교사들은 반항적이고 산만하며 비협조적인 학생들이 학교생활에서 성공에 대한 필요조건인 적절한 사교적인 행동을 개발하도록 돕는다

(Walker et al., 1995). 효과적인 학급 운영에 대한 대표적인 연구에서, 브로피와 에버슨(1976) 은 효과적인 운영 기술은 학생 학습의 증진과 연관이 있다는 것을 발견했다. 최근 횡단 및 종단 연구에서 쿤터, 바우멋, 콜러(2007)는 효과적인 행동 운영 전략이 학생들이 학습에 흥미를 갖도 록 한다는 것을 발견했다.

반면에 비효과적인 학급 행동 운영 훈련은 교육, 아동발달 그리고 학업성취를 방해한다. 학생들 의 산만한 학급 행동을 운영하는 것은 교사들이 교육하는 시간이 상당히 줄어들어 비효율적이다 (Reider, 2005; Weinstein, 2007). 잘 운영되지 않은 학급에서, 학생들은 조화로운 행동적 기대 에 대한 구조나 지원이 없기 때문에, 학업에서 일탈 행동 및 산만한 행동을 하는 학생들이 많은 것은 학급 운영과 높은 관련성이 있다(Jones & Jones, 2004). 교사-학생의 부정적인 관계는 잘 운영되지 않은 학급에서 나타나기 쉽고(Conroy, Sutherland, Haydon, Stormont, & Hardon, 2009), 비효과적인 수업 환경은 학생들 행동 문제의 위험에 영향을 준다(Webstern-Stratton, Reid, & Hammond, 2004). 더불어 열악한 학급 운영은 학생들에게 장기적으로 교육적, 행동적, 사회적인 결과와 부정적으로 연관되어 있다(Kellan et al., 1998; National Research Council, 2002; Reinke & Herman, 2002).

> 효과적으로 운영된 학급은 안전하고 긍정 적이며, 지원이 잘 되어 있는 환경에서 자 극적이고 매력적인 학교 활동을 제공함으 로써 학생들이 잘 성장하도록 한다.

운 좋게도 몇 해에 걸친 연구 결과에서 효과적인 학급 운영에서 다루어야 할 몇 개의 중요한 범주들을 밝혔다 (Gable, Hester, Rock, & Hughs, 2009; Simonsen, Fairbanks, Briesch, myers, & Sugai, 2008 참조). 효 과적인 학급 운영 전략들이 잘 수립되어 있고 조화로울 때, 학생들의 산만한 행동을 막고 학업 성취를 북돋는다. 무엇보다 중요한 것은 학급 운영의 의도가 안전하고 효과적인 학급을 창조하는 데 있어야 한다.

효과적인 학급 운영을 증가시키기 위해 교사들과 자문을 할 때, 연구 결과에서 나타난 전략들을 알고 있는 것이 매우 중요하다. 이 장에서는 효과적으로 운영된 수업 환경을 만들기 위해 중요한 범주의 개관을 제공하며, 각각의 범주는 학생들의 긍정적인 결과와 연관된 경험적 지식을 기반으 로 한다. 저자들은 이러한 효과적인 학급 운영의 중요한 형태를 다음과 같이 분류하였다. (1) 교실 구조, (2) 효과적인 교사-학생 관계, (3) 수업 운영, (4) 적절한 학급 행동에 반응하기, (5) 부적절 한 행동에 반응하기 등이다. 이어서 정의와 각각의 범주와 관련 있는 전략에 대한 설명을 제공한 다. 비록 저자들이 이러한 중요한 학급 운영 요소를 분리하여 분류했을지라도, 현실에서는 효과적 인 학급 운영자들은 최상의 결과를 얻기 위해 모든 훈련 들을 통합하여 사용한다. 각각의 범주는 예방 전략, 적절 한 행동을 증대시키기 위한 전략 혹은 부적절한 행동을

> 비효과적인 학급 행동 운영은 학생들의 교 육, 아동발달 그리고 학업 성취를 방해한다.

감소시키기 위한 전략들을 포함한다. 전략의 이러한 세 가지 유형은 모든 학급들이 최상의 수준에서 각각의 순기능을 요구하기 때문에 효과적인 학급 운영의 중요한 요소를 고려하는 데 유용하다.

교실 구조

교실 구조(classroom structure)라는 용어는 교사 주도적인 활동의 분량, 기대 수준과 학급 일정이 잘 정의되고 교육되는가의 정도 수준, 교실의 실제적이고 물리적인 형태 등과 관련되어 있다. 일반적으로 구조상 높은 수준에 있는 교실은 집중도의 향상, 친밀한 교우관계 그리고 낮은 공격성을 포함해서 학생들 사이에서 적절하고 학업적이며 사회적인 행동이 진전됨을 보여 왔다(Huston-Stein, Freidrich-Cofer, & Susman, 1977). 교사 주도적인 활동과 학생의 자율성 사이에 균형을 가지는 학급은 최상의 결과를 이끌어내기가 쉽다. 교사들은 유의하여 학급 일정을 운영하고, 모니터링에 경계를 늦추지 않으며, 학생들에게서 최상의 행동을 얻기 위해 체계적으로 선행사건(즉, 문제 행동 직전에 발생한 사건)과 결과(즉, 그 행동 직후에 발생한 사건)를 다룸으로써(Good & Brophy, 2003) 이러한 균형을 찾을 수 있다. 그러한 학급들은 학생들의 자기 조절 행동을 증진시키며, 교실 내의 권위적 존재에 개의치 않고 학습 관련하여 적절한 행동을 유발한다(Doll, Zucker, & Brehm, 2004 참조).

물리적 환경

복잡하고 정돈되어 있지 않은 교실은 문제 행동의 터가 될 수 있다(McGill, Teer, Rye, & Hughs, 2003). 교실이 붐비는 것을 줄이는 것은 효과적인 학급 운영과 관련

> 복잡하고 정돈되어 있지 않은 교실은 문제 행동의 터가 될 수 있다.

하여 예방 전략에 해당한다. 비록 교사들이 교실의 크기나 학생 인원수를 조정할 수는 없지만, 교실의 물리적인 환경은 조정 가능하다. 웨인스테인(1977)은 교실의 형태를 바꿈으로써(예, 물건의 위치를 옮긴다거나, 선반을 사용하는 등) 학생들이 적당한 자리에 골고루 앉을 수 있고 학업에 적절하게 몰입하는 행동을 증가시켰다.

　이상적인 교실의 설정은 교사와 학생이 학급에서 이동 패턴을 분명하게 알고 있고 다른 사람을 방해하지 않고 움직일 수 있도록 한다(Trusell, 2008 참조). 교실의 물리적 배치는 교사-학생 관계에서 걸림돌을 최소화시키는 한편 상호작용은 극대화시킨다. 교사는 칭찬하거나 바로잡아주고, 질문에 대답하거나 교육을 제공하기 위해 어느 학생에게나 개인 수준에 맞는 합리적인 정도로 직접적으로 말할 수 있다. 만약 교사가 개인이 아닌 여러 명의 학생들에게 설명을 해야 한다면, 그 상호작용은 더 이상 개인적인 것이 아니며 교실 고유한 활동 영역 이상이 될 수 있다. 시설물의

물리적 배치는 교실에서 교사가 적극적인 모니터링을 위해 더 쉽게 이동할 수 있게 해야 한다. 책상은 수업에 맞는 유형에 최적화되도록 배치되어야 한다. 교실의 자료와 비품들은 산만함을 최소화할 수 있도록, 즉 학생들이 한쪽으로 몰리거나 연필깎이, 휴지통, 그리고 다른 필요한 물건들을 옮기지 않아도 되도록 즉시 접근 가능하게 말끔히 정리되어야 한다. 교실에서 학생들에게 시각적으로 산만한 요소들을 없애고, 교사들은 눈으로 유심히 살피고 적극적으로 학생들의 학업과 행동을 쉽게 관찰할 수 있다. 이렇게 상당히 간단한 구조의 전략은 안전하기도 하고, 학생들에게 향상된 결과를 이끌어내는 데 더 효과적인 학급을 만들어낸다.

수업 기대, 학급 규칙, 행동 규칙

기대가 불분명하거나 잘 모르는 학급 환경은 문제 행동을 유발하는 전형적인 환경이다. 교사가 예상하듯이, 만약 학생들이 교실에서 가지는 기대가 불분명하다면 규칙 위반 행동을 저지를 가능성이 더 높다. 더군다나 행동의 기대가 불분명하거나 일관성 없는 환경에서는 학생들이 아무 생각 없이 교사가 제재해야 할 만한 행동을 보일 수 있다. 이것은 교사와 학생의 부정적인 상호 관계의 악순환으로 이끌 수 있으며, 더욱 많은 규칙 위반 행동을 만들 수 있다(Mayer, 1995; Reinke & Herman, 2002).

일관성 있고 명확한 기대가 있는 학급 환경을 촉진하기 위한 첫 단계는 학급 규칙을 명확히 이끌어내서 발전시키는 것이다. 이러한 것들은 행동적 기대를 정의하고 예측할 수 있는 가르침과 학습 환경을 확립하는 것을 도와주는 명백한 성명서다(Grossman, 2004). 규칙들은 효과적인 학급 운영의 토대로 여겨질 수 있다. 규칙은 자신들이 한 행동에 책임을 지도록 학생들을 북돋는다. 하지만 교실 위반 행동이 발생하지 않도록 하는 목록들만으로는 모두 해결하지 못한다. 오히려 최소한으로 지켜야 하는 합의된 규칙이 존재해야 한다. 대부분의 학급들은 3개 내지 5개의 규칙만으로도 잘 기능한다. 효과적인 규칙들은 (1) 발달 수준에 맞게(언어와 기대 수준 모두), (2) 구체적이고 관찰 가능하고, (3) 학생들이 하지 말아야 할 것보다 해야 할 것을 알려주도록 긍정적으로 기술하고(예, "행동을 바르게 하라."든지, "다른 사람이 말할 때 들어라."), (4) 이해하기 쉽고, (5) 실천 가능한 것이다(Burden, 2006; Grossman, 2004; Scheuermann & Hall, 2008; Sprick, 2006). 학급 규칙이 일단 만들어지면, 그 규칙은 모든 학생들 및 그 교실에 들어가는 누구에게나 잘 보이는 장소에 붙여져야 한다. 학급 규칙은 학생들에게 명확하게 교육되어야 하며 빈번하게 언급되어야 한다.

교사들은 반드시 그 학급 규칙에 충실한 학생에게는 긍정적인 결과를, 규칙을 어기는 학생에게는 그에 합당한 결과를 부여함으로써 규칙을 지속적으로 따르게 해야 한다. 규칙을 위반한 것을 바로잡을 때는, 벽에 붙여 있는 규칙을 가리킬 수 있다. 이런 행동적 표현 요소는 교사들이 정해

놓은 규칙에 따라야 한다는 것을 추가적으로 상기시키는 것에 해당한다. 어떤 결과를 가져오지 않는 학급 규칙은 학생 행동에 아무런 긍정적인 영향이 없다(Madsen, Becker, & Thomas, 1968). 더욱이 규칙을 적용하는 데 있어서 지속적이지 않다면 그것은 교사-학생의 갈등을 증대시킬 수 있다.

　　위트, 반데르헤이던, 길버슨의 연구(2004) 결과에서 명확한 학급 규칙을 만드는 것의 중요성을 강조한다. 이 연구자들은 학급에서 교사들의 요구에 학생들이 준수하는

> 학급 규칙은 학생들에게 명확하게 교육되어야 하며 빈번하게 언급되어야 한다.

지의 여부에 영향을 미치는 몇 개의 요인들을 발견했다. 그러한 요인들은 규칙과 그것을 따르지 않는 데 대한 훈련, 교사의 모니터링, 규칙을 어긴 학생들에게 즉각적이며 일관성 있는 반응을 하는 것, 규칙 준수 시 교사의 칭찬 등을 포함한다. 더 나아가 규칙을 잘 준수하는 학생들이 있는 학급에서 교사는 학년 초기에 학생들에게 학급 규칙과 기대를 가르쳤던 것으로 밝혀졌다(Emmer, Evertson, & Anderson, 1980; Evertson & Emmer, 1980). 학생들이 학급 규칙을 얼마나 명확하고 잘 이해하고 있는지의 측정으로 그 규칙을 따랐을 때의 결과와 어겼을 때 일어나는 일에 대해 구두로 설명할 수 있어야 한다.

규칙 대 기대 수준

최근까지 학급 규칙의 목적은 학생들의 행동 기술을 양성하기보다는 학생들의 순종을 이끌어내는 것이었다. 그러나 규칙을 조금 적게, 조금 더 구체적으로, 보다 긍정적으로 기술한다면 목적이 달라질 수 있다. 오늘날 교사들은 학생들에게 수업에서의 기대 수준을 강조하고 학급 규칙을 이러한 기대 수준을 최상으로 달성할 수 있는 지지적인 안내 지침으로만 사용하도록 하고 있다(Gable et al., 2009). 기대 수준은 학생들의 일반적인 행동 강령으로 진술되는데, 다양한 장면에서 성공을 이끌어내는 긍정적인 특성을 포함하여 진술하고 있다(예, '존중하자', '안전하자', '책임감을 갖자'). 기대 수준은 학생들의 유대감을 만들어가면서 동시에 적절한 학급 행동 규칙을 정의하는 데 도움이 된다(Henley, 2006). 학급 규칙은 학생들이 기대를 충족시키기 위해 행동해야 할 것을 구체적으로 정의함으로써 학급 규칙을 준수하기 위한 학생들의 노력을 지지한다. 예를 들어, 존중하기(기대 수준)는 말하는 사람에게 눈을 맞추고 경청하는 것이다. 이러한 방법으로, 학급 규칙은 그 교실뿐 아니라 다른 장면에서도 학생들이 성공하도록 이끄는 기술을 가르친다. 어른들의 세계에서 운전하는 것을 예로 든다면, 기대 수준은 아마도 "안전하게, 예의 바르게, 방어적으로 운전하자."라고 할 수 있다.

일관성 있는 행동 규칙 만들기

규칙과 기대 수준은 효과적인 학급 운영에 토대를 제공하고, 규칙과 기대 수준이 잘 정의된 학급은 교과 과정의 기반이 된다. 잘 정의된 일정과 절차는 학업을 완수하고 혼란을 최소화시키며, 무질서를 줄이는 데 거쳐 가는 단계들을 숙달하도록 학생들을 돕는다(Peterson, 1992). 예측 가능하고 잘 조직된 학급들은 더 효과적일 뿐 아니라, 학생과 교사 모두의 스트레스를 줄이기도 한다(Conners, 1983). 효과적인 학급은 규칙과 기대 수준들이 정렬되어 잘 수립된 일정을 체계적으로 가지고 있다. 행동 규칙은 학급 규칙과 같은 방법으로 가르쳐지며 강조된다. 가장 흔한 학급 일정 중 몇 가지는 한 활동에서 다른 활동으로의 이동하기, 학생들의 화장실 이용하기, 교실 출입하기, 숙제하기, 과제 제출하기, 연필 깎기 등의 과정을 포함한다. 학급 규칙, 기대 수준, 행동 일정은 학생들의 혼란이나 오해로 발생하는 갈등을 막는 데 도움을 주는 환경을 운영할 수 있도록 한다. 운전을 비유로 든다면, 자동차 열쇠를 찾아서 시동을 걸고, 안전벨트를 하고, 기어를 넣는 등 무언가를 하기 위한 특정한 과정을 거칠 것이다.

> 효과적인 학급은 규칙과 기대 수준에 맞는 잘 수립된 일정을 가지고 있다.

사전에 준비시키기

학생들에게 긍정적인 결과를 이끈 또 다른 학급 훈련은 사전에 준비시키기를 하는 방법이다. 사전에 준비를 하는 것은 순서에 따라 학생들이 수업에 잘 참여하려고 애쓰는 것을 교사들이 알아차리고, 학생들이 직면할 과제, 예를 들면 새로운 활동이나 다른 곳으로의 이동에 대한 기대 수준을 특별히 설명하는 것이다(Colvin, Sugai, & Patching, 1993; De Pry & Sugai, 2002). 사전에 준비시키기 전략은 일반적으로 규칙, 기대 수준, 일상 행동들을 강조하고 가르쳐 온 교실에서 더 효과적이다. 사전에 준비시키기는 학생들이 문제 행동을 보이기 전에 설명해주기 때문에 처벌이라기보다는 예방이다. 그것은 학생들에게 효과적으로 다음 학업을 끝마치는 방법을 설명하고 가르친다. 예를 들면, 만약 교사가 이동 수업 시 방법을 가르치고, 장소를 알려주고, 확인했음에도 불구하고 학생이 다른 교실로 이동하는 데 어려움을 겪는 것을 발견한다면, 그 교사는 그러한 문제점을 예상하고, 사전에 준비시키기를 함으로써 어려움을 막을 수 있다(예, "애들아, 벨이 울리면, 물건들을 챙기고 앉아서 내가 허락할 때까지 조용히 자리에 있거라."). 개별적인 예를 들어본다면, 만약 학생이 다시 해 와야 할 부분에 체크를 하고 학생이 체크된 부분을 보고 당황할 것이라는 것을 교사가 안다면, 학생에게 체크된 숙제를 돌려주기 전에 교사는 "영철아, 너에게 과제를 제출했던 걸 돌려주려고 하는데, 다시 해야 할 부분을 체크해 놓았어. 다시 하는 데 그리 오래 걸리지 않을 거고, 영철이가 잘해 올 것이라고 믿어. 도움이 필요하면 알려주렴. 알겠지?"라고 할 수 있다. 연구 결과에서 교사들이 사전에 준비시키기를 많이 사용할 때, 특별히 적극적인 슈퍼비전과 칭찬을 혼합해서 사용할 때, 문제가 있는 학급의 행동은 감소한다는 점을 보여준다(Colvin et al., 1993; Stormont, Covington, & Lewis, 2006). 사전에 준비시키기 같은 간단한 전략을 사용하는 것은 훈계의 필요성을 감소시키고, 교육적 시간과 교육의 기회를 증가시킴으로써 학급의 질의 향상시킬 수 있다.

적극적인 슈퍼비전

효과적인 학급 구조의 또 다른 특징은 적극적인 슈퍼비전으로서, 학생 행동에 긍정적으로 영향을 주는 것으로 드러났다. 예를 들면, 드 파라이와 수가이(2002)는 적극적인 슈퍼비전의 도입이 학급 전체의 행동 문제들을 최소한으로 줄였음을 발견했다. 또 다른 연구 결과에서, 적극적인 슈퍼비전으로 학급 활동에 학생들의 참여가 증가함을 밝혔다(Schuldheisz & van der Mars, 2001). 학생들의 행동에 긍정적인 피드백을 제공하면서 자주 확인하고 일관성 있게 교실을 움직이며 다니는 교사는 현재 학업에 몰두하고 있는 학생이 누구인지, 도움이 필요한 학생이 누구인지 주의를 하게 되고, 학생들을 다루기가 어렵게 되기 전에 도전적이고 산만한 행동을 전환하는 즉각적 반응을 제공할 수 있다. 따라서 적극적인 슈퍼비전은 또 다른 예방 전략이다. 우리가 운전할 때 경찰관이 있으면 제한 속도 등의 규칙에 충실하기 쉬운 것과 같이, 교사의 적극적인 존재는 학생들이 규칙을 잘 따르도록 지속적으로 상기시켜준다.

효과적인 교사-학생 관계

학생들이 지지받는다는 느낌을 가지고, 존중받고, 가치 있다고 여기는 학급은 효과적인 교사-학생 관계를 특징으로 한다. 이러한 관계는 따뜻하고, 잘 형성되어 있고, 반응적일 때, 그리고 교사가 높은 요구와 높은 기대 수준으로 분명히 소통하고 학급에 명확한 제재와 구조를 제공할 때 가장 효과적이다(Pianta, 1999). 학생들과의 관계 맺기는 효과적인 학급 운영에 기초가 된다. 왜냐하면 교사를 존경하거나 자신이 존중받는 느낌을 가진 학생들은 무언가를 요구받을 때 더 쉽게 따르고, 교사들이 제공하는(긍정적이거나 부정적인) 피드백에 큰 가치를 부여하기 때문이다. 교사들과의 관계에 큰 가치를 부여하지 않는 학생들은 칭찬이나 긍정적인 피드백에 반응하지 않으며, 교사의 지시에 덜 응하고, 심지어 학급 환경에 있어서의 규칙 위반 행동을 저지르기 쉽다. 따라서 학급 환경에 실제로 뿌리를 내리기 위한 다른 모든 전략을 성공하기 위해서는 학생과의 관계 맺기가 중요하다. 비유를 하자면, 교사-학생의 관계는 학급 운영 전략들은 건강히 살아갈 수 있도록 성장하게 하는 물과 영양소다. 효과적인 교사-학생 관계는 학교에서 향상된 학업적인 참여와 만족과 연관되어 있다(Chaskin & Rauner, 1995). 학교를 그만 둔 학생들이 주된 원인으로 꼽은 점은 그 누구도 자신들을 진심으로 돌본 사람이 없었다는 것이 그 이유였음을 지속적으로 보고한 바와 같이, 빈약한 관계는 학교 이탈을 만들어낸다(Phelan, Yu, & Davidson, 1994; Stevenson & Ellsworth, 1993). 교사들이 학생들과의 효과적인 관계를 맺기 위해 할 수 있는 몇 가지 방법은 효과적인 학급을 만들기 위해 이 장에서 제시한 전략을 사용함으로써 가능하다. 이는 (1) 적절한 행동에 대해 일관성 있는 보상과 명확한 기대 수준을 지속적으로 수행하는 것과 가치 있는 행동을 지속적으로 보상하는 것, (2) 학생들과 부정적이기보다는 더 긍정적인 상호작용을 갖는 것, (3) 의미 있는 교육을 제공하는 것, (4) 구조적인 피드백과 존중하는 태도로 사전 준비시키는 것을 포함한다. 학생들과 효과적인 관계를 맺을 때 교사가 집중할 수 있는 다른 영역은 각각의 학생들에게 의식적으로 관심을 갖는 것과 비유관적 상호작용을 제공하는 것, 학생들과 공유하는 것을 적당하게 유지하는 것 등이다.

비유관적 상호작용

비유관적 상호작용은 교사들이 학생 행동에 상관없이 학생들과 긍정적인 시간을 보내는 것이다. 비유관적 상호작용은 학생들의 주말이 어떠했는지 물어보는 것, "안녕, 어서 오렴."이라는 말로 교실에 들어서는 학생에게 인사를 건네는 것, 복도에서 "오늘도 영철이 얼굴을 보니 좋구나!"라고 말하는 것 등이다. 다시 말하면 상호작용은 교사가 학생에게 관심을 보이고, 그 학생이 중요하고 가치 있는 존재라는 것을 증명하기 위한 간단한 방법이다. 사실 출입구에서 교실로 들어올 때 학생에게 인사를 하는 것이 효과가 있다고 평가하는 최근의 연구는 이러한 단기 개입이 학생들의 능력을 상당히 향상시킨 것을 발견했다(Allday & Pakurar, 2007). 비유관적 상호작용은 교사가 각각의 학생들과 긍정적인 관계 수립을 위한 노력의 중요한 요소다.

수업 운영

학급에서 학업이 어떻게 전달되는지와 학생의 행동은 직접적으로 연결되어 있다. 지시에 참여하는 학생(예, 교사의 말을 듣고, 쓰고, 질문에 대답하는 등)들은 산만하거나 학업에서 벗어난 때에 맞지 않는 행동(제자리에 앉지 않고, 부적절하게 말하는 등)을 보이지 않는다. 학생들이 수업에 몰두할 때 높은 성취 수준을 보였다(Greenwood, Terry, Marquis, & Walker, 1994). 그러므로 학업 참여를 증진시키기 위한 방법을 찾는 것은 학급에서의 행동문제를 막고 학업 성취를 증대시킬 수 있다. 연구 결과에서, 정확하

> 정확하고 적절하고 내용에 맞는 속도로 전달된 수업은 학생들이 산만한 행동을 줄이고 학업에 지속적으로 참여하도록 한다.

고 적절하고 내용에 맞는 속도로 전달된 수업은 학생들이 산만한 행동을 줄이고 학업에 지속적으로 참여하도록 한다. 게다가 발달상에 맞는 적당한 학업의 기회(예로, 너무 쉽거나 너무 어렵지 않은 것)들은 학생들에게 학업적 효과성을 증대시킬 수 있는 숙달된 경험들을 제공한다(Bandura, 1977; Doll, et al., 2004).

반응할 기회

수업 참여를 증대시키기 위한 한 가지 방법은 학습 내용과 참여를 최대화하는 속도로 학업 관련 질문을 제공하고 질문에 반응하는 기회를 제공하는 것이다. 반응할 기회(opportunity to respond, OTR)는 학생들의 대답을 이끌어내는 교사의 행동이다. ("대한민국 수도는 어디지?") 질문을 하는 것, ("대한민국 수도가 어딘지 공책에 써보자.") 질문과 지도를 제공하는 것들이 그 예다. 교사가 주도하는 수업에서 교실을 돌아다니며 움직였을 때, 학생의 문제 행동의 감소와 학업 성취의 향상을 보였다. 예를 들어, 학생들이 질문을 받고 답한 비율의 증가는 읽기 과목(Carnine, 1976; Skinner, Smith, & McLean, 1994)과 수학(Skinner, Belfiore, Mace, Williams-Wilson, & Johns, 1997)에서 향상된 학업 수행을 보였다. 게다가 긍정적인 결과들로서 수업의 참여와 산만한 행동의 감소를 보였다. 몇몇의 전략들은 학생 모두 대답하기(즉, 학생들이 같은 대답을 하는 것), 반응 보드판(즉, 학생들이 그들의 답을 지울 수 있는 보드판에 적고 판을 들어 올리는 것), "수업에 주요하게 영향을 미치는 것이 학생의 수업 태도라고 생각하는 사람들은 모두 일어나고, 선생님과 연관이 있다고 생각하는 학생은 자리에 그대로 앉아 있으세요. 그리고 그 대답에 대해 설명할 준비를 하세요."라고 모든 학생들이 참여할 수 있도록 질문을 보여주는 것과 같은 직접적인 교육전략을 포함해서 OTR의 비율을 증가시켰다. 게다가 잘 설계된 컴퓨터에 기반을 둔 교육은 빈번한 OTR을 만들어낼 수 있었다(Simonsen et al., 2008 참조).

적절한 학급 행동에 반응하기

효과적인 학급에서는 기대 수준의 행동을 보이는 학생들에게 긍정적 보상을 충분히 제공한다. 만약 규칙에 맞는 행동을 더 자주 보고 싶다면 그 행동에 더 관심을 기울여야 한다는 것이 원칙이다. 수많은 연구들이 학생들의 적절한 학업적·사회적 행동을 증가시키는 간단한 전략들을 가르쳐준다. 예를 들어, 특정 행동에 대해 칭찬을 사용하는 것이 학생의 산만한 행동을 감소시키고(Reinke, Lewis-Palmer, & Merrell, 2008), 적절한 학문적 대답의 증가(Sutherland & Wehby, 2001)와 학업 수행을 증가시키고(Good, Eller, Spangler, & Stone, 1981) 있음을 보여주었다. 뿐만 아니라 교사들은 특정 행동을 칭찬하기와 같이 간단한 전략에서부터 전체 학급의 유관 보상과 같이 조금 더 복잡한 전략들을 포함하여, 학생들의 적절한 행동을 알아차리고 인식하는 데 집중하는 일련의 전략들을 사용할 수 있다(Simonsen et al., 2008). 다음은 적절한 행동의 증가를 위한 근거 기반 전략들의 간단한 요약이다.

유관적인 특정 행동 칭찬

칭찬을 많이 하는 교사들의 경우 대개 그들의 학생들이 산만한 행동을 하거나 수업에서 벗어난 행동을 덜 경험한다(Espin & Yell, 1994). 칭찬은 산만한 학생들에게 있어서 적절한 행동(Reinke, Lewis-Palmer, Martine, 2007), 일반적인 학생들의 학업적 참여(Hall, Lund, & Jackson, 1968)를 증진시키는 것을 보여왔다. 산만한 행동의 감소와 학업적 참여의 증진은 수업을 하는 데 더 많은 시간을 허용한다. 추가적으로 칭찬은 내재된 동기와 학생들의 경쟁 본능을 향상시킴을 보여준다(Brophy, 1983; Cameron & Pierce, 1994).

교사의 칭찬은 특정 행동을 할 때 가장 효과적이다(Brophy, 1983). 특정 행동 칭찬은 칭찬받은 학생의 행동을 명확하게 증명한다(예, "영철야, 크레파스를 제자리에 놓아줘서 고맙다."). 서덜랜드, 웨비, 코플랜드(2000)는 특정 행동 칭찬은 수업 중에 행동이 49%에서 86%로 교실 환경에서 증가되었음을 발견하였다. 다른 효과적인 학급 운영 전략과 결부시켜서 유관적인 특별 행동 칭찬의 사용은 영향을 끼칠 수 있다. 예를 들어, 최근에 만든 학급 규칙과 연관된 칭찬의 사용은 학급에 적합한 행동을 증진시킨다(Becker, Madsen, Arnold, & Tomas, 1967). 또한 유관적 칭찬과 반응할 기회를 학생에게 제공하는 것은 효과적인 가르침을 수행하는 것으로 인식되었다. 만약 교사들이 학생에게 반응할 기회를 더 제공한다면, 적절한 수업 반응에 칭찬할 기회를 더 갖게 되는 것이다(Sutherland, Wehby, & Yoder, 2002).

> 교사의 칭찬은 특정 행동에 대해 제공할 때 가장 효과적이다.

흥미롭게도 몇몇의 경우에 있어서 만일 학생이 교사의 말을 들을 생각이 없다면(Feldman, 2003), 상황에 따라서는 학급에서의 교사의 칭찬이 역효과가 날 수 있다. 만약 교사가 그 학생과 지지하는 관계가 아니라면, 칭찬은 보상이 되지 않을 것이다. 그런 학생들에게 부수적으로, 그들의 친구들 앞에서 특정 칭찬으로 그들을 당황하지 않게 하는 것이 중요하다. 가능한 개인적으로 그리고 약간은 업무적인 태도로 칭찬함으로써 이렇게 당황스러운 요인은 줄일 수 있다. 부차적으로 교사들은 그 어떤 학생들도 '알랑방구' 혹은 '선생님의 애견' 등으로 놀림을 받을 위험에 처하지 않도록 많은 다양한 학생들에게 많은 칭찬을 제공해야 한다. 특정 행동 칭찬을 자주 하는 것은 또한 학생들과의 긍정적인 관계를 수립하는 데 있어서 중요한 요소다.

그룹 유관성과 토큰 경제

교실에서의 유관성의 사용은 기대된 행동에 있어서 학생들이 참여할 때 학생 모둠에게 공통된 기대 수준을 설정하고 공통된 긍정적인 결과를 제공하는 것을 포함한다. 토큰 경제 체제 사용에서는 학생들은 토큰(예, 포인트, 스티커, 칩)을 받을 수 있으며, 학생들이 기대된 행동을 할 때 그 토큰은 몇 종류의 보상 경험(예, 원하는 물건, 선호하는 행동)을 통해 교환될 수 있다. 유관적 사건에 대해 모둠에게 주는 토큰 경제는 둘 다 연구에 의해 지지되었으며, 결합되어 사용된다. 예를 들면, 어느 교사가 수업에서 읽기 시간에 책상에 조용히 앉아 있는 학생 모두에게 토큰을 준다는 정보를 제공한다. 만약 그 학급이 15점을 얻을 수 있다면, 모든 학생들은 5분의 추가 휴식 시간(즉, 보상 요인)을 가질 수 있다. 학급 환경을 사용할 때, 두 가지 전략은 모두 학생들의 학업 몰입을 향상시키고(Johns & Kazdin 1995), 떠들거나 자리 이동하는 행동을 줄이며(Barrish, Saunders, & Wolf, 1969), 이동 시간이 줄고(Yarborough, Skinner, Lee, & Lemmons, 2004), 학생 성취를 증진(Nevin, Johnson, & Johnson, 1982)시키는 것을 보였다. 나아가 그룹 유관성과 토큰 경제가 기타 효과적인 학급 전략과 결합될 때 학급 행동은 더욱 향상될 수 있었다.

행동 계약

행동 계약은 학생 행동과 그와 관련한 결과의 관계를 명확히 작성하는 것이다. 행동 계약은 기대된 행동 및 참여 혹은 참여하지 않았던 것과 관련한 결과를 정의하여 작성한다. 행동 계약의 사용은 학생 생산성과 과제 완성의 증진(Kelley & Stokes, 1984; White-Blackburn, Semb, & Semb, 1977)), 성적 향상(Williams & Anandam, 1973), 또한 학생의 자기통제의 향상(Drabman, Spitalnik, & O'Leary, 1973)을 보여준다. 효과적인 학급 운영은 적절한 학급 행동을 보상하기 위해 교사들이 전략을 연속적으로 사용하기를 요구한다. 다른 전략들과 결합해서 사용될 때, 행동 계약은 긍정적인 결과의 가능성을 높여준다. 또한 적절한 학생 행동에 대한 긍정적인 지식 보상의 사용은 학생들이 가치 있고 존중받는다고 느끼도록 하며, 의미 있는 관계를 형성하고, 효과적인 학습 환경을 만든다.

부적절한 행동에 반응하기

적절한 행동에 대한 반응과 유사하게, 효과적인 학급 운영자들은 부적절한 행동에 대해 일련의 전략을 사용한다. 앞서 언급한 바와 같이, 효과적인 학급 운영자들은 규칙을 어기거나 산만한 것에 대해 지속적으로 반응한다. 부적절한 행동에 대한 결과를 일관성 없게 적용하는 것은 학생들을 혼란에 빠뜨리며 교사-학생의 갈등을 증가시킬 수 있다. 부적절한 행동에 반응하는 목적은 학생들에게 기대되는 행동을 배우도록 기회가 제공될 때, 원하지 않는 행동을 감소시키기 위한 목적이 있다. 만약 한 학생이 왜 자신이 그 결과를 받아들여야 하는지, 혹은 무엇이 적절한 행동인지를 모른다면, 그 결론은 효과가 없을 것이다. 효과적인 학급은 최소한 부적절한 행동에 대한 반응에 있어서 행동 계약 결과의 사용에 대해 받아들이면서 높은 수준의 구조와 적절한 행동에 있어서의 충분한 보상물을 제공한다. 다음은 의도적으로 무시하기, 명확한 훈계, 차별적 보상, 반응 비용, 타임아웃 등 부적절한 학급 행동에 대한 반응들의 간략한 개요다.

의도적으로 무시하기

부적절한 학급 행동을 다루는 방법은 많이 있는 반면, 의도적으로 무시하기의 사용은 교사의 관심에 의해서 유지되어온 행동에 대해 효과적인 학급 운영자들이 사용하는 도구다. 의도적으로 무시하기는 교사가 체계적으로 주의를 집중시키거나 학생이 바람직하지 않은 행동을 할 때 학생을 무시하는 것이다. 예를 들어, 대답을 하기 전 반드시 손을 들어야 하는 규칙이 있는 학급에서 그냥 대답을 한 학생을 시키지 않는 대신 손을 들고 대답을 하는 학생을 선택하는 것이다. 이런 기본적인 가정은 주의를 집중시킴으로써 학생은 자기 자신에게 아무런 보상을 가져오지 않는 산만한 행동하기를 그만둘 것이다. 물론 위험하거나 상당히 산만한 행동과 같은 많은 행동들은 무시될 수는 없지만, 이러한 것들은 즉시 다루어야만 한다. 추가적으로, 의도적으로 무시하기의 효과는 교사의 주의에 의해 이미 보상되어온 부적절한 행동의 정도에 달려 있다. 연구 결과에서, 다른 효과적인 학급 운영 전략과의 결합(예, 규칙을 설정하고 적절한 행동을 칭찬하는 것)을 통해 의도적으로 무시하기의 사용이 적절한 학업(Hall et al., 1968)과 사회적 행동(Madsen et al., 1968)의 증가와 연관되어 있음을 제안한다.

명확한 훈계

전문가들은 교사들에게 긍정 대 부정 비율이 3:1 혹은 4:10이 되도록 유지하기를 권한다.

명확한 훈계는 부적절한 행동이 발생했을 때 주어지는 간단하고, 조건적이고, 특별한 설명이다. 명확한 훈계의 목적은 스스로 고칠 수 있는 문제에 대해 학생에게 정보를 주기 위한 것이다. 이러한 훈계의 유형은 부적절한 행동을 한 학생에게 정보를 주고 간단하고 간결하게 앞으로 어떻게 해야 할지를 말하는 것이다(예, "영철아, 너무 소리가 크구나. 작은 목소리로 말하면 좋겠구나."). 교사가 엄하고 비판적인 의견을 갖고 있을 때, 학생들은 사실 그들의 학급에서 산만한 행동을 증가시킬 수 있다(Van Acker, Grant, & Henry, 1996). 반면 바람직하지 않은 행동에 따르는 명확한 훈계의 사용은 그러한 행동을 줄인다(McSllister, Stachwiak, Baer, & Conderman, 1969). 연구자들은 사적이고 조용하고 개별적인 훈계가 학급 전체 앞에서 드러나는 훈계보다 더 효과적이라는 것을 제안한다(O'Leary & Becker, 1968). 전문가들은 교사들에게 긍정적인 것과 부정적인 상호작용의 비율이 3 : 1 혹은 4 : 1이 되도록 유지될 것을 권한다(Kalis, Vannest, & Packer, 2007; Shores, Gunter, & Jack, 1993).

차별적 보상

교사들은 학급에서 원하지 않는 행동을 일시적으로 감소시키는 반면 적절한 행동을 증가시키기 위해 차별적 보상을 사용한다. 이것은 바람직한 행동에 대해 긍정적인 보상을 제공하는 것이다. 예를 들어, 학생들이 자주 떠드는 교실에서, 조용하게 집중하는 학생들에게 교사가 긍정적 보상을 제공한다. 교사는 또한 적절한 행동을 증진시키는 노력을 통해 바람직하지 않은 행동의 비율을 낮출 수 있다. 예로, 만약 학생이 날마다 수업에 늦게 온다면, 지각하는 일이 더 이상 발생하지 않을 때까지 바람직하지 않은 행동의 수용 가능한 수를 줄이면서 다섯 번만 지각이 가능하다는 방법을 통해 학생을 보상시키는 시스템을 설정할 수 있다. 차별적 보상의 사용은 적절한 행동 전반적으로 증가시키고 부적절한 행동은 감소시키는 것을 보여준다(Didden, de Moor, & Bruyns, 1997; Zwald & Gresham, 1982).

반응 비용과 타임아웃

반응 비용과 타임아웃은 가능하면 삼가며 적게 사용하고(오로지 특정 위반 행동에 제한하여), 적당하게(즉, 지속적이고 차분하며 존중하고 즉각적으로) 사용될 때 부적절한 행동을 줄이는 전략들이다(Forman, 1980; Barton, Brulle, & Reppe, 1987). 반응 비용은 바람직하지 않은 행동이 발생할 때마다 주어진 토큰(예, 포인트나 칩)을 줄이는 토큰 경제의 유형이다. 반응 비용 유효성은 토큰을 교환할 수 있는 학생들의 인식된 보상의 가치와 학생들이 토큰을 원하도록 보상하는 방법과 관련이 있다. 타임아웃은 보상하고자 하는 환경(예, 반 친구들과 영화를 보는 것)으로부터 덜 보상하고자 하는 환경(예, 교실 구석으로 덜 몰리는 것)까지 학생의 행동을 바꾸기 위해 사용되는 과정이고 부적절한 행동(예, 다른 친구를 때리는 것)을 조건으로 한다. 이 장에서 언급된 전략의 전부에서처럼 반응 비용과 타임아웃은 예방적이고 긍정적인 전략(예, 학급 규칙, 적절한 행동의 보상)과 결합해서 사용될 때 효과적이기 쉽다.

요약

효과적인 학급은 주의 깊은 계획하기와 배려를 요구한다. 학생 행동을 다루는 데 애쓰는 교사들은 지지적이고 능숙한 전문가들의 도움과 함께 과정을 시작할 수 있다. 이 장에서 소개한 연구 결과에 대해 지식을 갖는 것은 이 지원을 제공받을 수 있는 전문가에게 중요한 첫 단계. 게다가 학급에서 사용된 최근의 과정과 훈련실행에 접근하는 것은 효과적으로 운영된 학급을 수립하기 위해 강점으로 될 수 있고 효과적으로 운영된 학급을 추가될 수 있는 결정을 위해 중요하다. 5~7장은 접근에 기반을 둔 교사 자문 모델인 학급 체크업을 수행하기 위한 과정을 단계적으로 개괄한다. 학급 체크업은 강점의 영역과 향상이 필요로 하는 영역의 두 영역을 관여하는데 시작은 전문가-교사의 관계 맺기며, 효과적이고 증거에 기반을 둔 학급 운영 훈련을 수행하기 위해 협동적인 행동계획으로 이끈다. 8장은 관심의 영역으로서의 학급 체크업을 하는 동안 동일하게 향상된 훈련을 사용하기 위한 특정한 개입(이 장에서 살펴본 많은 참고문헌을 기반으로 함)들을 기술한다.

효과적인 자문의 구성요소

제3장

효과적인 학급 운영의 이점에 대해 현재 알려진 모든 것들을 볼 때, 이러한 기술들을 배우고 유지하도록 교사들을 지원하는 데 지대한 관심을 가지는 것은 놀랍지 않다. 교사들은 교생 교육 동안에 학급 운영에 대해 거의 배우지 못하며, 스스로 효과적으로 학급을 운영할 능력이 있다고 생각하지 않는 것으로 보고되었다(Evertson & Weinstein, 2006; Jones & Jones, 2004). 근속하는 동안 교사들에게 지속적인 훈련과 슈퍼비전을 제공하는 것은 필수다.

우리 모두가 알고 있듯이, 교사들이 더욱 효과적인 학급 운영을 하도록 돕는 것은 말하는 것만큼 간단하지 않다. 교사들에게 책을 주거나 하루 동안 훈련을 하는 것 역시 충분하지 않다. 대부분의 교사들은 기술들을 개발하고 유지하기 위해 지속적인 자문과 슈퍼비전이 필요하다. 그렇다면 질문은 다음과 같다. 교사의 기술 개발을 지원하는 데 있어서 성공적이기 위해 자문 전문가에게 요구되는 필수적인 기술과 자질은 무엇일까?

학급 체크업 모델의 세부 사항과 구조(5~7장)를 기술하기 전에, 효과적인 자문 관계를 위한 토대가 되어줄 대인관계 기술과 태도를 생각하는 것이 중요하다. 이러한 토대 없이, 전문가가 얼마나 지식이 풍부하든지, 전문가가 어떤 모델을 사용하든지 중요하지 않다. 이러한 토대 없이는, 교사들이 학급 실천 행동을 변화시키는 데 전문가가 무능력을 느끼게 되고 계속 좌절할 것이다.

이 장에서 저자들은 효과적인 전문가의 필수적인 자질을 설명하고 있다. 전문가 스스로 자신의 경험을 돌아보면, 이러한 자질들의 대부분을 갖추고 있는 자기 자신을 발견하게 될 것이다. 만약에 그렇다면, 대단한 것이다! 하지만 더 많은 시간을 들여서 어떤 속성들이 자신에게 가장 자연스럽게 느껴지는 것이고, 어떤 속성들이 많은 시간을 들여 개발할 필요가 있는지 살펴보아야 한다. 때로 저자들은 주어진 모델의 구체적인 전략들을 가르치고자 대인관계 특성에 경솔했던 때를 기억한다. 임상심리학, 상담, 교육 분야에서의 연구 결과들이 반복하여 밝히는 것처럼, 효율적인 대인관계의 맥락에서만 모델들이 효과가 있다.

자문 분야에 발전하는 관점들

간접적인 서비스 전달 방법들은 1950년대와 1960년대에 지역사회의 정신건강과 지역사회 심리학의 운동으로 인기가 있었다. 특히 학교심리학은 학교 환경에서 효과적인 작용을 촉진하기 위한 주요 도구로서 간접적인 서비스 전달을 수용했다. 엄청난 학생 인원수와 제한된 자원들을 고려할 때, 학교 기반 임상가들에게는 각 학생들에게 개별적으로 일을 하는 것보다 효과적인 환경을 제공하기 위해서는 학생들에게 중요한 어른들(예, 교사와 부모들)과 작업하는 것이 훨씬 일리가 있었다.

> 학급 시스템을 대상으로 하는 것은 현재의 학생 행동 문제나 수업 참여의 어려움을 줄일 뿐만 아니라 미래의 학생 문제를 감소시킬 가능성이 있기 때문에 더욱 효율적이고 효과적이다.

자문 모델에 대한 계속되는 관심에도 불구하고, 최근까지도 일반적인 모델들은 변화를 촉진하기 위해 전통적인 심리치료적 · 교육법학적 방법에 크게 의존해왔다. 즉 1990년대 중반 이전까지 대부분의 자문 모델들은 이러한 제한점에도 불구하고 개발을 지지하거나 기술들을 가르치기 위해 교훈적인 교육을 사용했다(Watson & Robinson, 1996). 심지어 행동 자문조차도, 학교심리학자들 사이에서 선호되는 모델과 활동이었으나, 강의식 교육에 대한 지나친 강조로 고통받았다.

직접적인 행동 자문

왓슨과 로빈슨은 1990년대 중반에 직접적인 훈육, 모델링, 훈련, 그리고 연습에 중점을 둔 행동 자문 모델로서 직접적이고 명확한 자문 모델을 소개하였다. 이후에 모델들은 기술 개발을 촉진하기 위해 알려진 유사한 방법들을 강조하였다. 이렇게 새로운 모델들조차(변화를 촉진하기 위한 협동적 관계의 힘에 대한 방대한 참고문헌을 포함하여) 자문 관계의 보다 넓은 측면에는 늘 집중한 것은 아니다. 더욱이 이 모델들은 동기의 역할에 있어서 협소한 관점을 가졌으며, 더 넓은 교육 기술의 개발보다는 학생 개인의 상황에 대한 자문에 집중했다.

예를 들어, 직접적 자문이 교사의 동기에 집중한다 할지라도, 그 강조점은 기술 개발, 혹은 교사 동기에 있어서 우선적인 장벽으로 여겨지는 자기효능감이었다. 왓슨과 로빈슨(1996)은 전통적

모델들이 자문의 실패를 교사의 저항으로 비난해왔다고 말하면서, "자문을 받는 교사들이 자문 과정의 다양한 단계에서 과제를 수행할 기술을 가지고 있지 않았다고 말하는 것이 아마 더 정확할 것"이라고 하였다(p.275). 동기면담에서 설명할 것인데, 낮은 기술이나 유효성에 관한 적은 믿음은 실로 변화동기의 한 측면이지만 한편으로는 똑같이 중요한 다른 국면들이 존재한다. 대부분의 행동 자문 모델의 중요한 제한점은 학급 체계의 변화에 관심을 갖는 것이 아니라 학생 개인에게 관심을 둔다는 것이었다(Sheridan, Welch, & Orme, 1996). 학생 개인의 수준(Streun, Hoagwood, & Cohn, 2003)보다는 체계적인 시스템(예, 학급, 학교) 내에 목표와 개입에 대한 최근의 요청들이 있음에도 불구하고 그러한 제한점은 사실이다. 학급 시스템을 대상으로 자문을 제공함으로써 효과적인 학급 운영 실천 행동을 전체 학생들에게 적용하고 향상시키는 것이 더 능률적이고 효과적이다. 왜냐하면 시스템적으로 변화시킬 때 학생 행동 문제들을 예방할 뿐 아니라 현재 학생들의 행동과 학업적인 어려움을 줄일 수 있기 때문이다.

수업 코칭

행동 자문 모델을 보완하기 위한 연구 문헌들이 과거 20여 년간 등장했는데 효과적인 수업 코칭 실천에 관한 것이었다. 이 문헌들로 인해 질적으로 높은 학교 수업을 지원하기 위해 미국 내에 수업 코치에 투자를 자극하게 되었다. 이러한 코칭 모델들은 전형적으로 교사 행동을 목표로 하고, 따라서 한 번에 한 학생에게 초점을 두는 장애물을 극복하는 데 있다. 캔자스주립대학교의 짐 나이트 박사는 이 운동의 리더로서 수업 코칭에 관한 협동적 접근법을 개발했다. 그의 모델에 따르면, 수업 코칭은 다양한 학습자들을 위해서 적절한 교수법을 확인하도록 교사를 지원하고, 학급에서 훈련들의 본보기가 되고, 교사를 관찰하며, 그가 관찰한 것에 대해 교사와 지지적인 의사소통에 참여한다. 이러한 코칭 전략의 이점은 상당히 전문적인 교사들을 코치로 사용하여 발전되어 왔다는 것과, 따라서 이러한 전략들은 교사들 사이에서 높은 수준의 신뢰도를 갖고 있다는 점이다. 하지만 이러한 방법들의 한계점은 어떤 장면에서 가장 효과적인지에 대한 연구가 거의 없다는 점이다.

자문 연구

연구자들은 최근 코칭/자문 논의에 뛰어 들었고, 아주 실용적인 목표를 다루고자 하는 필요에 의해 동기화되었다. 매우 실용적인 목표란 교사들과 학교 관계자들이 높은 신뢰도를 가진 근거 기반 실천들을 수행하도록 하기 위함이다. 린지슨, 핸더슨, 호그우드(2003)는 학생 연령에 맞는 대상자를 위해 근거 기반 예방적·치료적 개입들의 발전에 관해 지난 수십 년 동안 상당한 진척이 있었음을 지적했다. 이와 동시에, 그들은 학교의 개입이 수행된다는 전제하의 상당한 변화와 연관된 요인에 기반을 둔 더 많은 연구의 필요성을 지적했다(Domitrovich & Greengerg, 2000; McCormick, Steckler, & McLeroy, 1994).

이 격차를 줄이고자, 한과 웨이스(H005)는 경험적 발견과 현존하는 이론에 의한, 학교 개인의 수행의 영향에 관한 요인의 모델을 내놓았다. 그들은 수행의 신뢰도과 유지 가능성을 (1) 수행된 개입의 분량, (2) 프로그램 개발자에 의해 설정된 기준에 맞는 질적 수행, (3) 훈련과 자문 단계에 다루지 않은 행동들을 다루는 데 개입의 핵심 원리의 사용 등으로 정의했다. 한과 웨이스는 수행 과정을 '자기-유지적 피드백 루프'로 생각했고 훈련/자문 프로토콜을 중요한 역할로 보았다. 질, 분량, 원리에 집중하는 효과적인 훈련 자문 프로토콜은 교사 관점에서 개입을 하고 또 학생 행동의 향상이 개입의 결과로 여기는 유효성을 촉진시킨다. 이는 또한 높은 수준의 신뢰도를 가진 개입을 수행하려는 교사의 동기를 높인다. 더 나아가 개입 수행에 대한 교사의 '성공의 경험'뿐 아니라 학생의 행동을 향상시킨다. 짧게 말하면, 효과적인 자문은 전문가가 학급에서 의미 있고 주목할 만한 변화가 생기는 훈련들을 이행하도록 준비하고 교사들을 지원할 때 발생한다.

수행 신뢰도를 세우고 유지하는 데 훈련/자문 프로토콜을 강조하는 한과 웨이스는 현존하는 이론과 경험에 의거한 발견들을 지속하는 것과 맥락을 같이 한다. 예를 들면, 대부분의 교육자들이 학급 운영 실천에 익숙하다 할지라도, 그들의 학급에서 효과적인 훈련을 적용하기 위한 노력이 필요하다. 교사들이 행동 관리에 관한 워크숍에 참석할 수 있다 해도, 그것들은 종종 강의식으로 전달하거나, 실질적인 학급 행동을 변화시키기에는 불충분한 한 번의 기회(one-shot), 훈련과 기대(train-and-hope) 접근법 등을 사용한다(Fixen, Naoom, Blasé, Friedman, & Wallace, 2005 참조).

연구자, 교육가, 치료자들 가운데 자문과 수행에 대한 관심이 생겼고, 학교 기반의 개입의 적용에 대한 참고문헌의 통합을 촉진하였다. 이에 딘 픽슨 박사와 동료들(2005)은 코칭/자문에 관한 가장 포괄적인 리뷰를 수행하였다. 이들은 세 가지 주요 결론에 도달하는 데 (1) 전문성 개발 훈련만으로는 학급에서 학교에 기반을 둔 개입을 적용하도록 지지하는 데 효과적이지 않으며, (2) 개입의 적용은 실무자들이 통합된 훈련, 자문, 빈번한 수행 평가를 받을 때 가장 효과적이며, (3) 기관에서는 적시의 훈련, 기술적인 슈퍼비전과 자문, 규칙적인 절차와 성과 평가를 위해 필요한 기관 내 구조가 제공되어야 한다. 이 보고서에서 살펴본 자문 움직임의 중요한 제한점은 극소의 경험적 연구만이 훈련과 자문의 상대적 기여를 평가해왔다는 점이다. 연구자들은 많은 연구가 훈련 및 자문과 개입의 선택의 상호작용을 더 잘 이해해야 하고 이러한 상호작용이 개입의 적용에 얼마나 영향을 미치는지 알아야 한다고 결론지었다.

현장에서의 관점 : 전문가 자문

> 말하기 전에 내가 듣는다면 교사의 기본적인 믿음과 가치에 대해 더 많이 배울 수 있다는 것을 나는 깨달았다.
>
> －20년 이상 경력의 학급 자문 전문가－

이처럼 증가하고 있는 효과적인 자문에 대한 이론과 연구 결과들을 자문 전문가들의 견해로 보완하기로 결정했다. 저자들은 교사 자문에 있어서 그들의 기술에 대해 전문적으로 배울 것이 많다고 생각한다. 저자들은 전문가로서 수십 년간 명성을 쌓아온 몇 명의 전문가들과, 상대적으로는 새로운 분야지만 이미 교사들과 함께 일을 하는 데 있어서 기술적인 두각을 나타낸 전문가들을 몇 명 선발하였다. 저자들은 또한 다른 훈련 기반을 가진 사람, 즉 일반교육에서 특수교육, 학교심리학, 상담에 이르기까지 다양한 범위의 사람들을 집중적으로 표본조사를 했다. 저자들은 그들 모두에게 자문에 관한 두 질문에 답하기를 요청했다.

1. 교사들과 함께 작업할 때 효과적인 전문가가 되기 위해 가장 중요한 기술/자질은 무엇이라고 생각하나요?
2. 전문가로서 작업할 때 당면할 수 있는 가장 큰 도전이나 가장 흔한 어려움은 무엇인가요?

표 3.1에서 볼 수 있듯이, 전문가들은 효과적인 자문의 요소에 대해 일관된 답을 했다. 그들은 모두 효과적이고 협동적인 관계 맺기의 중요성을 말했다. 그들은 직접적인 교육이나 조언하기 등과 같은 기술들을 위해 필요한 조건으로서 성공적인 관계 파트너십과 함께 자문 기술 체계도 포함하였다.

> 내가 전국적으로 전문가들과 일하며 그들에게 최고의 도전 과제가 무엇인지 말하도록 요청할 때, 가장 압도적인 반응은, "스스로 변하길 원치 않는 사람을 내가 어떻게 변하게 할 수 있나요?"다.
>
> －학교 자문 전문가－

저자들은 이러한 자문 전문가들이 밝힌 주요 장벽들을 두 부류로 나누어 보았다. 바로 (1) 동기 부족, (2) 기술 부족이었다. 새로운 실천 행동과 기술을 채택하는 데 교사의 흥미와 동기를 방해하는 많은 요인들을 알아냈다. 이 요인들 중에는 근거 기반의 훈련에 반대하는 한 철학과 교사들이 직면한 개인적 어려움들(제한된 시간 내 과도하고 경쟁적인 요구들, 학급 밖에서 경험하는 스트레스와 개인적인 문제들), 비현실적인 기대 수준(얼마나 쉽게 혹은 빠르게 변화가 일어날 것인가), 학생의 행동 문제를 개인적인 것으로 받아들이는 것, 학교 운영진의 지원 부족 등이 있다.

표 3.1 전문가 평가 요약

가장 중요한 기술/자질	가장 큰 도전이나 가장 잦은 어려움
관계 맺기 • 적절한 자기 개방 • 공감 • 적극적 경청 • 존중하기 • 진정성, 배려, 이해, 융통성, 일관성 • 희망 고취하기 • 낙관성과 긍정성 • 열정 • 인내심과 겸손 **협동** • 공유된 비전 만들기 • 교사 수준(예, 기술 수준)에서 만나고 목표 설정에 현실적인 기대 수준 갖기 • 스트레스 수준과 기타 업무 배려하기 **기술과 지식** • 창조적이고 실용적인 아이디어를 갖기 • 지속적인 지원을 제공하기 • 문제 해결 제공하기 • 훌륭한 학급 관리자 되기 • 명확하게 지식 전달하기 • 비전 조성하기 • 관찰, 데이터 수집, 피드백 제공하기 **학생-중심** • 모든 학생들의 요구에 가능한 균형을 맞추기 : win-win	**흥미/동기의 부족** • 매일 매일의 향상에 대한 의지 변동 • 교사는 정말 변화를 원치 않음. 자신의 수업에서 학생을 내보내는 것에 더 많이 중점을 둠 • 많은 효과적인 훈련에 대해 철학적인 입장에서 반대함 • 비현실적인 기대 수준 : 변화에는 시간이 걸리는 것에 이해가 없음. 많은 근거 기반 실천들이 화려한 것이 아니지만 효과가 있다는 사실을 이해하지 못함 • 적용의 다양성 : 교사들은 이미 실천하고 있다고 확신하지만 실제로는 그렇지 않음 • 행동 문제를 개인적인 것으로 종종 받아들임 : 사실 문제란 하나의 데이터에 불과함 • 개인적인 문제/스트레스 : 심한 경우에는 우울하거나 치료/정신건강 서비스가 필요한 교사. 대부분의 경우 과도한 스트레스를 경험함 • 선택/전통적인 나쁜 습관 : 우리가 함께 작업하는 교사는 전문가임. 선택을 하도록 허용해야 함 • 행정적 지원의 부족 **기술의 부족** • 효과적으로 학급을 운영하는 데 필요한 기술이 부족함 • 매우 엄격하고/부정적이고/처벌적임

사람들은 행동 문제를 단순히 자료로 보는 대신, 매우 개인적인 것으로 받아들인다. 나는 교사들이 이미 알려진 전략들이 행동에 얼마나 크게 영향을 미치는지를 보도록 도와주려 한다. 그들이 최종적으로 그것을 '알게' 될 때, 개인적으로 행동하려 하거나 난처한(또는 분노) 감정을 느끼는 것을 한 발짝 떨어져서 보게 된다.

-20년 이상 경력 자문 전문가-

다른 한편으로는, 교사들이 의욕적일지라도 전문가들은 자문 관계가 성공적이 되기 전에 있어야 하는 핵심 기술들이 부족함을 보았다. 예를 들어, 한 가지 걸림돌은, 반대되는 증거가 있는데도 불구하고 교사들이 스스로 기술들을 사용하고 있다고 때로 생각하는 것이었다.

효과적인 자문으로 가는 길

저자들은 효과적인 자문의 핵심 기술과 자질을 이해하는 데 도움이 되는 틀 하나로 위에서 기술한 모든 관점들을 통합하고자 하였다. 저자들은 자문 관계를 하나의 여행으로 개념화하였다(그림 3.1). 성공적인 여행을 위한 전제 조건은 전문가와 교사의 견고하고 협동적인 파트너십이다. 초기에 전문가의 중요한 자질들은 모두 관계 맺기에 집중되어 있다. 이러한 자질 없이는 전문가의 여행은 매우 짧게 될 것이다. 전문가의 관계 속에서 여행을 더 하고자 한다면, 이러한 자질이 전문가의 집중과 대화의 영역을 넓히는 데 필요하기 때문에 여전히 필수적이다. 전문가가 더 긴 여행을 원한다면, 전문가는 구조적인 피드백, 심지어 직접적인 충고를 줄 수 있는 더 많은 기회를 얻을 것이다. 만약 전문가가 다른 자문의 요소 없이 (요청받지 않은) 조언하기를 시작한다면, 교사가 전문가의 제안을 일관적으로 따르지 않을 가능성이 매우 높다. 여행이 모든 교사들에게 오랜 시간이 걸리지는 않는다. 학급 체크업에서 볼 수 있는 것처럼, 전문가는 몇 차례 방문만으로도 이러한 요소 중 대부분을 통과하여 진전시킬 수 있다. 그러나 어떤 교사들과는 길고 지속적인 협동 관계의 시작에 서 있는 자신을 찾을 수 있다.

전문가로서 독자는 아래에 소개된 기술과 속성을 이미 많이 가지고 있을 것이다. 그 부분을 읽을 때, 전문가는 자신이 이미 잘하고 있거나 더 확고히 하거나 혹은 확장하고 싶어 하는 몇 가지 기술을 확인한다. 전문가 또한 자신이 성장하기를 원하는 영역에서 미숙한 한두 가지 기술을 확인한다. 전문가는 동기면담에 대한 4장을 읽은 후 이 장을 다시 읽는 것이 도움이 될 것이며, 만약 전문가가 이 분야에서 자신의 동기를 향상시키는 데 유용한 동기면담 스타일의 자기 반영을 사용할 수 있을지 살펴본다. 우리가 교사에게 요청하는 행동 변화 과정에 대해 더 많은 통찰을 얻는 유용한 연습이 될 것이다.

> 전문가는 동기면담에 대한 4장을 읽은 후 이 장을 다시 읽는 것이 도움이 될 것인데, 전문가가 이 분야에서 자신의 동기를 향상시키는 데 유용한 동기면담 스타일의 자기 반영을 사용할 수 있을지 살펴본다. 우리가 교사에게 요청하는 행동 변화 과정에 대해 더 많은 통찰을 얻는 유용한 연습이 될 것이다.

여행 시작하기 : 관계 맺기

효과적인 전문가들은 이해심이 있으며 진솔하고 배려 있고 친절하고 일관적이어야 한다. 제한된 시간, 스트레스, 현재 학교에서 교사들이 직면하는 문제들을 이해하고 그들의 도전되는 문제를 다루기 쉽게 유연성이 있어야 한다. 또한 진솔해야 한다. 어떤 흔들림도 없어야 한다. 배려하는 태도로 업무와 인간

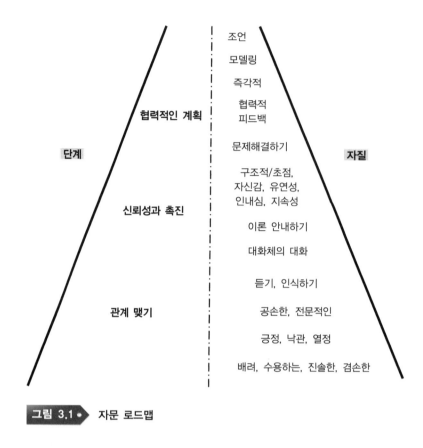

조언

모델링

즉각적

협력적
피드백

문제해결하기

구조적/초점,
자신감, 유연성,
인내심, 지속성

이론 안내하기

대화체의 대화

듣기, 인식하기

공손한, 전문적인

긍정, 낙관, 열정

배려, 수용하는, 진솔한, 겸손한

협력적인 계획

단계

자질

신뢰성과 촉진

관계 맺기

그림 3.1 ▶ 자문 로드맵

관계에 101%의 노력을 기울여야 한다. 지속적으로 교사들을 체크하고 목표를 확인해야 하며 피드백을 하고 지지해야 한다.

－대도시 학교 자문 전문가－

● **효과적인 전문가들은 성공적인 관계 맺기를 위해 훌륭한 사회적 소통 기술을 사용한다.** 효과적인 자문은 견고한 협동 관계를 토대로 한다. 전문가들은 신뢰를 유발하는 사회적 소통 기술을 통해 이러한 관계를 맺는다. 효과적인 전문가들은 자신의 태도와 편견을 처음 관찰함으로써 판단을 보류하며 수용하고 이해함으로써 이러한 관계 맺기를 위한 토대를 만든다. 과다하게 비판적이고 판단적인 사람과 중요한 여행을 하고 싶어 하는 사람은 없다.

효과적인 전문가들은 타인들의 평가에서 신실한 사람으로 인정된다. 다시 말하면 전문가는 자기가 함께 하는 교사와 학생들에게 일어나는 일에 대해 정말로 관심을 갖는다. 공감을 하고 그들이 자문하는 교사들에 그들의 관심사와 배려로 의사소통을 한다. 전문가들은 공감을 통해 교사들의 경험을 인정하며, 그렇게 하는 것이 교사들에게 힘을 실어주는 것이며 전문가를 약화시키는 것은 아니다.

효과적인 전문가는 좋은 경청자다. 그들은 가르치기 전에, 조언하고 충고하기 전에 경청한다. 그들의 대화 유형은 대화에 참여하는 방식이다. 그러니까, 서로 이해를 할 때까지 나누며, 설득하는 방식으로 소통하기보다는 교사들로부터 통찰을 이끌어내고자 노력한다. 효과적인 전문가들은 사회적 상호작용을 즐겁고 편안하게 하는 데 탁월함이 있다. 그들은 사람들을 편안하게 하는 것을 잘한다. 그들은 적절한 시기에 알맞은 유머를 활용하고 사소한 이야기에도 참여하며 필요로 하는 것을 단순한 방법으로 도움이 되도록 한다.

효과적인 전문가들은 자문 관계에서 인정을 잘한다. 제한점과 문제만큼이나 강점과 자원에 많이 중점을 둔다는 의미다. 그들은 겸손하며 자신보다 학급과 교사의 요구에 계속적으로 집중한다. 자신이 아닌 교사들에게 자기효능감을 높이는 언어를 사용하고, 교사들을 성공하도록 조력한다.

● **효과적인 전문가들은 존경할 만하다.** 존경할 만한 전문가는 학생들을 위한 더 효과적인 환경을 개발하기 위해 주로 다른 사람들의 입장에 있어야 하는 그 역할의 제한점을 인식하고 한계선을 알고 있다. 따라서 효과적인 전문가들은 의사결정과 개인의 자율성을 존중한다. 그들은 양육적이고 지지적이고 반영적인 상황이 될 때, 교사들이 최고의 선택을 하고 자연스럽게 그들의 학급에서 긍정적인 변화가 생기는 것을 믿는다. 기술을 사용하는 전문가들은 또한 개인의 다양성의 가치를 존중한다. 그들은 문화적으로 유능하고 섬세하다.

전문가들은 교사들이 그 상황을 더 좋게 할 것이라 믿으며 교사의 상황을 존중으로 소통한다.
－국제 전문가이자 훈련가－

존경할 만한 전문가들은 믿을 만하다. 무엇인가를 할 예정이라고 말할 때는 반드시 한다. 상호 협의한 약속은 반드시 따른다. 미리 준비하고 제때에 계획된 회의를 한다. 효과적인 전문가들은 공유할 정보의 신뢰도를 보장함으로써 전문성을 보인다.

여행 계속하기 : 신뢰, 촉진, 문제 해결

전문가의 신뢰는 개인적이고 전문가적인 특성들을 기반으로 한다. 전문가들은 신뢰를 구축하는 개인적인 자질이 필요하다. 그들은 교사와 교장에게 전문가의 가치를 증명하기 위해 전문적인 기술을 필요로 한다.
－학교 자문 전문가이자 주지사－

● **효과적인 자문은 훌륭한 이론을 따른다.** 물론 우리는 자문 경험이 단순한 관계 맺기 이상이기를 원한다. 결국 자문의 목적은 다른 사람들이 접근하지 않은 방법에 기반을 둔 기술과 지식을 통해

교사들과 접촉하는 것이기 때문이다. 따라서 효과적인 전문가는 정보나 기술을 필요로 하는 전문 지식을 가지고 있어야 하며 그것의 보급자로서 인식되어야 한다.

효과적인 전문가들은 개념화로 만든 지식적 배경을 가지고 있다. 이 경우 효과적인 행동 운영 훈련에 관한 지식, 학교 관계자 및 교사를 돕는 방법이 사용된다. 마찬가지로 중요한 것은, 전문 가들은 다른 사람이 놓치지 않고 이해할 수 있는 언어로 이 지식적 배경을 사용하여 의사소통할 수 있다. 훌륭한 이론에 따른다는 것은 전문가들이 문제를 명확히 하고 잠재적 원인을 개념화하며 개입을 위한 적절한 선택권을 선정하는 데 도움을 준다. 우리들 중 전문가 한 사람이 말했듯이, "가장 중요한 것 중 하나는 자기가 하고 있는 것이 도대체 어떤 것인지 아는 것이다!"

전문가가 어떻게 행동을 습득하는지와 얼마나 바뀔 수 있는지를 확실히 이해하는 것은 필수적 이다. 따라서 효과적인 학급 운영을 지원하기 위해 교사들과 함께 일하는 전문가들은 행동 수정의 기본 원리를 이해할 필요가 있다. 행동 원리에 대한 지식을 갖는 것과 이러한 원리의 실용적인 적용은 효과적인 자문을 위한 주요소다.

표 3.2와 그림 3.2는 이러한 원리의 간단한 개요며, 8장은 실용적인 적용에 대한 것이다. (만약 행동 분석에 대한 이해가 많다면, 표를 간단히 보고 지나가도 된다. 만약 행동 이론을 처음 접한 다면 이 표뿐만 아니라 8장에 간결하게 요약된 추가적인 자원들을 둘러보는 것이 좋다.)

- **효과적인 전문가들은 신뢰할 만하다.** 지침이 되는 이론을 설명하기에 덧붙여서, 효과적인 전문 가들은 교사들과 협동적인 여행을 계속하고 신뢰를 형성하도록 하기 위한 추가적인 자질을 보여 준다. 예를 들어, 학급을 운영했던 과거 경험 혹은 과거에 함께 일했던 교사들이 사용한 전략들의 사례들을 공유한 전문가들은 믿을 만하게 소통하고 개인적인 연결점을 구축한다. 게다가 효과적 인 전문가들은 적당한 때에 개입에 관한 생각을 안내하고 지지하기 위해 관련 있는 연구에 대한 그들의 지식을 공유한다. 효과적인 관계와 신뢰성을 세우는 데 서로 손을 잡고 가는 몇몇 추가적 인 특성은 판단 없이 객관적인 자료를 수집하고 공유하며, 유연성과 확신을 전해주기, 훌륭한 문 제 해결사가 되기를 포함한다.

교육 자문 분야에서 계획대로 진행되는 것은 거의 없다고 본다. 왜냐하면 우리는 인간을 다루기 때문이 다. 매일 훌륭한 싸움을 하려면, 전문가들은 가장 작은 실천이라도 매우 가치 있는 것임을 믿어야 한다. 전문가들은 절박성과 수용성을 지속적으로 균형을 유지해야 한다.

－자문 전문가이자 훈련가－

- **효과적인 전문가들은 자신감이 있다.** 효과적인 전문가들은 긍정적인 변화를 이끌어내기 위해 자문과 문제해결 과정이 효과가 있다는 것을 믿는다. 효과적인 전문가들은 신체언어, 즉 비언어

∷ 표 3.2 행동 수정 기본 원리

학급 행동을 효과적으로 운영하는 데 교사들을 지원하기 위하여 전문가들은 행동이 어떻게 습득되고 그것이 어떻게 변화되는지의 확고한 이해를 필요로 한다.

행동은 학습된다. 배우기는 우리 행동의 중요함의 결과로서 발생한다. 다른 말로 하면 우리의 행동은 우리가 경험하는 사건들과 조건들의 영향을 받는다. 우리의 행동이 즐거운 결과로 따라올 때, 행동은 반복적이고 학습되는 경향이 있다. 우리의 행동이 불쾌한 결과로 이어질 때, 반복하지도 학습되지도 않는 경향이 있다.

보상은 미래의 행동으로 이어져서 그 행동을 늘어나게 하는 결과다. 예를 들어, 긍정적인 보상은 행동 발생 빈도가 증가하는 결과에 의한 행동이 수반될 때 발생한다. 많은 행동은 긍정적인 보상의 결과로서 학습된다. 예를 들어, 책상의 물건을 정리한 학생에게 칭찬하는 선생님들은 아마 학생들에게 깔끔하게 정리하는 것을 가르칠 것이다. 정답을 말하는 학생에게 주의를 기울이는 교사들은 아마 학생들에게 계속해서 대답하는 것을 가르칠 것이다.

부정적인 보상은 혐오스럽거나 불쾌한 결과가 따르는 행동이 증가할 때 나타난다. 각 개인들은 어떠한 행동들이 불쾌한 결과로 끝을 내는지를 배우고, 따라서 그 행동들이 미래의 행동을 보여줄 가능성이 있다. 예를 들면, 만약 한 학생이 웃긴 행동을 그만두기를 요구받고 울기 시작하다가 결국 교사가 어쩔 수 없이 그 웃긴 행동을 계속 하도록 허락한다면, 교사는 그 학생이 자신의 말에 따르지 않게 만듦으로써 불쾌한 결과(학생의 울음)가 중지될 수 있음을 알게 된다.

처벌은 미래에 나타날 행동의 가능성을 줄이는 결과에 따른 행동 사이의 관계를 설명한다. 처벌하는 사람은 행동을 감소시키는 사람이다.

소거는 이전의 보상 행동이 더 이상 보상되지 않을 때 발생하고, 따라서 그것이 더 이상 발생하지 않을 때까지 줄어든다.

반복해서 나타나는 어떠한 행동도 그 행동을 하는 개인을 위해 어떤 기능을 수행하고 있는 것이다. 교사는 모든 학생들의 행동에는 목적이 있다는 사실을 이해하고 대화할 줄 알아야 한다. 항상 완벽하게 과제를 수행하고, 제시간에 수업에 참석하고, 책임감 있게 행동하는 학생들은 그들이 좋은 성적, 부모와 교사의 긍정적인 관심, 자부심, 그리고 보상된 성취감을 발견했기 때문이다. 이와 비슷하게 반복적으로 수업에 지장을 주고, 교사와 논쟁을 벌이는 학생들은 그 행동으로부터 어떠한 이익을 얻는다. 교사가 훈계를 하고, 학생의 부모가 자주 학교로 호출되더라도, 그 학생은 교직원과 교사로부터 주목을 받는 즉각적인 보상 결과를 발견할 것이다. 그 학생이 어른들로부터 적절한 관심을 받기 위한 다른 방법들을 찾는 것은 이러한 필요성을 충족시키고, 논쟁적이고 지장을 주는 학생의 행동을 줄이는 데 도움을 줄 수 있다.

학급의 환경을 바꾸는 것은 학생 행동 변화를 유도할 수 있다. 행동은 어떠한 선행사건 행동의 바로 전에 일어난 사건과, 어떠한 행동 결과를 따라 일어난 사건의 영향을 받는다. 행동에 영향을 주는 변수들을 변화시켜서, 우리는 학급에서의 행동들을 줄이거나 늘릴 수 있다. 이것은 변수들을 조정함으로써 학생(그리고 어른)의 행동을 변화시킬 수 있다는 사실을 의미한다.

다음의 예시들을 보자. 학급에서 교사가 학생들에게 개별적 학습 과제를 나누어준다(선행사건). 학생들은 과제에 집중하기보다 과제와 상관없는 주제에 대하여 서로 이야기를 나누거나(행동), 또는 적절하지 않게 교실을 돌아다닌다(행동). 그동안 교사는 교실의 뒷자리에 앉아서 점수를 매기고 있다(결과=잘못된 행동들이 무시되고 있음). 학생의 행동을 변화시키기 위해서, 우리는 선행사건이나 결과를 수정할 수 있다. 예를 들면, 교사가 사전에 학생들에게 개별 학습을 할 때는 혼자서 자신의 자리에서 과제를 하고, 만약 질문이 있을 경우에는 손을 들으라고 지침(선행사건이 조작됨)을 했다고 가정해보자. 또 다른 선택권은 결과를 수정하는 것이다. 교사가 책상에서 점수를 매기기보다는 교실을 돌아다니면서 과제를 하고 있는 학생들에게 칭찬을 하거나, 과제에 대한 명확한 설명이 필요한 학생들에게 답변을 해주는 것이다. 위의 예시 안에서, 선행사건 그리고 결과를 수정하는 것이 학생들의 학습 참여율을 높이는 결과를 가져오는 것으로 보인다. 표 3.2는 행동에 영향을 주는 변수와 행동을 줄이거나 늘리기 위해 우리가 어떻게 변수를 조작할 수 있는지 보여준다.

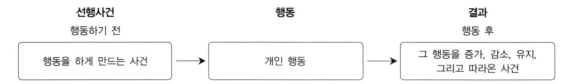

선행사건	행동	결과
행동하기 전		행동 후
행동을 하게 만드는 사건	개인 행동	그 행동을 증가, 감소, 유지, 그리고 따라온 사건

아래 목록은 각각을 대상으로 개입하여 변수에 영향을 미치는 행동이다. 8장에서 학급에서 이러한 전략의 이행을 지원하기 위한 사례 및 제안이 포함되어 있다.

선행 전략	행동 가르치기	결과 전략
긍정적인 상호작용을 촉진하고 산만한 행동을 방지하기 위해 학급의 물리적 구조를 배치한다.	적극적으로 학생들에게 기대되는 학급 행동을 가르친다.	특정 행동 칭찬 사용
긍정적으로 명시된 학급의 규칙을 게시한다.	학급의 규칙을 가르친다.	토큰경제 시스템을 사용하여 기대 수준 행동에 보상한다.
매일 일정을 게시한다.	일정 행동을 가르친다.	그룹의 유관성을 사용하여 기대되는 행동에 보상한다.
주의 신호물을 사용한다.	미리 설정 된 신호가 발생했을 때 학생들이 참여하도록 가르친다.	의도적으로 무시하기
적극적인 슈퍼비전을 사용한다.		부적절한 행동에 대한 명확한 훈계를 사용한다.
사전에 준비시키기를 사용한다.		적절한 행동을 증가시키기 위해 차별적 보상 절차를 사용한다.
효과적인 수업 실천 활동을 한다.		부적절한 행동에 대한 반응 비용의 절차를 사용한다.
반응할 수 있는 충분한 기회를 제공하여 적극적으로 학생들을 참여시킨다.		부적절한 행동에 대한 타임아웃을 사용한다.
효과적인 교사-학생 관계를 맺기 위해 비유관적 관심을 제공한다.		

그림 3.2 ● 행동에 영향을 주는 변인

사용인 목소리 톤, 눈 맞춤을 활용하여 그들의 확신을 다른 사람들에게 전달한다. 그들은 또한 언제 부가적인 자원에 접근해야 하는지, 다른 사람들이 필요한 연관된 자원에 접근하는 방법 등을 알고 있다. 다른 말로 하면 그들은 상호작용에 있어서 편안해하며, 그들의 지식배경과 전문지식의 확장을 인지하고 있다. 다른 사람들이 지원받을 때 그들 자신의 목표를 달성할 수 있음을 믿어주기와 적절히 높은 기대 수준을 설정하기는 또한 확신을 전달한다.

● **효과적인 전문가들은 훌륭한 문제 해결사다.** 효과적인 문제해결사들은 해결에 초점을 맞추며,

순차적인 문제해결 과정에 참여한다. 여기에는 행동목표를 명확히 정하고, 목표를 명시하고, 그런 목표에 관한 과정을 슈퍼비전하는 것을 포함한다. 교사들을 좋은지 나쁜지, 저항적인지, 순응적인지 등으로 구분하지 않고, 전문

가들은 각각의 학급 요소와 함께 긍정적으로 바라본다. 효율적인 문제해결사들의 다른 주요 자질에는 끈기 있고 지속적이며 목표를 이룰 수 있을 것이라는 확신이 있다. 그들은 사전 대책을 강구하며 계획을 평가하고 여러 번 뒤엎을 필요성을 예상한다. 그들은 포기하지 않는다.

- **효과적인 전문가들은 객관적인 자료를 수집한다.** 자료를 수집하는 것은 효과적인 자문을 위한 중요한 요소다. 자료는 주의가 필요한 것을 포함하여 잘 진행되고 있는지 교사들에게 피드백을 하는 데 사용된다. 그러므로 교사들이 신뢰하고 느낌이 정확한 자료 수집은 중요하다. 의미 있고 유용하게 여겨지는 자료의 가능성을 상승시키는 한 가지 방법은 자료들이 객관적이라고 확신하는 것이다. 다른 말로 하면 수집한 자료는 관찰 가능하고 변화에 민감하며 중요하다. 게다가 만일 학생의 문제 행동에 잘못 대처하는 것에 대하여 교사가 결과를 회피하지 않고 그것을 존중받는 방법으로 공유되면, 그 자료는 가장 유용할 것이다. 전문가가 문제 행동이 학생의 내면적인 것임을 인식하지 않을 때, 교사들은 어려운 학급 행동에 대해 개인적으로 책임지지는 않는다. 자료는 단순히 학급 환경을 향상시키는 데 정보를 제공한다. 최근 객관적인 자료가 많다고는 하지만, 그것들은 상황 전체를 반영하지는 않는다. 자료를 교사들과 함께 판단하는 것은 부가적인 통찰력을 제공할 수 있다. 학급을 관찰한 후, 일상적인 어느 하루는 어떤지와 관찰하는 동안 교사는 어떻게 느끼는지 혹은 잘되지 않았다고 느끼는 것에 대해 묻는 것과 같이 교사들에게 단순한 질문을 하는 것은 변화를 위한 계획에 유용하다.

- **효과적인 전문가들은 유연성이 있다.** 이론이 전문가로 하여금 각각의 자문 사례에서 어떤 접근법을 선택하여 따르도록 안내할지라도, 전문가들은 문제를 처리하는 방법을 위해 공식적인 계획을 따르지 않는다. 그들은 계획을 수행하는 데 직접적으로 연관 있는 교사들과 협동 속에서 효과적인 계획들이 만들어진다는 것을 알고 있다. 다른 말로 하면 그들의 이론은 상호작용과 문제 해결을 위한 변인들을 제공하지만 궁극적으로 그 계획은 주요 관계자들과의 대화, 브레인스토밍, 논의를 통해 발전한다는 것이다.

- **효과적인 전문가들은 회의에 구조를 제공한다.** 구조 내에서 유연해지는 것은 도전적인 균형 행동일 수 있다. 하지만 회의 시간을 어떻게 사용할 것인가 하는 변수는 전문가의 성공에 중요한 요소다. 효과적인 전문가들은 객관적이고 예상 가능한 결과를 내놓음으로 회의의 목적을 설정한

다. 의제를 설정하는 것은 전문가들이 면담을 위한 공식적인 계획이나 구체적인 모든 생각들에 이를 수 있다는 것을 의미하는 것이 아니다. 그보다는 행동 계획의 최종 결과를 협동적으로 계획하는 데 다다르게 하는 단계다. 추가적으로 전문가들은 언제 어떻게 자료를 수집할지, 협동적인 목표가 측정될 수 있도록 하는 과정 등을 통해 회의의 목적에 대해 열린 마음으로 소통함으로써 이변을 최소화하려고 노력한다.

앞서 우회하기 : 협동적 계획, 장애물 극복

> 만약 우리가 온전하게 협동을 하려고 한다면, 상대방에게 선택을 허용해야 한다. 만약 선택을 허용하는 것이 변화하도록 압박하는 것과 균형을 맞추지 못하는 경우라면, 운을 믿을 수밖에 없다. 대다수의 헌신적인 전문가들이 오늘날 교육 분야에서 변화에 저항해야 하는 많은 타당한 이유들을 가지고 있기 때문이다. 우리는 수년간 매우 소심하게 변화했으며, 앞으로 수년간 대가를 치루어야 한다.
>
> ―국제 전문가이자 훈련가―

교사들이 전문가들에 대해 신뢰할 만하고 믿을 만하다고 보는 날이 오면, 교사들은 계획하기에 더욱 협동적이 될 것이다. 여기서는 기술 개발을 촉진하는 방법과 변화를 위해 장애물을 극복하는 방법에 집중한다. 건설적인 피드백과 어려운 대화를 협상하는 기술을 포함한다.

●　**효과적인 전문가들은 기술 개발에 관한 건설적인 피드백을 제공한다.** 전문가들은 향상시켜야 할 것에 대한 의견과 제안과 함께 많은 긍정적인 피드백을 한다. 그들은 교사들에게 목표가 되는 행동 변화에 관한 피드백을 해도 되냐고 묻는다. 피드백이 건설적으로 되기 위해서는 구체적이고 해결 중심적이며, 동의된 변화 행동을 향해 방향을 잡는다. 교사가 "학급에 학생이 너무 많아요."라고 말하는 것은 교사가 직접 통제할 수 있는 면이 아니므로 건설적이지 않다. "학생들과의 관계 맺기에 노력해야 합니다."라고

> 건설적인 피드백은 구체적이고, 해결 중심적이고, 동의된 변화 행동을 향해 방향을 잡는다.

말하는 것은 애매하고 교사에게 긍정적인 행동으로 이끌 만한 충분한 정보가 주어지지 않으므로 문제가 있다. 대신 다음 피드백 예제를 보자. "저는 선생님이 학생들에게 특정 행동 칭찬을 하는 것을 열 번 보았고, 학생들을 다섯 번 체크하는 것을 보았습니다. 선생님들이 이러한 상호작용을 증가시키면 학생들의 산만한 행동이 감소한다고 봅니다." 이러한 유형의 말은 확고하고, 교사들에게 그들의 기술을 향상시킬 수 있는 로드맵을 제공한다.

●　**효과적인 전문가들은 목표 기술의 모델링이 될 수 있고 기꺼이 한다.** 전문가들은 효과적인 학급 운영 훈련에 관한 지식이 필요할 뿐 아니라, 이러한 훈련들을 하는 방법을 교사들에게 보여줄 능

력이 있어야 한다. 모델링은 교사들이 새 기술을 배울 수 있도록 돕는 데 중요한 도구다. 단순히 교사들에게 특정 행동을 칭찬하는 비율을 내놓으라고 말하기보다는, 유능한 전문가가 특정 행동에 기반을 둔 칭찬을 하는 예시를 보여주고 학급 환경에서 이 기술을 모방하게 할 수 있어야 한다. 모델로서 교사들로 하여금 자신을 관찰하게 하는 것은 전문가 자신이 사용하는 칭찬과 다른 핵심 변수들에서 모은 자료가 되며, 교사들은 모델에게서 본 기술에 집중하고 참여하기 때문에 특히 유용하다.

• **효과적인 전문가들은 즉시성 기술을 가지고 있다.** 불가피하게 여행 중에 어려움이나 난관들이 발생할 수 있다. 숙련된 전문가들은 이러한 문제를 전진하면서 해결한다. 긴급한 상황에 즉시성 기술을 갖는다는 것은 긴급함을 모니터링할 수 있는 것, 상호작용을 보여주는 것, 그리고 필요에 의해 이러한 과정 중 평가를 하는 것을 의미한다. 변화에 대한 양가감정과 변화에 대한 불편함이 있다는 것에 대한 이해를 도와서 이러한 과정을 정상적인 버팀목이 되도록 한다. 효과적인 전문가들은 이런 과정이 발생할 때 저항과 불편함을 인식한다. 사람들이 변화하라고 재촉하거나, 반대로 변화가 필요한 이유에 대해 설득하는 말들을 하기보다는 그들이 그 길에서 나오도록 '저항과 함께 구른다'를 한다. '저항과 함께 구르기'는 다음 장에서 설명한다. 전문가들은 다른 사람들에게 '변화가 얼마나 중요한지를 알고 있는 것'을 말하도록 해서 그들 스스로를 본래 상태로 돌아가게 한다.

• **효과적인 전문가들은 필요 시에 어려운 대화를 기꺼이 하려 한다.** 전문가들은 '방 안의 코끼리'에 대해 기꺼이 말해야 한다. 가끔 한 가지 이유나 또 다른 이유 때문에 꺼내기 힘든 이야기를 하는 데 어려운 환경들이 있다. 만일에 그 화제가 무시되더라도 작은 진전이 발생한다. 존중하는 태도로 토론함으로써 어려운 문제를 다루려고 하는 것은 **평등하게 책임을 지는 직면**이라고 한다. 이러한 유형의 토론은 "혼란스러워요."나 "그렇지만 말하기 어려운 부분이네요."와 같은 문장을 포함할 수 있다. 추가적으로 자료를 보여주는 것은 어려운 주제를 이끌어내는 데 유용하다. 예를 들어, 겉보기엔 잘 행동하는 학급이지만 실제로 전문가가 관찰한 결과 학생 행동을 운영하는 데 긍정적인 훈련은 하나도 없는 엄격하고 체벌하며 학급을 운영하고 있는 교사와 함께 일을 한다고 가정해 보자. 이러한 문제를 그 교사와 이야기하는 것은 어렵겠지만, 이야기하는 것은 꼭 필요하다. 전문가는 학급 체크업 피드백의 형태를 이용할 수 있는데, 즉 빨간색 안에(관심의 필요성) 칭찬과 훈계(야단침)을 사용하면서, 긍정적인 보상을 많이 사용하고, 이것이 학급에 주는 이득의 중요성을 교사가 생각하도록 요구하며, 자료를 가지고 교사와 논의하면 된다. 물론 상황에 따라 토론

> 효과적인 전문가들은 필요 시에 어려운 대화를 기꺼이 하려 한다. 전문가들은 '방 안의 코끼리'에 대해 기꺼이 말해야 한다. 존중하는 태도로 토론함으로써 어려운 문제를 다루려고 하는 것은 *평등하게 책임을 지는 직면*이라고 한다.

을 지원하기 위해 과거의 경험과 연구를 가져올 수는 있겠지만, 만약 존재하지 않는 화제나 또는 이득을 주지 않는다 해도 교사의 성장을 위하여 앞으로 나아가야 한다.

● **효과적인 전문가들은 확고한 조언을 제공한다.** 신뢰와 협동 관계, 진실성을 구축한 후에, 효과적인 전문가들은 조언하기를 요청받았을 때만 한다. 확실한 영향력이 있는 조언은 실질적으로 삶에서 사람들이 변화를 이끌어내도록 용기를 준다. 하지만 조언하기가 영향력 있게 하기 위해서는 효과적인 전문가의 다른 요소 모든 것들이 정립되어 있어야 함을 명심하라. 조언하기 전에 허락을 구하는 것은 일반적으로 좋은 생각이다. 예를 들어, "선생님의 학급에서 변화를 일으킬 몇 가지 생각을 갖고 있는데, 제가 말해도 될까요?"라고 할 수 있다.

마스터 전문가

> 자문 전문가들은 그들이 집중해야 할 때를 알고 있다.

로드맵에서 기술한 핵심 기술과 자질을 넘어서서, 협동적인 계획하기 단계의 성공을 보장하기 위해 최고의 전문가들이 정복하는 두 가지 기본 능력이 있다고 저자들은 믿는다. (1) 어디서 개입을 해야 하는지 아는 능력, (2) 문제점을 예기하는 능력이다. 다음 설명을 보자.

개입해야 할 때를 아는 능력

무엇을 성취해야 하는지에 대한 명확한 비전은 매우 중요하다. 나는 비전의 부족 때문에 노력에도 실패하는 것을 많이 보았다. 교사, 행정가, 자문 전문가들이 학급 운영에 관해서 명확히 변화가 필요하다는 것을 보았으나 그 변화가 어떤 모습일지에 대해서는 충분하게 정의하지 않았다. 교육 분야에서, 자문 전문가를 포함하여 많은 사람들이 중단해야 할 비효율적인 교사의 행동에 초점을 맞추는 것을 보았지만, 어떠한 대체 행동들이 있는지에 대해서는 충분히 정의하지 않았음을 보았다.

－국제 전문가이자 훈련가－

자문 전문가들은 어디에 관심을 두어야 하는지 알고 있다. 전문가로서, 자문 과정에 포함된 다양한 분야에 대해 아는 것이 유용하다(그림 3.3). 고려해야 할 첫 영역은 학급 실천 행동이며, 필요한 변화에 관련하여 어디에 관심을 두어야 하는지이다. 효과적인 전략과 데이터를 연결할 수 있는 훌륭한 이론과 접목하여, 학급의 욕구와 관련해서 전문가에게 정보를 주는 객관적인 데이터의 사용을 통해 방향이 설정된다. 개입을 위한 적절한 목표가 일단 확정되면(예, 기대 수준을 정의하고 가르치는 것, 특정 행동 칭찬의 사용을 증가시키는 것), 두 번째와 세 번째 영역이 전문가 관심

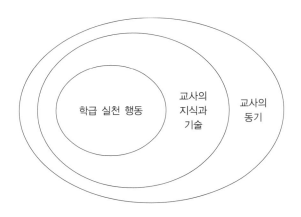

그림 3.3 ▶ 학급 전체 자문에서 고려할 영역

을 두어야 하는 부분들이다. 즉 학급 운영을 향상시킬 수 있는 실천 행동들을 수행할 교사의 능력과 의지다. 이 두 영역이 중요한데, 전략이 실제적으로 수행될지 여부에 영향을 주기 때문이다. 저자들의 모델에서, 우리는 학급 실천 행동의 효과적인 수행에 필수적인 두 가지 중요한 영역(교사의 지식과 기술, 교사의 동기)으로 개념화한다.

만약 전문가들이 대화 저변에 깔린 '음악'에 감이 없다면, 아무리 잘 세운 계획이라도 실패할 것이다. 따라서 효과적인 전문가들은 감각적이고 반영적이다. 잘 세운 계획이 무엇이 잘못될 수 있을지 신호를 보내는 교사의 말을

> 만약 전문가들이 대화 저변에 깔린 '음악'에 감이 없다면, 아무리 잘 세운 계획이라도 실패할 것이다.

경청한다. 교사와 대화에서, 전문가들은 다음 질문에 대한 답을 얻기 위해 세 번째 귀로 경청한다. "이 계획이 정말 효과적인가?", "이 교사가 실제로 적용할까?", "내가 중요한 것을 놓치진 않았을까?" 등이다. 교사들로부터 추가적인 정보를 얻기 위해 전문가가 하는 질문들이다. "이것이 선생님에게 얼마나 중요한가요?", "이것을 학급에서 적용하는 것에 대해 얼마나 자신이 있나요?", "적용하실 때 어떤 걸림돌이 있을까요?" 등이다.

교사의 지식과 기술

개입의 적용에서 방해가 될 수 있는 잠재적 영역은 새로운 전략을 사용하는 데 요구되는 지식과 기술이 교사에게 부족한 것이다. 이 경우 전문가는 보다 적극적인 역할로 교사를 도울 수 있는데, 예를 들면 역할놀이를 통해 교사와 적극적인 실습에 참여하거나, 교사가 관찰하는 동안 전문가가 새로운 전략을 모델링하거나, 목표 전략을 성공적으로 적용했던 다른 교사를 관찰하도록 할 수 있다. 그 밖에 교사가 새로운 기술을 발달시키도록 지원하는 데 도움이 되는 효과적인 전략으로는

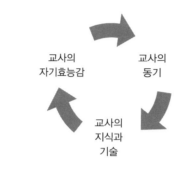

그림 3.4 ● 동기, 지식, 자기효능감의 관계

교사에게 단계별 안내서를 제공하거나, 유용한 자원들을 알려주거나, 자료 준비를 도와주거나, 교사가 처음으로 새로운 전략을 적용할 때 옆에 있어주거나, 교사가 전략 적용을 한 후 긍정적이고 건설적인 피드백을 제공하거나, 필요하다면 전략을 보완할 수 있는 아이디어들을 브레인스토밍을 하는 것 등이 있다. 추가적인 전략들로는 교사가 새로운 기술을 연마하도록 지원하고자 계속해서 데이터를 수집하고 피드백을 제공하는 것이다.

> 전문가가 가져야 할 중요한 기술이란, 실제적인 목표를 세우는 데 지지적이면서 동시에 언제 열정을 활용해야 하는지 아는 것이다.

교사의 기술 수준과 개입을 맞춤형으로 조정하는 것이 성공적인 적용에 열쇠가 된다. 저자들은 여덟 가지 새로운 전략을 동시에 적용하고 싶어 했던 열정적이고 동기가 강한 교사들과 작업한 적이 있다. 어떤 교사들은 한 번에 여러 가지 개입 실천을 적용하는 데 능력이 매우 탁월했던 반면, 어떤 교사들에게는 이것이 합리적이거나 가능하지 않았다. 전문가가 가져야 할 중요한 기술이란, 실제적인 목표를 세우는 데 지지적이면서 동시에 언제 열정을 활용해야 하는지 아는 것이다. 하나의 새로운 전략을 찾아서 교사가 이 전략에 성공할 수 있도록 지지할 때 교사의 자신감과 자기효능감을 높일 수 있다. 스스로 더욱 효과적이라고 느끼는 교사들은 미래에 새로운 기술들을 시도하려는 동기가 더 많아진다(그림 3.4 참조).

교사들은 전문가의 도움을 요청할 때가 되면, 정말로 도움을 원하지 않는 특정 학생 때문에 좌절한 상태여서 그 학생을 교실 밖으로 내보내고만 싶어 한다. 실제로 이것이 교사가 강하게 주장하는 것이라면, 그 교사는 개입의 적용에 대해서 전혀 동기가 없다고 본다. 왜냐하면 만약 개입이 성공할 경우 그것은 그 학생과 그 상황이 매우 심각했음이 틀렸음을 입증하는 셈이기 때문이다.

−40년 이상의 경력을 가진 국제 훈련가이자 전문가−

교사의 동기

자문 전문가는 동기라고 하는 주제를 잘 알아야 할 필요가 있다. 동기는 새로운 실천 행동을 효과적으로 적용하는 데 주된 기여자다. 교사들이 개입을 시도할 준비가 되어 있지 않거나 개입을 시도할 의지가 없다면, 교사가 가지고 있는 기술이 무엇이든 간에 상관없이 개입은 비효과적이 된다. 반면 만약 교사들이 준비되어 있고 개입을 시도하려 한다면 너무 많은 시간을 들여서 동기에 대해 대화함으로써 오히려 그 동기를 손상시킬 수도 있다. 그러나 만약 교사가 자신의 학급에서 새로운 실천 행동을 도입하는 것이 중요하지 않다고 생각한다면, 전문가는 교사의 동기를 올리고 교사가 충분히 가치가 있다고 느끼는 것이 무엇인지 결정하도록 함께 시간을 가져야 한다.

학급 체크업 모델은 개별적인 피드백을 제공하고 대안 메뉴들을 개발하는 것을 포함해서, 학급에서 중요한 변화를 이끌어내기 위한 교사들의 노력을 지원하기 위해 상당한 수의 전략을 활용한다(7장 참조). 예를 들어, 특정 학급 피드백을 사용하는 것인데, 학생과 교사의 정보 모두를 제시함으로써 교사들이 학급에서 하고 싶어 하는 것과 실제로 일어나는 것의 차이, 즉 불일치에 관해 대화하는 것이다. 예를 들어, 교사가 긍정적이고 지지적인 학급 운영이 중요하다고 느끼지만 수집된 데이터에 따르면 학생의 문제 행동에 지나치게 집중하여 학생의 행동을 수정하기 위해 친사회적 전략보다는 처벌적인 전략을

> 대안 메뉴를 제공하는 것은, 교사가 전문가보다 결정을 내려야 할 장본인이기 때문에 선택할 수 있는 수를 늘려준다.

더 많이 사용할 수 있다. 이러한 피드백 결과를 보여주면, 그 교사는 자신의 학급이 실제적인 실천과 더 잘 맞도록 노력하고자 새로운 친활동적 전략들을 더 잘 활용하려고 한다. 새로운 운영 실천 행동을 적용하도록 동기를 증진시키는 또 다른 효과적인 전략은, 학급에서 교사가 사용할 수 있는 전략 대안 메뉴를 개발하는 것이다. 대안 메뉴를 제공하는 것은, 교사가 전문가보다 결정을 내려야 할 장본인이기 때문에 선택할 수 있는 수를 늘려준다. 추가적으로 동기면담 전략이 도움이 되는데, 준비가 덜 되어 있고 학급에 새로운 전략을 도입할 의지가 적은 교사들과 자문을 할 때 효과적이다. 중요한 포인트는, 전문가가 동기 요소들에 언제 집중할지 그리고 언제 앞으로 나아가야 할지를 인지해야 한다는 점이다. 교사가 중요하다고 보고 기꺼이 시도하려는 계획을 세우는 데 시간을 보내는 것은 효과적인 변화에 필수적이다.

개인적인 문제가 전문적 성과를 방해할 때

스트레스, 좌절감, 기타 개인적인 문제들이 교사의 학급 수행을 방해하는 경우가 점차 흔해지고 있다. 개인적인 문제나 업무 스트레스는 새로운 실천 행동을 적용하려는 교사의 준비도를 억제한다. 그러한 교사는 현재 학급 상태에 과중한 부담감을 느끼며 하루하루 견디기 위해 애쓰고 있다.

만약 교사들이 학급에서 새로운 기술을 수행하기 위한 자발성을 방해하는 것이 있다면, 이러한 주제에 대해 몇 가지 주의가 필요하다. 우선 간단하게 교사의 감정을 정당화하는 것은 좋은 출발이다(예, "가르치는 것은 점점 스트레스가 되고, 선생님이 해야 하는 것을 하기에는 자원이 너무 적군요."). 더 나아가 경청하기, 교사의 염려를 타당화하기, 교사의 성공을 강조하여 말하기 등 교사의 감정을 지지하는 것이 유용하다. 교사가 변화될 준비가 되면 변화가 일어난다고 소통하면서, 효과적인 훈련을 증가시키는 데 가장 작은 실천일지라도 충분하다고 말하면서 교사의 마음에 공감한다.

자문 과정 중 중의가 요구되는 많은 영역을 인지하는 것은, 현재뿐 아니라 미래 학급을 변화시키도록 교사를 지지하도록 해준다. 교사들이 점점 지식이 쌓이고 효과적인 학급 운영을 성공적으로 수행함에 따라 그것을 계속하는 동기를 얻게 되고 또한 새로운 실천 행동을 시도하게 된다. 바꾸어 말하면 매년 학생들은 효과적인 학급 운영을 높이 평가하고 이해하고 활용하는 교사의 수업에 들어가게 되는 것이다.

문제점 예상하기

"어떻게 내가 그것에 대해 생각하지 못했지?"라고 생각했던 때가 얼마나 많은가? 매번 교사들과의 자문 경험을 쌓아가면서, 전문가는 학급에서의 개입을 효과적으로 수행하는 것을 방해하는 걸림돌과 함정의 목록을 머릿속에 유지함으로써 잠재적인 문제들을 예측하는 방법을 배운다. 이러한 장애물들을 효과적으로 예측하는 전문가의 능력은, 행동 이론에 대한 전문가의 이해뿐 아니라 다양한 기술 수준을 가진 교사들이 제한된 자원을 가지고 학급에서 무엇을 실천할 수 있는지에 달려 있다. 전문가가 교사와 계획을 만들면서, 지속적으로 전문가 스스로(그리고 교사에게) 다음 질문을 함으로써 우선순위를 정해야 한다. "그 계획이 성공하는 데 무엇이 걸림돌이 되고 방해가 될 수 있나요?" 학급에서 교사들이 새로운 전략을 수행하도록 이러한 문제들의 우선순위를 평가하는 것은 성공으로 가는 길에서 잠재적인 문제를 피하도록 돕는다.

> 전문가는 학급에서의 개입을 효과적으로 수행하는 것을 방해하는 걸림돌과 함정의 목록을 머릿속에 유지함으로써 잠재적인 문제들을 예측하는 방법을 배운다.

요약

이 장에서는 자문 전문가와 대화 및 주제에 관한 현존하는 연구들을 바탕으로 효과적인 전문가의 중요한 자질에 대해 살펴보았다. 저자들은 효과적인 자문을 여행으로 개념화하면서, 협동적인 관계 맺기 기술을 선제 조건으로 보았다. 협동적인 관계 맺기 후 여행을 따라 가면서, 보다 힘든 기술들이지만 적절한 기술들이 활용되어야 한다. 예를 들면, 전문가의 긴급 상황에서의 즉시성 기술, 모델링, 조언하기 등이다. 이 로드맵에 주의하는 것이 동기면담을 배워서 학급 체크업을 사용하는 출발점이다. 다음 장에서는 효과적인 동기면담에 필요한 대부분의 기술들이 효과적인 전문가의 속성과 관련 있음을 명확하게 해준다.

교사에게 자문할 때 동기면담의 적용

제4장

교사에게 자문할 때 가장 도전적인 과제는 내가 원하는 것을 하도록 만드는 것이다.

－학급 자문 전문가－

사가 전문가의 제안을 그대로 따라 할 것인가에 대해 전문가는 어느 정도의 컨트롤이 있을까? 이 질문에 대한 답은 컨트롤이라는 의미에 따라 달라진다. 사실 상대방이 선택을 하는 것에 대해 **직접적으로** 컨트롤을 할 수 없다. 결국 마지막 결정은 당사자에게 달려 있다. 한편 상대방이 결정하는 데 상당한 분량의 **영향력**을 주는 것은 가능하다. 우리가 선택하는 것은 적어도 일부분은 타인들과의 교류에 의해 만들어진 내면의 의사결정 과정에 따라 달라진다. 이 장의 목적은 이러한 사회적 기준점을 어떻게 강조하여 영향력을 극대화하는지 설명하는 것이다.

사람들은 어떻게 변화하나?

역사적 관점

수년간 연구자들과 자문 전문가, 그리고 임상가들은 행동 변화 기술의 부족에 대해 불평하였다. 사회 및 교육 과학 영역에서 이제 우리는 상당한 문헌들을 가지고 있어서 사람들이 어떻게 행동을 바꾸는지, 어떻게 새로운 기술을 익히는지 － 원하기만 한다면 － 알게 되었다. 어떤 이유인지 모르나 아마도 쉬웠기 때문일 수 있는데, 내담자나 자문을 구하는 사람들의 동기는 최근까지 임상이나 자문 개입에 주요한 초점이 되지 못했다. 알코올 중독에 대한 관습적인 관점에 대해 생각해보자. '바닥을 쳐야' 회복할 수 있다는 관점이 있다. 그런데 아무도 그 바닥이 어떤 것인지 알지 못했다. 어떤 사람에게는 음주운전일 수 있고, 어떤 사람은 가정과 가족을 잃어버리는 것일 수 있다. 만약 회복을 시작한 사람이 있다면, 그것은 바닥을 쳤다는 증거라고 보았다. 이러한 관점으로는 상대방이 변화할 준비가 될 때까지 옆에서 기다려야 한다. 이러한 관점으로는 상대방이 변화할 시간을 결정하는 데 거의 영향을 줄 수 없다. 최선의 희망은 상대방이 자신의 오류를 보도록 돕는 것이다.

내담자 동기에 대한 이러한 관점에서 발전하게 된 전형적인 반응 스타일은 직면적이 아니더라도 직접적으로 설득하는 스타일이다. 1990년 전까지 알코올 중독 치료 프로그램의 대부분이 이러한 관점을 가지고 접근하였는데 내담자와 논리적 · 정보 제공적 · 논쟁적 대화를 하였다. 사실과 정보로 직면함으로써 내담자가 더 빠르게 바닥을 치도록 돕고자 하는 전제를 가진 것이었다.

교사 자문의 경우, 과거의 알코올 개입과 같이 적대적이지는 않지만, 교사 동기에 대해 이와 유사한 관점을 공유하곤 한다. 일반적으로 교사의 동기는 자문에서 주요한 이슈라고 보지 않는다. 낮은 수준의 동기가 자문 과정에서 걸림돌이 될 수 있는데, 자문 전문가는 여전히 사실, 정보, 논쟁 등으로 변화를 설득하고 있다.

사실 정보나 직면적 접근이 동기를 증진시키는가? 이 질문에 대해서 연구 결과를 살펴보기 전에 우선 각자의 행동 변화 경험을 생각해보자.

개인적 변화 경험에 대한 반영

도전적인 행동을 바꾸려고 했거나 새로운 기술을 배우려고 했던 경험을 떠올려보면 다른 사람들이 이와 같은 노력을 할 때 무엇이 가장 도움이 되었는지 이해하는 데 도움이 된다. 우리 대부분은 개인적인 습관을 바꾸려고 노력해본 적이 있다. 예를 들어, 운동이나 다이어트 또는 기타 생활기록지에 대한 변화인데 이것이 얼마나 어려운지 처음부터 알게 된다. 새로운 습관이나 일상을 시작하는 것이 우리의 최대의 이득(예, 잘 먹는 것, 더 운동하는 것 등)임을 알고 있더라도 변화한다는 것은 매우 어렵다. 간단히 말해서 우리 대부분은 경험을 통해서 논리적이고 사실적인 정보만으로는 새로운 일상 습관과 행동을 배우는 데 충분하지 않다는 것을 안다.

> 논리적이고 사실적인 정보만으로는 새로운 일상 습관과 행동을 배우는 데 충분하지 않다.

또한 저자들의 경험에서 볼 때, 타인들이 우리에게 변화해야 한다거나 변화해야 하는 이유를 말해준다고 해서 설득이 되지는 않는다는 사실이다. 배우자나 친구가 말하기를 체중을 줄이고 수명을 늘리려면 운동을 더 해야 한다고 하자. 운동을 해야겠다는 동기가 생기기보다는 "지금도 충분히 운동을 하고 있어."라고 생각하곤 한다. 그러면서 왜 운동을 더 할 수 없는지에 대해 이유들을 목록으로 만들곤 한다. 타인들이 우리에게 새롭게 행동해야 한다고 말할수록 우리는 왜 그동안 하지 못했는지에 대해 더 생각하게끔 만든다.

마지막으로 우리의 삶에 지대한 영향을 주었거나, 우리의 삶에서 결정을 하는 데 영향을 주었거나, 지금의 나를 있게 해준 사람을 잠시 생각해보자. 어린 시절에 경험했던 선생님이나 중요한 어른을 종종 떠올리게 된다. 잠시 그 사람의 성격 성향을 설명하거나 그렇게 영향력 있게 했던 그 사람의 행동 방식을 생각해보자.

이러한 연습 활동을 저자들이 많은 임상가들이나 전문가들에게 실시한 적이 있는데, 영향력 있는 사람들을 상고해볼 때 이들이 가진 특성이 상당히 보편적임을 알게 되었다. 흔한 속성들로는 훌륭한 경청가, 지지적이고, 고

> 자문을 할 때 당신이 맺는 대인관계적 내용은 교사가 변화할 동기를 가지는지 아닌지의 열쇠가 된다.

무적이고, 일관적이고, 수용적이고, 신뢰롭고, 정직하고, 믿을 만한 사람이다. 이와 같이 대인 관계적 특징에 더불어 이들은 호기심이 많고, 질문을 적절하게 하고, 잠재력을 믿어주는 사람들이었다.

이 장에서 초기에 제시했던 첫 번째 질문에 대해 위의 개인적인 경험과 특성을 모아서 답을 하고자 한다. 첫 번째 질문은 "교사의 행동에 당신은 어느 정도의 통제력과 영향력을 가지고 있나?"이다. 위에서 떠올린 영향력 있는 사람들의 태도와 행동을 당신이 가지고 있다면 교사가 하는 결정이나 행동에 영향을 줄 가능성은 매우 많다. 자문을 할 때 당신이 맺는 대인관계적 내용은 교사가 변화할 동기를 가지는지 아닌지에 열쇠가 된다. 교사에게 변화해야 하는 이유를 가르치려 하거나 확신을 주려고 하면 할수록 교사들은 그렇게 할 가능성이 더 줄어든다. 반면 반영적 경청, 격려, 신뢰를 담은 지지적이고 협동적인 관계를 더 많이 맺을수록 당신은 교사들로 하여금 변화에 대해 더 생각하고 수행하도록 도울 가능성이 커진다.

연구 결과에서 말하는 내용

연구 결과 역시 개인적인 경험과 같다는 점이 편안하게 한다. 사람들이 변화하도록 동기화하는 것이 무엇인가 하는 것에 대해 연구 결과도 동일한 내용을 나타낸다. 자문이나 임상 장면에서 많은 연구들이 보여주는 바는, 위에서 설명한 바와 같은 대인관계 분위기가 있을 때 사람들은 변화할 가능성이 매우 높아진다는 것이다.

입증된 결과 중에서 어떤 연구는 임상적 자문 과정에 관심 있는 구성요소를 직접적으로 조작하였다. 패터슨과 포가치의 연구(1985)에서 부모 자문 회의 동안 자문 전문가와 가족 사이에 매순간의 대화를 모니터링하였다. 연구자들이 관심 있던 것은, 전문가들의 대화가 지지적 혹은 지시적

설득 여부에 따라 가족의 반응이 어떻게 달라지는지 보는 것이었다. 연구 결과, 가르치고(예, 지시사항이나 제안을 주기, 이유들을 설명하기 등) 직면하는 경우, 가족으로부터 저항이 즉시적으로 높아졌다. 특히 지시적인 설득 전략들은 몇 초 만에 가족의 저항적인 대화를 3배 늘렸다. 이와 대조적으로 전문가의 지지적인 대화는(예, 재진술하기, 인정하기, 동의하기, 공감하기 등) 가족 저항 대화의 가능성을 줄였다. 밀러, 베네필드, 토니간의 무작위 연구(1993)에서 이와 유사하게 조작했는데, 한편으로는 전문가 지시적인 설득(지시적-직면적)으로 내담자의 저항 대화에 반응하였고, 또 다른 한편으로는 공감적으로(내담자 중심) 이러한 저항에 반응하였다. 지시적인 설득은 내담자로부터 더 많은 저항을 초래했고, 1년 후 결과는 더 나빠졌다. 따라서 우리의 개인적인 경험에서 알게 된 것처럼, 사람들을 변하도록 지시적으로 설득하는 경우 반대 효과가 나타난다는 것이다.

지지적이고 협동적인 반응 스타일이 가지는 이득에 대해 알려주는 또 다른 입증적 결과들은 이 모든 요소들을 통합한 동기면담을 실험한 연구에서 왔다. 수백 개의 연구들이 자문 및 임상적 주제를 가지고 진행되었고, 그 결과 이러한 접근이 사람들의 변화를 가져오도록 하는 이득이 있음을 보여주었다(Miller & Rollnick, 2013). 이 장에서는 교육 자문 장면에서 동기면담의 핵심 원칙을 적용하는 것에 초점을 맞추고 있다.

동기면담 개요

동기면담은 윌리엄 밀러와 스티븐 롤릭이 개발하였다. 1980년대 두 사람은 임상에서의 중요한 난제를 해결하였다. 즉 사람들이 변화하도록 어떻게 동기화하는가다. 1992년에 이 두 사람은 첫 번째 책을 공동 저술하였다. 동기면담은 획기적인 관심을 받게 되는데, 프로젝트 MATCH라고 하는 미국 정부의 대단위 연구에서 나타는 결과에 의하면, 알코올 문제를 가진 사람들에게 4회기의 동기면담을 실시했을 때 더 많은 시간이 요구되는 집중적 개입에 버금가는 변화를 가져온 것이다. 동기면담의 적용은 이제 변화동기 또는 치료 순응이 관심이 되는 분야라면 모두 가능하다(예, 식이 습관, 운동, 의학적 심리적 치료 개입의 준수). 한 연구에서는 아프리카 전역에서 새롭고 건강한 수자원 정화 실천 행동에 동기면담이 사용되어 동기화했음을 보여준다(Thevos, Fred, Kaona, Siajunza, & Quick, 2000).

동기면담과 그와 관련된 접근은 사회심리학 연구와 내담자 중심 자문 원리에 근간을 둔다. 동기면담의 중요한 목적은 사람들이 행동 변화에 대해 가지는 양가감정을 해결하도록 돕는 것이다. 동기면담에서, 변화에 대한 양가감정은 정상적이고 적응적인 것으로 간주한다. 변화는 불균형을 자아내기 때문에 불편하고 도전적일 수 있다. 교사를 동기화 또는 비동기화로 간주하기보다는,

양가감정 관점에서 보게 되면 동기는 보다 더 역동적인 것이 될 수 있다. 교사가 변화에 대해 양가 적일 때, 변화를 찬성하거나 반대하는 이유들이 거의 비슷하게 마음속에 균형을 잡고 있다고 보면 된다. 변화가 왜 좋은지 그 이유에 대해 교사들이 잘 알고 있는데, 그만큼 변화에 반대하는 이유 들도 많다. 어느 순간이 되면 저울은 한쪽 방향으로 기울게 되고, 변화 또는 유지 중 하나로 기운 다. 동기면담을 사용하는 자문 전문가라면, 사람들이 양가감정을 해소할 때 긍정적인 실천 방향으 로 움직일 가능성이 더 있다는 태도를 취하는 것이다.

독자들이 보는 바와 같이, 동기면담은 이 접근이 가지는 훌륭한 아이디어와 전략을 잘 기억하도 록 멋진 약자들을 사용하고 있다. 많은 약자들 중에서 당신이 항상 기억해야 하는 두 가지 기본적 인 동기면담 아이디어를 강조하고자 한다. 이 두 가지 아이디어에 주의한다면, 동기면담을 배우고 실천하는 데 올바른 길에 있을 가능성이 높다.

동기면담 정신

먼저 효과적인 동기면담이란 협동적인 관계를 맺고 유지하는 것에 관한 것이다. 밀러와 롤릭은 이것을 동기면담 정신(spirit of MI)이라고 말한다. 보다 심층적인 동기면담 전략들은 조력하는 관 계 안에서 전달되어야만 효과가 있다. 다른 말로 하면 동기면담의 특정 기법들에 매달리려는 유혹 을 막아야 한다. 동기면담 정신에 유의하지 않고 이러한 기법들을 사용하고자 한다면, 당신의 노 력은 빛을 내지 못한다. 즉 누군가를 변화시키려고만 한다면, 그들이 변화할 가능성은 오히려 줄 어든다. 대신 성공적인 대화 저변에는 그들이 원하는 것을 전문가가 해줄 것이라고 신뢰에 초점을 둔 음악이 흘러야 한다.

본질적으로 우리가 동기면담 정신을 말할 때는, 우리를 격려하고 고무했던 중요한 사람들이 가 지고 있던 특성과 자문의 미세한 기술에 대해 말하는 것이다. 밀러 박사는 칼 로저스의 작업과 교수에 깊이 영향을 받았다. 로저스는 내담자 중심 자문의 개발자다. 그는 효과적인 자문 기술을 다음 세 가지 요소로 구성되었다고 요약하였다. 즉 무조건적이고 긍정적인 배려, 일치성 또는 진 정성, 그리고 공감이다. 이러한 속성들을 내담자에게 전달할 수 있다면, 당신은 동기면담 정신을 만들고 있다고 해도 된다. 미세한 기술들은 더 설명될 것인데, 동기면담 기술을 배우는 데 있어 기억할 것은 이것이다. 당신이 내담자를 진정성 있게 수용하고 이해하고 있음을 내담자가 믿게 된다면, 당신은 내담자가 긍정적인 방향으로 움직이도록 해주는 분위기를 만들었다고 믿어도 된다.

물론 동기면담은 내담자 중심, 비지시적 자문 이상의 것이다. 동기면담에는 방향성과 의도성이 어느 수준에 있음을 느낄 수 있다. 동기면담에서 방향성이란 무엇인가?

변화대화

> 변화대화를 알아차리자 – 변화하고자 하는 욕구, 능력, 이유, 필요, 또는 결단을 담은 내담자의 언어적 표현이다.

두 번째로 중요한 아이디어는 동기면담을 하는 동안 항상 기억해야 하는 것으로서, 변화대화를 알아차리는 것이다. 변화대화는 당신의 안내자가 될 것이다. 변화대화(change talk)란 변화하고자 하는 욕구, 능력, 이유, 필요, 또는 결단을 담은 내담자의 언어적 표현이다. 변화대화는 현재 상황에 대한 단순한 염려일 수도 있고("금년에 수업이 정말 걱정 돼요.") 또는 개인의 목표에 관한 것일 수도 있다("사소하게 신경 쓰이는 것들을 무시할 수 있었으면 좋겠어요."). 교사의 경우 무언가 달라지기를 원하는 이유들을 말한다면, 이것 역시 변화대화다("수업에 집중하지 못하는 학생들에게 금년엔 일일이 챙겨줄 시간이 없을 것 같아요."). 또는 교사가 자신의 행동에 대해 변화를 할 수 있다고 믿는 이유에 대해 말한다면 그것도 변화대화다("저는 정말 조직적인 사람이에요. 학생들 관찰 기록을 하는 건 제게 문제가 되지 않지요."). 마지막으로 변화 결의를 말하는 것도 변화대화다("내일 수업에서 학생들에게 더 많이 반응하려고 합니다.").

변화대화의 예들을 보자.

- 욕구 : "…하고 싶어요." "정말 바꾸기를 원해요." "…를 바라요."
- 능력 : "이건 할 수 있어요." "이건 제가 정말 잘하는 거예요. 문제없어요."
- 이유/이득 : "수업을 컨트롤하면 학생들도 기분이 좋아지고 능력에 대해 자신 있어 하게 될 거예요." "이것이 잘되면, 교안을 마칠 시간이 더 가질 수 있게 될 거예요."
- 필요/문제 : "변화를 하지 않으면 금년이 순조롭지 않을 거예요." "매일 지쳐서 퇴근하게 될 거예요." "이렇게 산만해서는 학생들이 많이 배우지 못할 거예요."
- 결단 : "선생님이 제안한 걸 해볼 거예요." "이번 주에는 학생들을 더 칭찬할 거예요." "내일은 제일 먼저 새로운 규칙을 써서 붙이고 학생들에게 가르쳐주려고 해요."

> 사람들이 스스로 하겠다고 한 것을 더 잘 할 가능성이 높다는 것이다. 즉 타인이 하라고 말한 것을 실천할 가능성보다는 더 높다는 것이다.

동기면담 접근의 기본 전제는 사람들이 스스로 하겠다고 한 것을 더 잘할 가능성이 높다는 것이다. 즉 타인이 하라고 말한 것을 실천할 가능성보다는 더 높다는 것이다. 따라서 자문 전문가의 역할은 교사에게 무엇을 하라고 말하기보다는 교사가 변화에 대해 말할(변화대화) 가능성을 더 가지도록 질문을 하는 것이다. 효과적인 질문들은 현재 상황이 가지는 문제("지금 수업에 대해 염려되는 것은 무엇인가?"), 변화의 이득("산만한 수업을 감소시킨다면 선생님의 삶이 어떻게 좋아질까요?"), 변화하지 않을 때의

연습

변화대화 알아차리기 연습입니다. 네 가지 문장이 있습니다. 각 문장이 변화대화인지 아닌지를 적고 아래 정답과 비교합니다.

1. "수업을 통제하지 못해서 금년이 순조롭지 못할까 봐 걱정 돼요."
2. "금년에 우리는 학생들이 안정되기를 기다리는 많은 시간을 소비하고 있는 것 같아요."
3. "예, 수업을 빠르게 진행하는 것이 중요하다는 것 알고 있어요. 하지만 금년에 저희 반은 수준이 낮은 반이라서 학생들이 따라오지 못할까 봐 걱정 돼요."
4. "학생들에게 한계 정하기를 제가 더 잘했으면 좋겠어요."

정답 : (1) 예. 변화 이유. (2) 예. 변화 이유. (3) 아니요. 문제 인식으로 시작했으나 변화하지 않아야 하는 이유로 마침. (4) 예. 목표 설정의 예

손실("아무것도 하지 않을 경우, 어떤 안 좋은 상황이 벌어질까요?"), 변화에 대한 낙관적 태도("이런 변화를 할 수 있다고 자신하게 하는 건 무엇일까요?"), 변화 의도("다음 주까지 이 계획을 따라서 할 수 있을 거라는 확신이 어느 정도인가요?") 등이다. 한편 전문가가 교사에게 변화를 주장하며 교사에게 변화해야 하는 이유들을 말할 경우 일반적으로 반대 효과를 가져온다. 동기면담에서 법칙은, 당신이 변화를 주장하고 있다고 느껴지면 다르게 해야 한다는 것이다. 교사가 변화를 원하는 대화를 스스로 하도록 해야 한다.

변화대화를 알아차리는 것은 동기면담이 살아 움직이게 하는 열쇠가 되는 기술이다. 동기면담을 하고 있는지 아닌지를 알려주는 것으로서, 전문가-교사 관계가 가지는 정신을 알리는 측정법이 된다. 교사와의 자문에서 변화대화가 많이 나오는 경우, 하고 있는 것을 계속하면 된다. 그 방향으로 가는 것이 자문에서 원하는 방향이 되기 때문이다.

변화대화는 왜 중요한가? 다시 말하면 이론과 연구 결과가 개인적인 경험과 맥락을 같이 하고 있기 때문이다. 사람들은 자기가 말하는 것을 믿고 또 마침내는 행동으로 할 가능성이 높아진다. 이러한 현상을 설명하는 한 가지 타당한 논리는 샌드라 뱀 박사가 제안한 자기지각 이론에서 나온다. 우리의 태도와 신념은 우리가 행동하고 말하는 것에 의해 직접적으로 영향을 받는다는 자신의 주장에 대해 근거를 발견하였다. 우리의 태도에 대해 불확실한 경우(양가적), 어느 한쪽을 선호하여 주장하게 되면 우리의 신념을 직접적으로 영향을 받게 된다. 연구 결과 밝혀진 것은 변화에 대해 양가적일 경우(대부분이 그러하다!) 변화하는 것이 왜 좋은지 큰 소리로 말하게 되면 실제로 그렇게 믿게 되는 것이다.

암라인, 밀러, 얀, 파머, 퓨처가 수행한 일련의 연구 결과(2003, 2004) 자문 회기에서 이러한 아이디어들을 지지하고 있다. 이 연구자들이 관심을 가지는 이슈는, 자문 회기 중에 나오는 변화

대화 유형과 발생 시간이었다. 임상 회기의 대화를 모두 면밀하게 부호화하여 내담자 행동 변화와 대화 부호화를 비교하였다. 자문 회기에서 변화대화 수준과 발생 시간이 내담자 행동 변화에 중요한 예측 변인임을 알게 되었다. 회기 중에 변화대화의 분량이 증가하고, 특히 회기 마무리에 많이 나오는 경우 내담자 행동 변화는 성과가 더 있었다. 그런데 연구 결과들이 미묘한 차이가 있었다.

> 당신이 변화를 주장하고 있다고 느껴지면 다르게 해야 한다. 교사가 스스로 변화를 원하는 대화를 하도록 해야 한다.

변화대화가 모두 중요하고 내담자로 하여금 건강하게 사는 방향으로 움직여갈 수 있는데(적어도 동기면담 회기에서 훌륭한 방향 지침이 될 수 있음), 특별한 유형의 변화대화가 특히 중요하였다. 즉 결단대화가 회기 마지막 5분 이내에 나오는 경우 내담자 변화를 가장 잘 예측함을 발견했다. 만약 내담자가 다음과 같이 말한다면, "… 이렇게 할 거예요." "…할 거라고 장담해요." "…할 수 있다고 확신해요." "…할 작정입니다." 그 방향으로 성공할 가능성이 매우 높았다. 사람들이 변화하기로 결정하도록 돕는 데 가장 많은 영향을 주려면, 그들과의 만남에서 마무리할 때 이러한 유형의 대화를 이끌어내는 것이 특히 중요하다. 우리는 이러한 효과를 내기 위해서 회기 마지막 부분에 이러한 대화 유형을 이끌어내는 유발적이고 중요한 질문들을 사용한다(예, "이 계획대로 할 수 있다는 확신이 얼마나 되나요?").

동기면담의 RULE

자문 전문가들은 다음과 같이 함으로써 변화에 대한 내담자의 양가감정을 내담자 스스로 해결하도록 도울 가능성을 매우 많이 높일 수 있다. 즉 교정반사를 저항하기(예, 내담자에게 무엇을 해야 하는지 직접적으로 말하는 것을 피하기), 내담자의 동기를 이해하기, 경청하기, 그리고 힘을 부여하기 등이다. 이러한 안내 원리를 RULE이라고 하는 약자로 요약하였다(Rollnick, Miller, & Butler, 2008).

교정반사 저항하기란 건강과 치유 또는 자기 개선 등의 올바른 길로 가도록 사람들을 가르치려는 인간 본성을 저항할 필요를 말한다. 동료 전문가들이 당신이 보기에 잘못된 업무 수행을 하는 경우, 더 나은 업무 수행을 해야 하는 이유를 말하려는 인간 본연의 경향을 가지고 있다. 이러한 경향성이 가지는 문제는 사람들이 설득을 피하려는 성향을 타고난다. 우리는 다른 사람들이 무엇을 하라고 하는 것을 듣고 싶지 않아 한다. 사실 사람들은 반대편 관점을 듣게 되면, 그 정반대의 주장을 하고 싶어지는 반사 경향을 가지고 있다. 다른 말로 하면 우리가 바뀌어야 하는 이유들에 대해 들으면, 우리는 마음에 그런 변화를 하지 말아야 하는 이유들을 자동적으로 숙고한다. 이런 관점에서 볼 때, 자문 전문가가 교사들에게 수업에 새로운 실천 방법을 채택해야 한다고 말한다면, 교사들의 마음에 새로운 실천 방법을 채택하지 말아야 하는 온갖 이유들을 불러일으킬 가능성이 매우 높아진다.

교정반사를 피함으로써 전문가들은 교사들의 마음에 변화해야 하는 이유들을 활성화하는 위치에 서게 된다. 그렇게 하려면 교사로부터 변화대화를 이끌어내는 질문들이나 표현을 하는 것이 필수다. 이전에 설명한 바와 같이, 사람들은 누가 한 말보다는 자기 스스로 한 말을 행동

> 사람들은 설득을 피하려는 성향을 타고 난다. 우리가 바뀌어야 하는 이유들을 들으면, 우리는 마음속에 그런 변화를 하지 말아야 하는 이유들을 자동적으로 생각하게 된다.

으로 옮길 가능성이 더 높다. 교정반사를 피할 때 얻게 되는 성과 중 하나는, 교사로 하여금 자기가 변화하기를 원하는 이유들을 큰 소리로 말하게 되는 것이다. 바꾸어 말하면 교사는 변화를 선호하는 쪽으로 양가감정의 저울을 쏠리게 될 가능성이 높다.

교사의 변화동기를 이해하는 것은 교정반사를 피하는 것과 같이 간다. 상대방에게 방해가 되지 않으면서 동시에 상대방이 변화해야 한다고 주장하지 않고, 전문가는 교사가 가장 중요한 변화 이유를 들으면서 이해하는 위치에 있는 것이 더 낫다. 교사가 수업 중에 칭찬 빈도를 높여야 하는 이유들을 전문가가 많이 생각해낼 수 있을 것이지만, 교사에게 질문하고 경청하지 않고는 그 교사가 자신의 칭찬 빈도를 높여야 하는 급박한 이유를 모를 수 있다. 우리의 양가감정이 변화 쪽으로, 즉 행동 변화 쪽으로 기울이게 되는 가장 급박한 이유들은 일반적으로 우리 자신의 핵심 가치와 연결되어 있다. 따라서 상대방의 동기를 이해한다는 것은, 상대방이 자신의 업무나 삶에서 가장 중요하다고 생각하는 것들에 대해 듣는 것이며 상대방이 그러한 것들에 몰입하도록 하는 것이다. 그렇게 하는 것이 복잡하고 어렵게 들릴 수도 있기는 하나, 사람들은 자신의 일정 행동과 대화에서 가치에 대한 힌트를 주곤 한다. 상대방의 가치에 대해 통찰을 가지도록 돕는 질문들을 간단하게 할 수 있다. 가장 중요한 것은 상대방이 우리에게 전달하는 '가치 신호들'에 대해 주의 깊게 듣고 관심을 두어야 한다는 점이다. 교사들의 가치에 대해 우리가 인식하고 있다면, 교사들이 변화하거나 아니거나 무엇이 그들을 움직이게 하는지 더 잘 이해하게 된다.

바꾸어 말하면 경청하는 것이야말로 효율적인 전문가가 되는 중요한 과업이다. 치료 장면에서 고전적인 동기면담의 규칙 중 하나는 10개의 대화 중 9개를 내담자가 말해야 하는 것이다. 전문가의 말은 거의 부재라는 뜻이다! 물론 우리는 모두 자기가 훌륭한 경청자라고 생각한다. 우리 대부분이 효과적인 경청 기술 과목을 들었던 적이 있고, 그래서 모든 대인관계에 경청이 가지는 가치에 대해 진정성 있게 믿고 있다. 그러나 불행히도 일관성 있게 훌륭한 경청자인 사람이 거의 없다는 사실이다. 사실상 과거에 받았던 경청 훈련이 때로는 효과적인 경청 능력에 방해가 되곤 한다. 즉 우리가 이미 훌륭한 경청자라고 생각할 때 우리는 동기면담의 이 핵심 요소를 빗나가게 되곤 한다. 불행히도 전문가 경력과 경청 기술이 상호 부정적 상관관계를 갖는 것으로 보인다. 즉 수업에서 바뀌어야 할 중요한 측면을 인지하는 데 경력이 많을수록 그리고 자신감이 많을수록,

경청이라고 하는 우리의 역할을 빗겨나가고 동시에 교사들에게 무엇을 해야 하는지 조언을 할 가능성이 더 높아진다. 동기면담 문헌에서 명료하게 드러내는 것처럼, 경청하지 않고는 변화를 이끌어낼 수 없다. 우리가 경청하지 않으면 상대방 역시 우리의 말에 경청하지 않는다.

경청하기가 가지는 또 다른 도전 과제는 경청하기가 매우 쉽게 보일 수 있다는 점이다. 훌륭하고 효과적인 경청은 연습과 몰입과 인내심을 요구한다. 경청은 우리가 한 번 익히고 나면 절대 잃어버리지 않는 그런 기술이 아니다. 효과적인 경청자로서 기술을 유지하기 위해서는 끊임없는 반영과 피드백을 요구한다.

> 경청하지 않고는 변화를 이끌어낼 수 없다. 우리가 경청하지 않으면 상대방 역시 우리의 말에 경청하지 않는다.

동기면담의 마지막 규칙은 교사의 역량을 증진하는 것이다. 우리가 자문을 해준 학교나 수업에서 일어난 모든 변화에 대해 우리가 인정을 받고 싶은 유혹을 받게 되는데 이것은 현명한 일이 아니다. 우리의 과제는 교사가 스스로 문제 해결에 필요한 자원들을 이끌어내고, 자신의 장점과 기술을 알게 도와주고, 그들이 무엇을 할 수 있는지 보여주고, 어떻게 스스로 변화할 것인지 인식하게 하는 것이다. 우리의 목적은 교사가 우리를 더 이상 필요로 하지 않는 것이며, 교사들이 변화를 만들기 위해 자신의 자원을 보고 믿을 수 있게 하는 것이다.

구체적인 전략

OARS 사용하기

동기면담의 네 가지 전략을 사용할 때 전문가는 동기면담 정신과 원칙을 전달하게 될 가능성이 매우 높다. OARS란 열린질문하기("어떤 것이 염려가 되나요?"), 인정하기("선생님이 얼마나 열심히 하시는지 잘 알 수 있어요."), 반영하기("친구 분이 그렇게 말할 때 정말 화가 나셨군요."), 요약하기("이런 상황에서 선생님이 정말 원하는 것 세 가지는…") 등이다. 표 4.1에서 보면 OARS의 정의와 예제들이 있다.

열린질문이란 예 또는 아니요 혹은 짧게 답하는 것 이상으로 설명을 하도록 하는 질문을 말한다. 열린질문은 변화대화를 이끌어내는 데 중요한 도구가 된다. 교사에게 무엇을 해보라고 하거나 정보를 주고 싶은 욕구가 일어날 때마다 우리는 잠시 멈추고 그 생각을 질문으로 바꾸어서 제시함으로써 교사가 답을 하도록 이끈다. 우리가 생각하는 것을 상대방 교사가 말하도록 하려면 어떤 질문을 해야 하는지 스스로에게 묻는다. 예를 들어, 수업 중에 학생들을 칭찬하면 학생의 행동과 수업 분위기를 개선하는 데 도움이 될 수 있는 온갖 이유들을 말하고 싶을 경우, 저자는 잠시 멈추

표 4.1 OARS 예제

열린질문하기(한마디로 답할 수 없는 질문)
"…에 대해서 무엇이 염려가 되시나요?"
"이렇게 바꾸려는 이유는 무엇인가요?"
"과거에는 이러한 문제점들을 어떻게 다루셨나요?"

인정하기(구체적으로, 진정성 있게)
"이 점에 대해서 정말 많은 생각과 시간을 들이시는군요."
"선생님이 얼마나 열심히 하시는지 알 수 있겠습니다."
"이번 주에 정말 칭찬을 많이 해주셨군요."

반영하기(내재된 감정에 특별히 관심을 기울이며 재진술하기)
"상황이 이렇게 되어서 정말 힘이 드시군요."
"수업 중에 재미를 느끼시는군요."
"아이들을 위해서 정말 최상의 것을 원하시는군요."

요약하기(두세 문장을 연결 지어 말하기)
"지금까지 중요한 아이디어들을 제가 이해하고 있는지 알아보려고 합니다. 금년에 수업 중에 정말 무질서로 인해서 선생님이 매우 소진되어 있고요, 새로운 전략을 시도하는 것조차 지금으로서는 또 하나의 부담이 되는 것 같고요. 한편으로는 지금 새롭게 해보는 것이 종국에는 시간을 벌 거라고 기대하고 계시군요."

고 이 생각을 질문으로 바꾼다. 즉 "학생들을 칭찬하는 경우 일어날 수 있는 좋은 결과들은 어떤 것들인가요?" 만약 교사가 칭찬이 가지는 긍정적인 속성을 말하는 것에서부터 피해 간다면, 질문의 초점을 좁혀서 다음과 같은 질문들로 바꾼다. "선생님께서 학생들을 칭찬하는 것을 본다면 학생들은 무엇을 얻을 수 있을까요?" "칭찬하는 경우 수업 분위기가 어떻게 달라질까요?" "진정성 있게 학생을 칭찬하는 경우 그 학생은 어떤 느낌을 받을 거라 생각하세요?" 또는 "진정성 있게 학생을 칭찬한 후에는 어떤 느낌이 드시나요?" 이러한 유형의 질문들은 본질적으로 소크라테스 기법에서 유래하는데, 유발적이고 유도된 질문을 통해서 교사들로부터 점진적으로 통찰을 이끌어 낼 수 있다.

인정하기란 교사를 수용하고 지지하고 격려하는 언어적 또는 비언어적 행동을 의미한다. 고개를 끄덕이거나, '예'라고 말하거나, 좀 더 상세하게 칭찬의 말을 하는 것이 포함된다. 효과적으로 인정하기를 하려면 진정성 있고 진실되어야 한다. 따라서 진실된 것이라고 진정성 있게 믿는 것만을 칭찬해야 한다. 그렇지 않으면 신뢰와 신용을 잃게 된다. 흔히 사용하는 말(예, "대단해요.")보다는 구체적인 예를 들어 가면서 칭찬하는 것이 유용하다. 왜냐하면 초점을 맞춘 칭찬의 말은 구체적인 행동을 이끌어내고 견고히 하기 때문이며, 구체적인 예를 들어서 칭찬할 때 진실 되게 느껴질 가능성이 높기 때문이다.

반영하기는 내담자의 언어적 표현이나 행동에 내포된 감정에 특별히 관심을 기울이면서 내담자의 말을 재진술하는 고전적인 자문 전략이다. 반영은 내담자의 말을 있는 그대로 다시 말하는 것에서부터 저변에 깔려 있는 감정을 추측하여 말하는 것에 이르기까지 그 깊이가 다양하다. 반영하기는 질문이 아니라 진술이다.

요약하기는 이전에 나누었던 대화에서 표현된 일련의 아이디어를 묶어서 두세 문장으로 말하는 것이다. 요약하기는 많은 기능을 가지고 있다. 교사의 관점을 경청했고 이해했음을 보여준다. 이제까지 말했던 것에 동의함으로써 주제의 중요한 요점을 이해했음을 확실히 해준다. 또한 대화에서 드러난 주제를 강조할 수 있다. 이런 방식으로 효과적으로 요약하기를 할 경우, 교사로 하여금 이전에 충분히 고려하지 않았을 수 있는 자신의 사고 패턴을 알게 됨으로써 자신의 내면의 대화에 새로운 통찰을 가지게 해준다. 요약하기는 또한 하나의 주제를 마치고(예, 가르치는 것의 좋은 점들에 대해 대화하기), 새로운 주제를 시작하는 데(예, 가르치는 것의 도전적인 점들에 대해 대화하기) 효과적으로 전환하게 해준다.

연습

곧 있을 자문 회의에서 녹음을 시도한다. 녹취하는 것이 교사에게 도움이 되고 아무도 듣지 않을 것이라고 말할 경우 교사들이 종종 수용적이 된다. 또는 역할극을 하여 동료나 친구에게 교사 역할을 하도록 부탁하고 녹음을 시도한다. 이때 교사 역할자는 수업 방식을 바꾸는 것에 대해 양가감정을 가진 사람으로 역할극을 한다. 이후 자신의 대화 스타일을 듣는다. 열린질문을 사용하는가? 유발적인 질문인가?(즉, 교사로부터 긴 문장으로 답을 하도록 하는 질문인가?) 인정하기는 얼마나 자주 하는가? 진정성 있는 인정인가? 감정을 반영하는가? 질문이 아닌 진술식으로 반영하는가? 말하기와 경청하기의 시간 비율은 어떠한가? 요약하기를 하였는가? 요약은 간결하고 이해하기 쉽고 유용한가?

잠시 어떤 반응 스타일이 가장 도전적인지 생각해본다. 어떤 사람들은 열린질문이 힘들다고 한다. 또는 유발적인 열린질문을 하기가 어렵다고 말한다. 또 어떤 사람들은 질문은 많이 하는데 반영하기를 못한다고 한다. 인정하기를 힘들어하는 사람들도 많다. 즉 진정성 있게 인정하는 것이 어렵다. 어떤 사람들은 간결하고 의미 있는 요약하기가 어렵다고 한다. 이러한 기술들은 모두 연습이 필요하며 지속적으로 반영해야 완성도가 높아진다.

변화대화 유발하기

내담자와의 관계에서 동기면담 정신이 전달된 후 다음 단계는 변화대화를 적극적으로 경청하고 또 변화대화를 적극적으로 유발하는 것이다. 이 목표를 달성하는 데 도움이 되는 전략들이 많다. 가장 흔한 전략은 다음과 같다.

유발적 반응

변화대화를 유발하는 가장 용이한 방법은 유발적 질문을 하는 것이다. 유발적 질문은 변화대화의 다양한 유형(욕구, 능력, 이유/변화의 이득, 필요/현재 상태의 문제점, 또는 결단) 중에 어느 한 측면에 대해 생각해보도록 교사에게 요청하는 열린질문이다. 몇 가지 예는 다음과 같다.

"어떤 점에서 이러한 변화를 할 수 있다는 자신감이 생기나요?"(능력)

"어떤 이유로 이러한 변화를 하시기 원하나요?"(이유)

"지금 상황에 대해 어떤 점이 염려가 되나요?"(문제점)

다음은 학교 장면에서 사용할 수 있는 유발적 질문들의 예들이다. 이 질문에 답은 변화대화가 된다. 질문을 시작해보자. 혼자 또는 동료와 함께 질문을 하고 나서 변화대화가 답으로 나오는지 경청하자.

변화대화를 유발하는 유발적 질문

변화하려는 욕구

- "수업에서/가르칠 때/특정 학생 때문에 현재 상황이 어떻다고 생각하시나요?"
- "[과목 수업 방식]에 대해 어떻게 느끼시나요? 어느 정도 염려하시나요?"
- "달라지기를 원하는 것들이 무엇인지 말해주세요."
- "바꾸지 않으면 어떤 일이 일어날 거라고 생각하나요?"

변화에 대한 능력/낙관주의

- "어떤 점에서 선생님께서 바꾸려고 결정만 한다면 그렇게 할 수 있다고 생각하게 하나요?"
- "어떤 점이 선생님이 원한다면 변화 가능하다고 느끼도록 격려해주나요?"
- "변화하기로 결정하는 경우, 무엇이 도움이 될 거라고 보시나요?"
- "변화할 수 있다는 자신감을 더 느끼게 해주는 것은 무엇인가요?"
- "이전에 지금과 같이 큰 변화가 있었던 적은 언제였나요? 그 당시 어떻게 그렇게 하셨나요?"

- "선생님의 어떤 개인적 장점들이 변화를 성공하도록 도와줄까요?"

이유/변화의 이득

- "상황이 어떻게 달라지기를 원하나요?"
- "[특정 수업 방식]을 개선한다면 어떤 좋은 점들이 있을까요?"
- "지금부터 5년 후 선생님의 교수법이 어떠하기를 원하나요?"
- "선생님이 이러한 변화를 즉시 하신다면, 상황이 어떻게 달라질까요?"
- "이러한 변화를 하는 경우 이득은 어떤 것일까요?"

필요/현재 상태의 불이익/문제 인지

- "변화를 해야 한다고 생각하는 이유는 무엇인가요?"
- "[특정 수업 방식]이 문제라고 생각하는 이유는 무엇인가요?"
- "[특정 수업 방식]과 관련하여 어떤 어려움이 있습니까?"
- "어떤 면에서 이 문제점이 선생님이나 또는 다른 사람들에게 피해가 된다고 보시나요?"
- "어떤 면에서 이것이 문제점이 되었나요?"
- "다르게 해야 한다고 느끼게 만든 것은 무엇인가요?"
- "[특정 수업 방식]의 어떤 것들이 선생님이나 또는 다른 사람들이 우려하는 이유라고 보시나요?"
- "[특정 수업 방식]에 대해 걱정이 되는 점이 무엇인가요?"
- "[특정 수업 방식]의 결과 선생님에게 어떤 일이 일어날 거라고 생각하나요?"
- "어떤 점에서 이것이 염려가 되시나요?"
- "선생님이 변화하지 않을 경우 어떤 일이 있을 거라고 생각하나요?"

결단/변화하려는 의지

- "선생님이 쉽게 어떤 변화를 한다면, 무엇이 달라질까요?"
- "이 시점에서 선생님의 행동 변화와 관련하여 어디에 와 계신가요?"
- "현재 고착된 느낌이신 것 제가 알 수 있습니다. 무엇이 변해야 할까요?"
- "당장은 '어떻게'라고 하는 것에 신경 쓰지 마시기 바랍니다. 무엇이 달라지기를 원하나요?"
- "이것이 선생님에게 얼마나 중요한가요? 이것을 얼마나 하고 싶으신가요?"
- "무엇을 기꺼이 하고 싶으신가요?"
- "무엇을 하고자 하시나요?"

도움이 될 만한 또 다른 유발적 질문이나 진술로는 미래, 과거, 또는 극단적인 상황에 대해 질문하는 것이다.

- 미래 상상하기 또는 과거 회상하기 : 과거에 상황이 달랐던 때에 대해 질문한다. 또는 미래에 상황이 나아질 때를 상상하도록 한다(예, "상황이 이대로 지속된다면 어떻게 될까요? 내년 이맘 때 선생님의 수업은 어떤 모습일까요?"). '기적 질문'을 한다(예, "이것을 100% 성공한다면 상황이 어떻게 달라질까요?").
- 극단적인 상황에 대해 알아보기 : "만약 이러한 변화가 없다면 최악의 상황은 어떤 것일까요?" "이러한 변화를 한다면 최고의 상황은 어떤 것일까요?"
- 내담자의 반응을 가치와 연결하기 : "선생님께서 아이들에게 정말 긍정적인 영향을 주고 싶기 때문에 이 점이 매우 힘드시군요."

연습

다음 자문 회기 전에, 이 장에 소개한 유발적 질문 중 한두 가지를 기억하여 회기 중에 시도하고 반응을 경청한다. 변화대화를 듣게 된다면, 당신은 이미 동기면담을 하고 있는 것이다!

변화척도

변화척도는 교사의 변화대화를 더욱 명확하고 구체적이 되도록 하는데, 변화의 중요성과 자신감을 스스로 평가하도록 질문하는 것이다. 그림 4.1에 대화 예제와 유형을 제시하였다. 이 질문들은 회의 중 언제든지 사용 가능하며, 유형은 필수가 아니다.

중요도 척도를 위한 질문의 기본 틀은 다음과 같다. "1점에서 10점 척도에서 [행동 변화]를 하는 것이 얼마나 중요한가요?" 교사가 수치를 말하면, 간략하게 요약한다(예, "8점이군요. 와, 매우 중요하군요." 또는 "3점이군요. 어느 정도 중요하군요."). 변화대화를 유발하는 열쇠는 그다음 질문이다. "0점(또는 답한 수치보다 낮은 점수)이 아니고 ___점인 이유는 무엇인가요?" 이 질문에 대한 답은 항상 변화대화다. 대체로 변화를 원하는 이유로 답한다.

그 수치를 말한 이유들을 모두 탐색하고 반영한 후 또 하나의 추후 질문을 하는 것이 유용하다. "___점에서 10점[또는 1점 더 높은 점수]으로 가려면 무엇이 필요합니까?" 여기서 나오는 답은 내담자의 가치에 대해 통찰을 갖게 해주어, 전문가와 내담자가 변화를 실현하는 지도를 개발하거나 변화의 걸림돌을 극복하는 지도를 개발하도록 돕는다.

다음, 내담자가 실제로 변화를 하는 것에 대해 가지는 자신감 정도를 측량하는 것이 중요하다. 중요성만으로는 변화하는 데 충분하지 않음을 기억하라. 변화를 할 수 있다고 믿어야 할 필요가

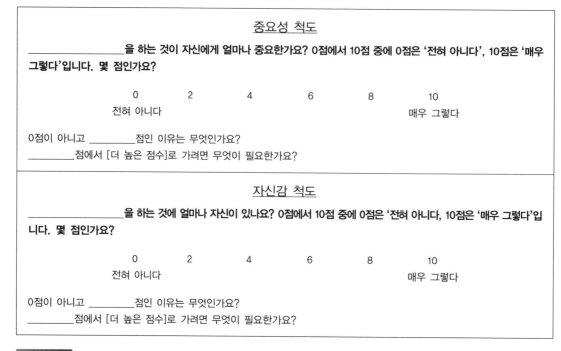

그림 4.1 ● 변화척도

있다. 자신감 척도는 자기효능감을 평가하고 높이기 위한 것이다. 중요성 척도에서 사용했던 대화를 동일하게 질문한다. "이것을 할 수 있다는 자신감이 얼마나 됩니까?" 이전처럼 요약한 후 후속 질문을 한다. "좋습니다. 6점이군요. 상당히 자신감이 있으시네요. 6점이 아니라 [또는 0점이 아니라] 6점인 이유는 무엇인가요?" 이 질문에 대한 답은 늘 변화대화다. 일반적으로 능력을 포함한 대화 형태다(예, "글쎄요. 전에도 이렇게 했으니까 기억만 잘하면 될 거예요." "한다고 하면 하는 성격이라서요." 등).

변화 척도 질문의 고전적인 예제들인데, 그밖에도 유사한 효과를 가진 변화대화들에 대해 질문하는데 사용할 수 있다. 예를 들어, 결단 척도를 사용할 수 있다("1점에서 10점 척도에서, 이러한 변화를 하고자 하는 결단이 어느 정도인가요?"). 이후 후속 질문을 한다.

적정 시간

이러한 질문들은 교사가 변화에 관심을 보일 때 언제든지 할 수 있다. 이 척도들을 사용하는 데 특히 중요한 적정 시간은 회기의 마무리다. 전에도 언급한 바와 같이, 회기 마무리에 나오는 변화대화는 내담자의 변화를 잘 예측해준다. 학급 체크업은 회기에서 척도 질문을 함으로써 이 점을 강조하고 있다.

주의할 것!

자기평가에서 후속 질문을 할 때 흔히 하게 되는 초보 실수는 내담자가 그 점수보다 1점 더 높지 않은 이유가 무엇이냐고 묻는 것이다. 실수로 이런 질문을 하는 경우 어떠한 반응을 이끌어낼 것인지 잠시 생각해보자. 예를 들어, "그러니까 7점이군요. 중요하네요. 8점이나 9점이 아닌 이유는 무엇인가요?" 변화의 중요도와 자신감 점수가 왜 더 높지 않느냐는 질문에 대해 답은 양가감정의 부정적인 면이 되어 버린다. 즉 저항이다. 답은 "글쎄요. 중요하기는 하지요. 하지만 당장은 더 급박한 일들이 있어요." 또는 "당장 해야 할 일들이 너무 많아요." 왜 아니냐고 묻는 질문은 "___점에서 [1점 높은 점수]로 가려면 무엇이 필요합니까?"라고 묻는 질문과는 다르다. 후자의 질문에서 교사는 자신의 가치관에 대해 말하거나 걸림돌을 극복할 수 있는 전략에 대해 이야기한다. 따라서 변화대화를 가져올 수 있는 방식으로 후속 질문을 해야 함을 확실히 하자. 물론 이 과정을 통해 스스로 고칠 수 있다. 변화척도를 사용하다가 변화대화 대신 저항대화를 듣는 경우 함정에 빠졌다는 신호가 된다.

그 밖에 함정과 흔히 하는 질문

변화척도를 처음 배우면 흔히 다음과 같이 질문한다. "만약 내담자가 0점이라고 말하면 어떻게 하나요?" 사실 0점이나 1점을 말하는 경우는 매우 드물다. 특히 그 내담자와 관계 맺기를 한 후라면 더욱 그렇다. 그런데 10대 청소년들과 대화하는 경우 흔히 들을 수 있다. 냉소적인 10대 청소년에게 효과적인 반응은 과장하는 것이다. "0점이구나. 마이너스 10점이라고 말할 줄 알았어." 이렇게 말하면 대부분 웃게 되고 잠시나마 냉소 분위기를 바꾸어준다. 또 다른 반응은 복합반영을 하는 것이다(복합반영은 다음에 설명한다). "그러니까 지금으로는 이러한 변화보다 덜 중요한 것은 이 세상에 하나도 없다는 거구나."

변화척도의 목적은 교사가 변화대화를 하도록 움직이게 하는 것뿐 아니라 현재 변화 과정에서 어디에 있는지를 평가하도록 해준다. 따라서 이 변화가 그리 중요하지 않다고 교사가 말하는 경우, 차후에 선별된 목표 행동으로 다룰 필요가 있는 신호로 생각할 수 있다.

사례 : 변화척도 대화

다음은 변화척도를 사용한 회기에서 발췌한 대화 내용이다.

전문가 : 그러니까, 다음 몇 주 동안 선생님의 반응 횟수를 높이기로 정하셨다는 거군요. 현재 선생님의 OTR은 1분에 1 내지 2입니다. 이것을 1분에 4 내지 6으로 올리고 싶다는 거군요. 맞나요?

교사 : 예.

전문가 : 좋습니다. 그 계획을 최종 계획으로 하기 전에 몇 가지 질문이 있습니다. 우선 이것이 선생님에게 얼마나 중요한가요? 10점은 '매우 그렇다', 0점은 '전혀 아니다'라고 하며 이것은 선생님에게 얼마나 중요합니까?

교사 : 흠… 아마도 7점.

전문가 : (변화척도 기록지에 7점에 표시한다.) 와, 7점이군요. 상당히 높아요. 6점이 아니고 7점인 이유가 무엇인가요?

교사 : 이제까지 말했던 것처럼, 학생들이 수업에 집중하는데 그것이 도움이 될 거라고 생각해요. 그리고 소란스럽고 산만해서 문제가 있었는데 그것도 나아질 것 같아요. [변화대화 : 이유]

전문가 : 그러니까 선생님이 가진 중요한 목표를 달성하는 데 도움이 될 거라는 거군요. [반영하기]

교사 : 맞아요.

전문가 : OTR이 아이들로 하여금 수업에 집중하도록 하는 데 어떻게 도움이 될 거라고 보시나요? [유발적 질문]

교사 : 속도감이지요. 너무 느리면 학생들은 지루해하니까, 속도를 빠르게 하면서 학생들이 모두 잘 따라가게 한다면 일탈할 가능성이 적어질 것 같아요. [변화대화 : 이유]

전문가 : 일리가 있습니다 [인정하기]. 훌륭한 시작이라고 생각합니다. 특히 선생님의 경우 칭찬 빈도가 높고 분위기를 잘 조성하시니까요 [인정하기]. 척도 점수가 8점이나 9점이 될 만큼 더 중요하게 만드는 것이 있을까요?

교사 : 예. 반 아이들이 더 무질서해지기 시작한다면요. 지금은, 소란스러워지는 것을 제가 좋아하지 않아요. 그래서 이것을 하고자 하는 겁니다 [변화대화 : 필요]. 하지만 악화하는 경우라면…

전문가 : 더 많이 소란스러워진다면…

교사 : 선생님이 매일 제 수업에 오시도록 할게요!

전문가 : 너무 불편하게 된다면 선생님은 컨트롤 하려고 무엇이든 하실 거군요. [반영하기]

교사 : 예. 그러니까 지금 우리가 그리도 많은 노력을 들이고 있는 거겠지요. [변화대화 : 이유]

전문가 : 좋습니다. 중요한 질문 하나가 더 있습니다. 이렇게 할 수 있다는 자신감이 얼마나 되나요? 10점은 '매우 그렇다', 0점은 '전혀 아니다'입니다.

교사 : 8점입니다.

전문가 : 와, 정말 확신하시는군요.

교사 : 예.

전문가 : 5점이나 6점이 아니라 8점인 이유는요?

교사 : 매우 실천 가능해 보여서요 [변화대화 : 능력]. 선생님이 주신 수법과 아이디어들이 모두 이것을 쉽게 할 수 있다고 봅니다. 제가 교직을 시작했을 때 OTR을 더 많이 사용했어요. 우습지요. 이제 다시 그것으로 돌아가는 것뿐입니다.

전문가 : 그러니까 익숙한 것이군요. 전에도 해보셨고요. 식은 죽 먹기.

교사 : 그럴지는 몰라도 매우 실천 가능해요.

전문가 : 도움이 될 만한 도구들은 모두 가지고 계십니다.

교사 : 맞아요.

전문가 : 어떻게 1분에 4 내지 6으로 맞추셨나요? 너무 높은 건 아닌가요? 조금 늦추면 어떨까요. [나란히 가기, 아래 참조]

교사 : 1분에 4 내지 6은 할 수 있습니다. 생각을 하면서 계획에 충실하면 됩니다. [변화대화 : 능력]

연습

친구/배우자에게 지금 변화를 고려하고 있는 행동 변화 한 가지(흔히 운동, 식이 습관, 카페인 줄이기, 게으름 피는 것 중단하기 등)를 말해달라고 청한다. 그 문제에 대해 말해달라고 요청한다. 그다음 변화척도 질문을 한다. 상대방 답에 경청한다. 들은 것을 반영하고 요약하기를 한다. 이 대화를 통해 어떻게 느꼈는지 반영하고 친구/배우자에게 동일한 질문을 한다.

"이제 어떻게 할 건가요?" 묻기

변화대화를 이끌어낸 후에 마지막 손질은 롤닉 등(2008)이 말한 열쇠 질문이다. "이제 어떻게 할 건가요?"라고 묻는 것이다. "변화를 원하고 필요로 하는 이유에 대해 이 모든 정보를 나누고 난 지금, 무엇을 하고자 하나요?" 이 질문은 결단대화나 결의를 이끌어내며, 변화 계획을 세우도록 해준다. 이 질문의 대체 유형으로는 다음과 같다.

"이제 무엇을 하실 생각인가요?"

"이 모든 것에 대해 어떻게 생각하나요?"

"무엇을 하실 건가요?"

"여기서부터 어디로 갈 건지 계획을 말해주세요."

변화대화에 반응하기

변화대화를 알아차린 후 어떻게 할 것인가? 다행히도 당신은 이미 변화대화에 반응하는 도구들을 가지고 있다. OARS가 안내자가 될 것이므로 의지하라. 변화대화를 들으면 더 많은 변화대화가 계속 이끌어내도록 하는 것이 목표다. 들은 것을 간단히 반영할 수 있다("그러니까 이렇게 되기를 정말 원하시는군요," "이러한 변화가 선생님에게 매우 중요하군요."). 변화대화를 반영함으로써 상대방은 자신의 동기에 대해 다시 듣는 기회를 가지는 것이다. 그것에 대해 계속 말하도록 하는 것이 된다. 일련의 변화대화를 듣고 나면 그것을 요약하는 것이 유용하다("그러니까 학급에서 수업 분위기를 개선하려는 많은 이유들이 있다고 들었습니다. 첫 번째로, …"). 변화대화에 인정하기로 반응할 수 있다("기대치에 부응하는 것이 왜 일리가 있는지에 대해 선생님은 정말 많은 생각을 하셨어요."). 또 다른 대안은 변화대화를 상세히 말하도록 청하는 것이다. 진술문으로 하거나("좀 더 말씀해주세요.") 탐색적 질문을 한다("선생님에게 매우 산만하게 느껴지는 소란스러움이란 어떤 것인가요?")

저항에 반응하기

안내 지침

저항에 반응하는 특별한 전략들에 대해 설명하기에 앞서, 저항대화에 반응할 때 안내자로 사용할 수 있는 포괄적인 원칙들을 기억하는 것이 중요하다. 늘 그렇듯이 교정반사를 유의해야 한다. 교사가 왜 변화할 수 없는지 또는 변화하지 않을 건지 말하는 것을 들으면, 우리의 본능적 반응은 왜 해야 하는지 말해주는 것이다. 이런 반응은 전혀 도움이 되지 않음을 이제 잘 알고 있다. 교정반사에 대한 첫 번째 반응은 저항에 반사적으로 반응하려는 자기 스스로를 통제하는 것이다. 잠시 멈추고, 기다리고 반영하는 것이 교정반사를 잡는 방법이자 앞으로 나갈 수 있는 공간을 가지게 되는 것이다. 그다음 단계에서 도움이 되는 생각들은 다음과 같다.

보물찾기 : 장점, 가치, 선한 의지를 찾아 경청하기

> 전문가는 늘 그들의 내면에서 이러한 보물들을 찾아야 하며, 찾았을 경우 그것을 대화에서 드러내야 한다.

동기면담에서 열쇠가 되는 전제는 누구나 내면에 보물을 가지고 있어서 우리가 그것들을 끌어내고 강조할 수 있다는 것이다. 학자이자 부모이자 교사 훈련가였던 Carolyn Webster Stratton은 이러한 기술을 가리켜 '보물찾기'라고 하였다. 사람들은 흔히 스트레스나 도전의 시기에서 자신의 장점을 놓쳐 버리고 장점에서 단절되어 버린다. 전문가는 늘 그들의 내면에서 이러한 보물들을 찾아야 하며, 찾았을 경우 그것을 대화에서 드러내야 한다. 이렇게 해야 할 완벽한 때는 내담자가 저항에 사로잡혀 있을 때다.

때로 보물이 저항대화 속에 들어 있을 수 있다. 이 경우 우리는 그것을 찾아 경청해야 하며, 보물이 들어 있는 대화를 들으면 그것을 다시 교사에게 반영해야 한다.

교사 : 이제까지 이야기했던 전략들 모두를 제가 해보았습니다. 관계 맺기, 칭찬하기, 선제적 학습 등. 일 년 내내 해보았는데 그 아이에게는 효과가 없어요.

전문가 : 그 아이에게 다르게 해보려고 정말 결단하셨던 거군요. 더 많은 호전을 보고 싶으셨던 거구요. 선생님의 끈기를 존경합니다. 금년에 아이에게 주신 멋진 선물이네요. 그렇게까지 아이의 삶에 가까이 했던 사람은 없었을 거예요. 우리가 단기적으로 아는 것보다 더 오랫동안 아이들에게 남겨질 거예요.

어떤 때는 보물이 내담자의 염려나 부정적인 대화 저변에 묻혀 있다. 이때 우리는 질문을 더 하거나, 또는 교사의 신념과 가치에 대해 우리가 알고 있는 것을 지난 대화에 대해 반영하는 것이다.

교사 : 우리 학교에서는 보상물을 사용할 수 없어요. 보상물을 허용하지 않는 교과 과정을 사용합니다.

전문가 : 수업 시간에 학생들을 격려하는 데 선생님은 어떤 전략들을 사용하나요?

교사 : 과제 한 것에 개별적으로 멘트를 써줍니다.

전문가 : 그렇게 하는 것이 왜 중요할까요?

교사 : 잘했다는 것을 제가 알고 있음을 알려주고 싶으니까요.

전문가 : 그것이 도움이 된다는 것을 어떻게 아시나요?

교사 : 학생들은 피드백이 필요하지요. 수업이 지루해지는 것을 원하지 않거든요.

전문가 : 그러니까 학생들이 배움에 몰입하면서 재미를 지속적으로 느끼는 것이 선생님께 매우 중요하다는 거군요.

위의 사례 모두에서, 전문가는 교사가 가지고 있는 선한 의지를 발견하는데 부지런하면서도 낙관적이어야 한다. 학생들이 가득 차 있는 학급에서 교사가 경험하게 되는 많은 도전들과 부정적인 태도로 비껴나가기 쉽다. 이러한 좌절감 밑에는 교사에게 있어서 안내자가 되는 가치관, 희망, 꿈들이 있으므로 전문가들은 이것을 드러내고 활성화할 필요가 있다. 질문을 적절하게 잘하고, 교사가 진정 말하고 있는 것을 찾아 경청하는 '제3의 귀'를 가지는 것은 교사들의 포부에 조율하여 잡음을 넘어서 들을 수 있는 가능성을 높인다. 보물들을 듣게 되면, 그것들을 반영하고 미래에 사용할 수 있도록 지니고 있어야 한다. 과거의 보물을 연결해주는 전문가의 대화 예제는 다음과 같다.

"학생들을 믿어주고 포기하지 않는다는 것을 학생들에게 알게 하는 것이 선생님에게 얼마나 중요한지 압니다. 그래서 이 학생으로 인한 좌절감이 특히 도전임에 틀림없군요."

학생의 관점에서 재진술하기

저항에 반응하는 데 안내자가 되는 또 하나의 원칙은 늘 아이의 관점에서 대화를 하라는 것이다. 학생이나 반 아이들과의 갈등에 빠져 있다 보면, 학생들이 사회적 교류를 통해 무엇을 생각하고 무엇을 배우는지에 대해 잃어버리기 쉽다. 다음 질문들은 교사가 자신의 가치와 현재 행동이 가지는 불일치감을 재결합하도록 돕는다. "선생님이 …라고 말할 때(행동할 때) 그 학생(들)은 무엇을 배우고 있다고 생각하시나요?" 또는 "학생들이 …에서 무엇을 배우기를 원하나요?"

교사 : 이렇게 말하기는 싫지만, 영철이에게 다가가는 유일한 방법은 제가 소리를 지르고 화를 낼 때라고 생각해요.

전문가 : 화를 내야 아이의 관심을 얻을 수 있군요. 하지만 선생님이 아이들과 하고 싶은 것이 아니기 때문에 받아들이기가 어렵겠군요.

교사 : 예. 모르겠어요. 소리를 지르면 확실히 영철이의 관심을 얻어요.

전문가 : 아이가 다시 돌아오는군요. 아이의 관심을 마침내 갖게 되는 경우, 아이는 어떤 생각을 하고 있다고 생각하세요?

교사 : 흠. 아마도 "선생님이 정말 나한테 또 열 받았군."

전문가 : 그러니까, 내가 정말 또 문제를 일으켰군.

교사 : 흠.

전문가 : 무슨 생각을 하시나요?

교사 : 그게 좋지가 않아요.

전문가 : 무슨 말이신가요?

교사 : 아이가 문제를 일으킨 것처럼 느끼기를 내가 원하지 않아요. 아이가 경청하기만 원하지요.

전문가 : 그러니까, 아이가 기분이 나쁘지 않은 채 경청하도록 돕는 방법이 있다면 그걸 더 좋아하겠군요.

전문가가 사용할 수 있는 또 하나의 대안은, 교사의 행동을 다른 학생들이 지켜보는 경우 그 학생들의 관점을 생각해보도록 청하는 것이다. 예를 들어, 다음 질문을 보자. "다른 학생들이 이러한 광경을 지켜보는 경우 무엇을 배운다고 생각하나요?" 그리고 나서 위의 방식대로 대화를 해 나간다.

저항에 반응하는 특별한 전략

저항에 반응하는 특별한 전략은 이러한 기본 원칙들(교정반사 억누르기, 보물찾기, 아이의 관점에서 재진술하기 등)에서 유래한다. 밀러와 롤닉(2002)은 모두 합해서 여덟 가지 저항에 반응하기 전략을 밝힌 바 있다. 대부분의 반응들은 반영적 경청의 변형들인데 이 핵심 기술에 복잡성을 가미한 것이다. 따라서 다음에 열거한 대안들은 보다 더 심화된 것으로서 반영하기에 편안함을 느껴야 하며, 동기면담을 배우면서 점차 자연스러워지는 기술들이다. 다음에 기술한 대안들 중 전문가 자신의 스타일에 더 잘 맞는 것들이 적어도 한 개 또는 그 이상 있을 것이다. 복잡하고 익숙하지 않은 기술이지만 하나씩 사용하며 실험하다보면 기본적이고 편안했던 기술들을 넘어서서 확장될 것이다.

반영하기

밀러와 롤닉(2002)은 다음과 같이 말한 바 있다. "저항을 비저항으로 반응하는 것이 훌륭한 일반 원칙이다"(p.100). 불확실할 경우에는 교사의 관점이나 감정을 인정하는 단순반영을 사용하라. 이렇게 간단하게 반영해도 더 많은 탐색이 가능하며, 저항의 에너지를 잠재울 수 있고, 한쪽 편에서는 함정을 피할 수 있다.

> 교사 : 이렇게 해야 할 이유를 모르겠군요. 2년 지나면 팽개쳐질 교과 과정일 뿐인데요.
> 전문가 : 사람들이 오랫동안 고수하지 않을 거면 이렇게 많은 노력을 한다는 것이 짜증스럽지요.

양면반영

양면반영은 양가감정에 반응하는 훌륭한 방법이다. 다음과 같은 문장을 사용하는 것이 일반적이다. "한편으로는… 그리고 다른 한편으로는…" 양면반영은 하나의 문장에 양가감정의 두 가지 면을 요약하도록 해준다. 위의 예제에서 보면, 교사의 언어적 표현에 양가감정이 들어 있지 않다. 이럴 경우 단순반영을 한 후에 이전에 교사가 말했던 내용을 인용하여 양면반영으로 만들 수 있다.

> 교사 : 이런 것은 잘 적용이 안 될 거예요.
> 전문가 : 선생님께서 곤란해하시는 것 알겠습니다. 한편으로 우리가 하는 것이 어떻게 도움이

될지 확신이 안 서시고, 다른 한편으로 수업 상황에 대해 정말 염려가 되시고요 [이전의 교사의 대화 내용].

교사의 양가감정을 양면 모두 반영할 때, 위의 예제에서처럼 후반부에 **변화 선호**의 반영으로 문장을 마무리하는 것이 유용하다. 이렇게 하면 교사가 저항(왜 프로그램이 적용되지 않을 것인지)보다는 변화대화(수업 상황에 대해 왜 염려가 되는지)를 상세하게 말하게 된다.

복합반영

밀러와 롤닉(2002)은 복합반영을 과장된 반영으로 설명한 바 있다. 복합반영을 하는 의도는 저항대화를 확대함으로써 내담자가 얼마나 결단을 하고 있는지 보고자 하는 것이며, 바라기는 결과적으로 변화대화를 이끌어내는 것이다. 복합반영이 효과적이 되기 위해서는 냉소적인 기운이 없이 사실 그대로를 진술하는 방식으로 전달되어야 한다.

　교사 : 효과적인 학급 운영에 대한 연구 결과에서 드러난 게 하나도 없습니다.
　전문가 : 연구 결과가 조금이라도 도움이 될 것이라고는 전혀 믿지 않으시는군요.

위의 예제에서 교사가 말한 내용 속에 있는 극단적인 입장을 강조하고자 한 것이다. 교사의 반응이 어떻든 간에, 복합반영을 어떻게 하는지에 대해 배웠다. 일반적으로 교사의 다음 반응은 이전의 입장을 완화시킨다(예, "그건 아니고요. 최상의 연구 결과를 알고 싶다는 거지요."). 그리고 교사가 표현을 더 명확하고 구체적으로 하도록 돕는다(예, "실제 수업에서 그렇게 적용하는 경우 더 복잡해진다고 생각할 뿐입니다."). 교사가 이런 식으로 자세하게 말하면, 전문가는 변화대화를 더 많이 이끌어낼 수 있는 위치에 있게 된다(예, "수업에 실제로 효과가 있는 연구 결과 기반 실천을 믿으시는 거군요.")

나란히 가기(부정적인 태도 옆에 서서 가기)

밀러와 롤닉(2002)은 복합반영의 특별한 하위 유형으로 나란히 가기라는 이름을 불러 강조하는 것이 유용함을 알았다. 변화에 반대하는 편에 서서 반영을 하는 것이다. 역전된 심리로 들릴 수 있는데, 중요한 것은 표현을 할 때 의도적으로 조종하려는 것이 아니라, 진정성 있는 표현으로서 내담자가 현재 행동을 유지하려는 결단을 인정하는 것이다(깊은 반영하기다). 전제는 이러한 반영을 통해 변화에 반대하는 주장을 할 경우, 교사는 변화에 찬성하는 방식으로 반응할 가능성을 만드는 것이다. 이 방법은 주의해서 사용해야 하는데, 특히 이 방법을 배우고 있는 중이면 그러하다. 늘 그렇듯이 효과성이 있는지를 알려주는 최상의 안내자는 변화대화를 이끌어내는가 아닌가 여부다.

> 교사 : 이런 전략들이 효과가 있을 거라고 생각하지 않아요.
> 전문가 : 상당히 희망이 없어 보이는 거군요. 효과가 없을 거라면 시작을 왜 하는가 하는 것처럼요.

또는

> 교사 : 이번 주에 한 번 해보지요. 매일 게임 하듯이요.
> 전문가 : (미소 지으면서) 천천히 하세요. 정말 이것을 할 준비가 되었다고 확신하나요?

재구조화하기

이 고전적인 자문 전략은 교사가의 표현을 새롭고 보다 긍정적인 해석으로 반응하는 것이다. 이제까지 언급했던 모든 전략들과 함께, 재구조화 역시 훌륭한 반영의 특별한 경우다. 동기면담 관점에서 보면, 이 방법이 특별히 영향력이 있는데 왜냐하면 대화의 흐름과 사고 과정을 부정적인 것(변화하지 않겠다는 표현)에서부터 보다 긍정적이고 낙관적인 방향으로 옮겨주기 때문이다.

> 교사 : 저는 매우 많은 전략들을 시도해보았어요. 그중 어떤 것도 도움이 되질 않아요.
> 전문가 : 많이 호전되지 않아도 도움이 될 수 있는 것이라면 새로운 것들을 시도하려는 매우 끈기 있는 분이군요.

방향 틀어 동의하기

밀러와 롤닉(2002)은 재구조화된 단순반영을 가리켜 **방향 틀어 동의하기**라고 하였다. 교사의 입장을 약간 다른 방향에서 인정하는 것이다.

> 교사 : 아이들을 어떻게 가르쳐야 하는지 알고 있습니다. 아무도 저에게 어떻게 하라고 말할 수는 없어요.
> 전문가 : 무엇이 효과가 있는지 선생님은 많이 알고 계십니다. 학급에서 일어나는 것은 완전히 선생님에게 달려 있지요. 만약 이것이 효과가 있다면, 이 과정에서 선생님이 주경기자가 되어야 할 것입니다.

초점 바꾸기

저항을 향해 밀어붙이기보다는(종종 저항이 그렇게 만드는 것처럼), 저항을 인정하고 관점을 새로운 방향으로 돌리는 것이 더 나은 전략이다.

> 교사 : 이번 주에 기대하신 것을 가르치지 않아서 선생님이 저에게 화가 나실 거예요.
>
> 전문가 : 제가 그렇게 하려고 여기 있는 것은 아니지요. 이번 주에 무엇에 대해 함께 이야기하는 것이 도움이 될 수 있을까요?

개인적 선택권을 강조하기

사람들은 자신의 선택권이 제한되거나 위협당하고 있다고 느끼면 흔히 저항적이 된다. 교사들에게 특정한 방법들을 채택하여 시도하도록 돕는 자문을 하는 경우, 이러한 반응은 더욱 많아질 가능성이 있다. 교사가 이런 식으로 위협을 느낀다고 감지하면, 최상의 반응은 있는 그대로를 단순하게 표현하는 것이다. 궁극적으로는 무엇을 할 것인가는 교사의 결정이다.

> 교사 : 교장선생님이 이것을 하라고 하는군요. 다른 선택이 없는 거예요.
>
> 전문가 : 선택권이 없어 보이는군요. 좌절이겠어요. 하지만 수업에서 무엇을 하고 어떻게 하는가는 선생님에게 달려 있습니다. 저도 선생님을 강요할 수는 없어요. 우리가 어떻게 시간을 보낼 건지는 선생님의 결정입니다.

결정저울

이처럼 많은 전략들을 사용하는 일방적 사고에서 벗어나는 데 훌륭한 활동으로는 결정저울 도해를 사용하는 것이다(그림 4.2는 완성된 예제; 부록 A는 빈칸으로 된 기록지). 이 기록지를 작성할 때, 내담자에게 지금의 행동이 갖는 득실과 새로운 행동을 시도했을 때의 득실이 무엇인지 생각하도록 한다.

교사에게 있어서 흔히 나타나는 양가감정의 영역이 몇 가지 있는데 이것은 호전되는 길에 걸림돌이 되곤 한다. 예를 들어, 부족한 훈련이나 오정보로 인해서 교사들이 타임아웃을 사용하는 데안 좋은 경험을 한 교사들이 많다. 따라서 이러한 교사들은 타임아웃을 사용하거나 시도하는 것에 반대하는 강한 편견을 가지고 있다. 또 하나의 논란거리는 수업에서 칭찬이나 보상물 사용과 관련된 것이다. 어떤 표준화된 교과 과정과 훈련 프로그램에서는 교사가 칭찬을 하지 못하게 한다. 이러한 주제에 대해서 전문가는 교사에게 각각의 방법을 사용할 때 오는 이득과 장벽에 대해 생각하도록 한다. 그림 4.2에서 제시하는 기록지를 사용하여 교사들의 코멘트를 쓰는 것이 유용하다.

예를 들어, 전문가가 질문하기를 "수업 중에 보상물을 사용하는 것이 어떤 이득이 될까요?"라고 하자. 전문가는 반영과 열린질문을 사용하여 교사가 느끼는 구체적인 이득들을 이끌어내고 이유를 정확하게 찾아낸다. 늘 그렇듯이 OARS를 사용하여 대화를 촉진하고 필요하다면 요약한다.

다음, 전문가가 질문한다. "수업에서 보상물을 사용할 때 어떤 장벽이 있을까요?" 내면의 대화를 밖으로 표현하게 하고 더 많은 탐색의 기회를 만들어주는 것뿐 아니라, 중요한 통찰을 갖게 해주는 것이 흔하다. 종종 이득은 학생 중심이고(예, 더 많은 동기를 자아낸다, 학생들이 잘하고 있을 때를 알게 해준다, 학생들에게 목적과 목표를 제공한다 등), 장벽은 교사 중심이다(예, 시간이 너무 많이 든다, 성가시다, 돈이 든다 등). 이러한 패턴이 떠오를 때, 도움이 되는 후속 질문은 다음과 같다. "이러한 이득을 대부분 누가 얻게 되나요?"와 "이러한 장벽은 대부분 누구의 것인가요?"

반대되는 행동(예, 칭찬하지 않는 것)의 이득과 장벽으로 느끼는 것이 무엇인지 교사에게 듣고 결정저울 활동을 계속한다. 역시 현상 유지의 이득은 교사에게 좋고, 장벽이나 반대되는 결과는 아이들에게 좋은 것이다.

결정저울

현재 방식 : <u>교무실로 보내기</u>	
이득 : 아이를 교무실로 보낼 때 좋은 점 쉽다. 생각할 필요가 없다. 교실에서 내보낼 수 있다. 덜 산만해진다.	**장벽 :** 아이를 교무실로 보낼 때 나쁜 점 고립시킬 수 있다/마지막 결전이다. 사소한 행동에 너무 큰 대가로 보일 수 있다. 얼마나 오랫동안 내보내야 하는지 알기 어렵다. 수업을 못 듣는다. 때로 이것을 아이들이 즐길 수 있다.
새로운 방식 : <u>타임아웃</u>	
해본다면, 이득이 될 만한 것들 학급 규칙을 배운다 – 서로 존중하기 행동에 대해 생각할 시간을 갖는다/평온해진다. 수업에 대해 예측 가능함을 배운다 – 규칙을 어기면 대가가 있다. 수업을 안전하게 할 수 있다.	해본다면, 도전이 될 만한 것들 언제 사용할지 알기 어렵다. 학생이 의자에 가지 않으려고 할 경우 교사는 힘을 잃고 불편하게 느낀다. 다른 학생들이 교사가 갈등하는 것을 보고 교사에게 도전할 수 있다. 효과가 없을 것 같다. 시간을 기억해야 하고 모니터링을 해야 하는 등 일이 많다.

그림 4.2 ● 결정저울 기록지의 완성본

사례 : 결정저울

다음은 타임아웃에 대해 결정저울을 사용한 대화의 예제다.

교사 : 타임아웃이 정말 효과가 있다고 생각하지 않습니다. 여러 번 해보았는데 아이들은 이것을 기회로 수업에서 빠져나간다고 생각합니다.

전문가 : 타임아웃에 대해 안 좋은 경험이 있었던 것 같네요. 수업 중에 타임아웃을 사용하는 것에 염려를 표현하셨어요. 한편 공격적인 아이들을 다룰 만한 전략을 정말 배우고 싶어 하시고요. [양면반영]

교사 : 맞아요. 어찌 해야 할지 모르겠어요.

전문가 : 타임아웃에 대한 선생님의 생각과 경험에 대해 제가 좀 더 알기 위해서, 몇 가지 질문을 하겠습니다. (결정저울 기록지를 꺼낸다.) 타임아웃을 사용할 때 어떤 장벽들이 있었나요?

교사 : 고통이라고 보았어요. 어떤 행동에 대해 타임아웃을 주어야 할지 아는 데 어려움이 있었어요.

전문가 : (교사의 표현을 그대로 적는다.) 그러니까 언제 사용해야 할지 아는 것이 어려웠군요. [단순반영]

교사 : 예. 아이들이 의자에 가지 않으려고 할 때가 싫었어요. 다른 아이들이 지켜보고 있는 가운데 힘겨루기를 많이 하는 것처럼 느껴졌어요. 그 느낌이 싫었어요.

전문가 : 그러니까 아이들이 순응을 하지 않는 경우 불편한 느낌, 힘을 잃은 느낌이 또 하나의 장벽이군요. [단순반영]

교사 : 바로 그거예요. 다른 아이들이 지켜보면서 저에게 무엇으로 도전을 할지 배우는 것에 대해 염려가 되었어요.

전문가 : 그것이 역효과를 내어 전체 학급 아이들과의 관계에 영향을 줄 수 있는 것처럼 보였네요. [단순반영] 그 밖에 무엇이 있나요?

교사 : 흠. 말씀드린 것처럼 타임아웃은 효과가 없는 것 같아요. 아이들이 여전히 똑같은 행동 문제를 일으켜서 또 타임아웃이 되곤 했어요.

전문가 : 타임아웃으로 이득을 얻지 못했군요. [단순반영] 조금 전에 타임아웃이 일이 많다고 했습니다. 그것에 대해 더 말씀해줄 수 있나요?

교사 : 생각과 에너지가 정말 많이 들어요. 언제 사용할지 결정하고, 타임아웃 시키느라 싸우고, 시간이 다 되었는지 기억해야 하고요. 아시다시피 정신적인 에너지가 많이 들어요. 거기다가 타임아웃 중에 있는 아이를 모니터링하면서 수업을 계속해야 하는 것이 주의가 산

만해져요.

전문가 : 오케이. 잠시 그 반대편으로 옮기도록 하지요. [초점 바꾸기] 타임아웃의 이득을 생각할 수 있나요?

교사 : 흠. 없어요. 효과가 있으면 좋겠어요. 하지만 저는 없었어요.

전문가 : 이 질문을 하지요. 선생님이 타임아웃을 사용했을 때 학생에게 어떤 것을 가르쳐주기를 바랐나요? [유발적 질문]

교사 : 나쁜 행동이라면 그것은 괜찮지 않다는 것.

전문가 : 그 밖에는요? 교실 뒤에 앉아 있으면서 무엇을 배우기 바라셨나요?

교사 : 학급 규칙들을 배우기 원했던 것 같아요. 서로 존중하기. 학우를 존중하지 않으면 시간을 내어 그것에 대해 생각해야겠지요.

전문가 : 학생들에게 가르쳐야 하는 중요한 것들이라고 봅니다. [인정하기] 그 밖에는요? 타임아웃을 지켜보는 다른 학생들은 무엇을 배우기 원하시나요? [유발적 질문, 아이의 관점에 초점 맞추기]

교사 : 같은 거죠. 규칙을 어기면, 학우들로부터 떨어져 있어야 한다는 것. 그룹과 함께 있으면서 계속 존중하지 않으면 안 되지요.

전문가 : 그러니까 수업이 예측 가능한 거군요. [재구조화하기] 규칙을 어기면 어떤 일이 있을지 아는 거네요. 어떤 절차가 있다는 것도 알고요. 안전한 장소가 있고 담임선생님이 자신을 안전하게 지켜준다는 것을 알고, 또 만약 실수를 하게 되면 그것에 대한 반응을 예측할수 있고요. [재구조화하기, 아이의 관점, 보물찾기]

교사 : 바로 그렇습니다.

전문가 : 규칙을 어기는 경우 어떤 교사는 소리를 지르고 화를 내는 교실에 있었던 적이 있습니다. 그런 학급에서 학생들은 어떤 것을 배운다고 생각하시나요? [유발적 질문, 아이의 관점]

교사 : 정반대라고 생각해요. 아이들은 "우리가 선생님을 실망시키면 정말 화를 내시니까 실망시키는 것에 대해 수치스럽게 느끼거나 죄책감을 느껴야 해."라고 생각할 거예요.

전문가 : 오케이. 제가 잘 이해했는지 알고 싶습니다. 타임아웃의 이득은 학생들로 하여금 규칙을 알게 하고, 대가가 예측 가능하며 안전하게 한다는 점이네요. 이 목록을 보시면서, 가장 이득을 얻는 사람은 선생님일까요 아니면 학생들일까요?

교사 : 대부분 학생들이죠.

전문가 : 반대쪽에는 몇 가지 장벽을 적으셨어요. 이 목록을 보시면, 누구에게 가장 장벽이 될까요?

교사 : 대부분 저네요. 무슨 말씀인지 알겠습니다.

연습

심화 전략들 중 하나를 선택해서 다음 자문 회의에 사용한다. 교사의 반응에 경청한다.

더 연습을 하려면, 다음의 교사들이 말하는 저항대화를 읽고 기술을 적용해보자.

- 교사 A : "이것은 제 스타일이 아닙니다. 저는 수업을 컨트롤하는 타입이어서 이런 수업 운영 전략은 필요하지 않아요."
- 교사 B : "제가 맡은 업무들이 많아서 이것을 할 만한 시간을 낼 수가 없네요."
- 교사 C : "저는 최선을 다해보았고 아무것도 소용이 없네요. 더 이상 무엇을 할 여력이 없네요."

다음에는 아래의 심화 기술을 사용하여 각각의 교사의 저항 대화에 반응을 적는다. 표 4.2는 심화 기술 반응의 예제들이다.

단순반영 : _____

복합반영 : _____

양면반영 : _____

재진술하기 : _____

초점 바꾸기 : _____

개인의 선택권 강조하기 : _____

방향 틀어 동의하기 : _____

나란히 가기 : _____

극단적 상황에 대해 질문하기 : _____

미래를 상상하기/과거를 회상하기 : _____

표 4.2 심화 기술 반응 예제

교사 A : "이것은 제 스타일이 아닙니다. 저는 수업을 컨트롤하는 타입이어서 이런 수업 운영 전략은 필요하지 않아요."

단순반영 : "새로운 교수법을 시도하라고 요구하는 것이 강요받는 느낌이군요."

복합반영 : "선생님이 정상적으로 가르치는 방법과는 완전히 다른 전략들로 느껴지시는군요." 또는 "수업에서 문제가 전혀 없으신 거군요."

양면반영 : [교사와의 이전 대화를 토대로 하여] "한편으로 이 전략들을 선생님의 교수법에 융합하는 것이 불편하고요. 또 한편으로는 조금 더 융통적이거나 재미를 가미한다면 수업이 어떻게 느껴질지 궁금해하시고요."

재진술하기 : "수업이 학생들에게 예측 가능하도록 만드는 방법에 대해 선생님은 정말 잘 알고 계십니다. 어떤 전략을 추가하든 간에 이미 만들어 놓으신 구조에 방해가 되어서는 안 될 거예요."

초점 바꾸기 : "선생님이 교사로서 가장 큰 장점을 무어라고 보시나요? 특별히 잘하시는 것?"

개인의 선택권 강조하기 : "선생님이 하고 싶지 않을 것을 하라고 강요하려고 여기 있는 것은 절대 아닙니다. 수업 중에 일어나는 유일한 변화는 선생님이 선택하고 만드시는 거죠."

방향 틀어 동의하기 : "맞습니다. 금년에 선생님이 학생들을 위해 개발한 온갖 지혜를 없앤다는 것은 어리석은 일이지요."

나란히 가기 : "예. 잘되어 가는데 새로운 것을 시도한다는 것은 말이 안 되지요."

극단적 상황에 대해 질문하기 : "지금 이대로 갈 경우, 선생님이 생각하시기에 수업에서 최상의 결과는 무엇일까요? 반대로 최악은 무엇일까요?"

미래를 상상하기/과거를 회상하기 : "미래를 상상하여 볼 때 연말에 학습은 어떤 모습이기를 원하시는지 말씀해주세요."

교사 B : "제가 맡은 업무들이 많아서 이것을 할 만한 시간을 낼 수가 없네요."

단순반영 : "하셔야 하는 일 때문에 지금 정말 짐이 넘치시는군요."

복합반영 : "하셔야 할 업무 목록에서 이것은 가장 바닥이겠군요."

양면반영 : [교사와의 이전 대화를 토대로 하여] "한편으로 압도당한 느낌이시고요. 또 한편으로는 기대하는 바가 명확하게 될 수 있도록 시간을 정말 원하시는군요."

재진술하기 : "일을 처리할 때 올바른 방식으로 하기를 정말 결심하는 분이시군요."

초점 바꾸기 : "새로운 것을 시작하는 데 초점을 두기보다는, 이제까지 학급에서 잘되고 있는 것이 무엇인지 이야기하지요."

개인의 선택권 강조하기 : "선생님에게 또 다른 짐을 드리고 싶지는 않습니다. 이 점에 있어서는 선생님에게 온전히 달려 있습니다."

방향 틀어 동의하기 : "지금은 너무 많은 일들 때문에 이것이 어떻게 도움이 될 수 있을지 알기가 어렵겠군요. 무언가 달라지게 하고 그것을 올바로 할 수 있도록 시간을 투자하는 데 얼마나 결단을 하시는지 보고 정말 감동이 됩니다. 선생님이 어떤 것을 하기로 결정하든지 간에 잘될 확률이 높은 것이기를 원합니다."

(계속)

표 4.2 (계속)

나란히 가기 : "아마도 지금은 수업 운영에 대해 무엇을 하기에는 안 좋은 시간이군요. 선생님의 우선순위에서 이것은 그냥 시간 낭비 같아 보입니다."

극단적 상황에 대해 질문하기 : "지금 이대로 갈 경우, 선생님이 생각하시기에 수업에서 최상의 결과는 무엇일까요? 반대로 최악은 무엇일까요?"

미래를 상상하기/과거를 회상하기 : "미래를 상상해 볼 때 연말에 학습은 어떤 모습이기를 원하시는지 말씀해주세요."

교사 C : "저는 최선을 다해보았고 아무것도 소용이 없네요. 더 이상 무엇을 할 여력이 없네요."

단순반영 : "노력은 엄청 하고 그만큼 호전된 것이 없다는 것은 정말 좌절스러운 거군요."

복합반영 : "이것은 완전히 시간 낭비였군요."

양면반영 : [교사와의 이전 대화를 토대로 하여] "호전된 것이 없어서 실망이시군요. 한편 이렇게 투자를 하고나서 포기하기 싫은 부분이 여전히 조금은 있으시고요."

재진술하기 : "아이들의 삶이 달라지기만을 정말 많이 원하시는군요. 선생님이 해놓은 변화가 이 아이들에게 젖어드는 것을 기다려 보는 것이 힘드시는군요."

초점 바꾸기 : "학생들에게 초점을 두기 전에, 잠시 뒤로 물러나서 이제까지 선생님이 해 놓으신 긍정적인 변화들을 모두 생각해보았으면 합니다."

개인의 선택권 강조하기 : "다음에 무엇을 할지는 완전히 선생님의 결정이십니다."

방향 틀어 동의하기 : "이 학생들에게 심어 놓은 성공의 씨앗들이 아직까지 싹을 트지 않을 것을 보는 게 정말 좌절되시는군요."

나란히 가기 : "이것이 정말 부담이셨군요. 지금 하는 회의들도 제가 선생님에게 더 많을 것을 요구하는 것으로 느껴지셨겠어요. 잠시 휴식을 할 필요가 있겠습니다."

극단적 상황에 대해 질문하기 : "이것에 많이 애써 오셨습니다. 이러한 변화를 만들기까지 무엇이 선생님을 그렇게 열심히 하게 했는지 말씀해주세요."

학교 장면에 동기면담 적용하기

이 장에서 이제까지 저자들은 임상 장면에서 개발된 고전적인 동기면담을 설명하였다. 교육 장면에 동기면담을 적용하려면 몇 가지 작은 변형이 필요하다. 예를 들어, 동기면담이 행동 문제를 다루기 위해 개발된 임상적 개입이었는 데 비해, 교사들은 자신의 정서적인 문제에 대해 일반적으로 동료에게 자문을 구하지는 않는다(비록 지지적인 경청이 때로는 이 영역에 걸쳐 있기는 하나). 따라서 자문 전문가는 학생들의 행동을 변화시킬 수 있는 개입들을 실천하도록 교사들을 도우며, 학생들의 행동 문제가 덜 재발하도록 돕는다. 하지만 여전히 원칙들은 동일하다. 임상 장면에서 효과적인 동기면담 적용을 위해 개발한 지침들 중 어떤 것은 학교 장면에 직접적으로 해당되지는 않는다. 예를 들어, 임상 장면에서 10 : 1 비율의 내담자와 전문가 비율이 목표라면 학교 장면에서는 이보다 더 낮을 수 있다.

이와 같이 학교 장면에서의 동기면담은 건강운영 장면에서의 동기면담과 더 유사하다. 건강운영 전문가들은 환자가 원래 자문을 구했던 영역 밖의 이슈들에 대해 흔히 자문을 하기 때문이다. 예를 들어, 어떤 환자가 당뇨병 진단을 받았다고 하자. 이 환자는 의사로부터 처방약이나 인슐린 처방만을 기대할 수 있다. 그러나 이 의사는 운동과 식이요법을 포함한 생활습관의 변화에 대해 이야기를 시작하고 싶어 한다.

이끌어내기-제공하기-이끌어내기(E-P-E)

건강관리 분야에서 짧은 회기 내에 내담자와 만남을 가지는 경우 동기면담을 활용하기 위해 개발한 간략한 모델이 이끌어내기-제공하기-이끌어내기(E-P-E) 모델이다(Miller & Rollnick, 2002). 이 접근에서는 전문가가 먼저 내담자에게 주제와 관련하여 알고 있는 것이 무엇인지 또는 알고 싶은 것이 무엇인지 묻는다. 이후에 내담자가 한 말 또는 요청한 내용을 바탕으로 정보를 작은 분량으로 간단하게 제공한다. 그다음 이 정보에 대해 내담자가 어떻게 생각하는지 반응하도록 요청한다. EPE 절차를 시작할 때 유용한 질문은 다음과 같다.

"＿＿＿에 대해서 알고 있는 것이 무엇인가요?"

다음은 결정저울 예제(위에서 제시한)의 대안으로서 교사와 타임아웃에 대해 대화하는 예제다. 이 장에서 기술한 바와 같이 E-P-E는 동기면담의 축소판임을 기억하라. 기술들은 모두 동일하다.

전문가 : 선생님께서는 타임아웃에 대해 안 좋은 경험을 하셨군요. 제가 너무 많은 정보를 드리기 전에, 선생님이 하시는 타임아웃 절차에 대해, 그리고 그 이유, 어떻게 시작하는지, 언제 사용하는지, 얼마나 오랫동안 타임아웃 하시는지 등에 대해 말씀해주세요. [이끌어내기] [또는 "타임아웃으로 어떤 도전을 받으셨는지요?"]

교사 : 아이들이 문제 행동을 할 때 사용하는 것으로 알고 있어요. 교실 뒤쪽에 의자를 하나 가져다 놓고, 거기 가서 타임아웃 하라고 합니다.

전문가 : 중요한 점이지요. 그 밖에 어떤 것이 있을까요? [이끌어내기]

교사 : 모르겠어요. 어떤 아이들은 타임아웃 하게 만드는 것이 정말 어려워요. 언제 끝내야 하는지 기억하기가 어려웠어요. 타임아웃 할 때마다 도움이 안 되는 것 같아서 아주 짧게 끝냈어요. 일이 더 많아지는 것 같았어요.

전문가 : 다른 교사들이 어떻게 타임아웃을 해서 도움을 받는지 제가 말씀 드리면 도움이 될까

요? [이끌어내기]

교사 : 그럴 것 같아요.

전문가 : 가장 효과가 있으려면 연습이 필요한 상당히 자세한 절차로 보입니다. 중요한 것은 어떠한 문제 행동들이 타임아웃을 가져오게 할지 결정하는 것입니다. 심한 행동이나 공격적인 행동에만 타임아웃을 사용하는 것이 시작점으로 좋습니다. 예를 들어 때리거나 발로 찬 행동이지요. [제공하기] 일리가 있나요? [이끌어내기]

교사 : 그러니까, 떠들거나 산만한 행동에는 타임아웃을 사용하지 말아야 하는 거군요? 어떤 학생들은 쉴 새 없이 떠들어서요.

전문가 : 맞습니다. 그런 행동 같이 성가시게 하는 행동을 운영하는 데 더 효과적인 전략들이 따로 있습니다. [제공하기] 그 전략들에 대해서도 이야기할 수 있습니다. 지금 어느 것이 더 좋을까요? 타임아웃에 대한 이야기를 듣는 것이 도움이 되실까요? 아니면 낮은 수준의 산만한 행동으로 옮겨갈까요? [이끌어내기]

교사 : 두 가지 모두 중요해요. 하지만 타임아웃 이야기를 하지요. 아이들이 서로 싸울 때 도움이 되는 도구가 필요해서요. 궁금해지네요. 오랫동안 제가 타임아웃을 제대로 하지 않았을 수도 있어서요.

전문가 : 어떤 행동을 할 때 타임아웃을 하게 되는지 확실하게 규정한 후에는, 선생님의 타임아웃 공간을 만드는 겁니다. 교실 뒤편에 의자를 두시는 것으로 제가 알고 있습니다. 중요한 것은 주의를 끌 만한 것이 없는 장소여야 합니다. 즉 지겨운 곳이어야 하지요. [제공하기]

교사 : 그렇군요. 중요한 것이네요. 주의를 끌 만한 것이 없고 평온하게 만들어주는 시간이 필요한 거군요.

전문가 : 바로 맞습니다. 중요한 점들은 선생님도 아시니까, 조금만 수정하면 될 거라고 생각합니다. 또 하나 중요한 것은 타임아웃을 주기 바로 전에 해야 하는 간단한 문장입니다. 짧고 정확해야 합니다. 먼저, 규칙 위반이 무엇인지 말하고, 다음에는 지시를 합니다. "영철아, 그 행동은 남을 때린 행동이야. 타임아웃 하렴." [제공하기]

교사 : 알겠습니다.

전문가 : 타임아웃 시간은 짧아야 합니다. 5분 이내죠. [제공하기]

교사 : 그렇게 짧게요?

전문가 : 놀라셨네요. [이끌어내기]

교사 : 예. 아이들에게… 오랫동안 타임아웃하게 하거든요. 그래서 하기가 싫었어요.

전문가 : 그러니까 이 전략이 선생님에게 더 매력이 있겠어요. 짧은 시간 타임아웃하고 가능한 바로 수업에 들어가도록 해주니까요. [이끌어내기]

교사 : 이 전략이 더 좋기는 해요. 그런데 시간이 얼마나 흘렀는지 잊어버리는 것이 염려가 돼요.

전문가 : 또 하나의 중요한 부분이라고 생각합니다. 대부분 선생님들이 타이머를 사용할 필요가 있어요. 맞아요. 타임아웃한 학생을 잊고 있거나 시간을 너무 오래 두면 덜 효과적이 돼요. [제공하기]

교사 : 맞아요.

전문가 : 그럼 질문하겠습니다. 이 전략이 유용할까요? 계속 이야기하고 싶으신가요? [이끌어 내기]

확인 질문

기억해야 할 점은 EPE 대화를 통해 전문가가 정보를 제공하고 나서 교사의 반응을 정기적으로 평가한 점이다. 확인 질문은 교사와 대화를 하면서 자유롭게 사용해야 한다. 확인 질문은 다양한 형태를 가진다. "이 정보에 대해 어떻게 생각하나요?" "이 정보에 대해 선생님의 반응은 무엇인가요?" "만약 제가 …한다면 도움이 될까요?" 등이다. 중요한 사실은 전문가가 제공한 새로운 정보에 대해 교사가 어떻게 반응하는지 잘 알아야 한다는 것이다. 7장에서 설명할 것인데, 이 기술은 학급 체크업 피드백 회기에 특히 유용하다.

동기면담 기술 개발하기

동기면담은 기본적인 임상 기술을 가진 사람이면 거의 모두에게 가르칠 수 있고 배울 수 있다. 동기면담은 매우 단기 개입이기 때문이다. 미시적인 자문 기술에서처럼, 동기면담을 완성했다고 잘못 믿기가 쉽다. 이 기술을 배울 수 있는 유일한 방법은 초점을 맞추어 연습하고 자문/슈퍼비전을 통해서다. 동기면담에 능통하려면 이론적인 교육 및 연습과 지속적인 슈퍼비전이 요구된다 (Miller, Yahne, Moyers, Martinex, & Pirritano, 2004). 이 장을 읽은 것이 첫째 단계를 밟은 것이다. 바라기는, 이 단계를 시작으로 동기면담을 더욱 탐색하는 과정이 되고, 전문적인 핵심 기술로 자리 잡는 것이다.

다음 단계는 무엇인가? 동기면담을 배우는 다음 단계로 어떤 계획을 하고 있는가? 이 다음 단계를 하고자 결단하는 것이 얼마나 중요한가? 왜 중요한가? 여러분은 어떤 생각이 있을 것이다.

요약

이 장에서는 교육 장면에서 동기면담을 사용하는 소개를 하였다. 이전 장에서 저자들은 효과적인 자문 전문가의 특성을 다루었고 그것을 기반으로 동기면담이 어떻게 이러한 중요한 속성을 많이 지니게 도울 수 있는지 밝혔다. 이 두 장 모두 학급 체크업의 토대로 간주하면 된다. 이 두 장에서 언급된 행동과 전략은 학급 체크업에 깔려 있는 음악이라고 볼 수 있다. 저자들은 이러한 원칙들 모두에 집중하여 학급 체크업를 개발하였고, 학급 체크업 프로토콜에 체계적으로 동기면담의 구체적인 전략들을 많이 활용하였다. 이것을 토대로 한다면 전문가들이 학급 체크업를 사용할 때 잘할 수 있다고 본다.

교사를 위한 동기면담 적용 사례 모음
동기면담 핵심 기술 OARS를 활용한 열 가지 사례 모음

아래 사례(1번)는 교사가 남학생(초교 5년)과 동기면담 핵심 기술 OARS를 사용하며 긍정적이고 협동적인 관계 맺기를 하는 예제다. 주목할 점은 열린질문과 반영하기를 효과적으로 사용하여 아동이 스스로 학급 규칙을 요약하도록 이끌어내고 있는 점이다.

상담교사 1	오늘 상담하러 처음 왔는데 어떤지 궁금하구나.	
학생 1	그냥요. 담임선생님이 가라고 해서 왔어요.	
상담교사 2	선생님 말씀을 따르려고 하는 마음이 있어서 왔구나.	인정하기
학생 2	음, 제가 그런가요? 저 맨날 혼만 나는데요. 말 안 듣는다고요.	
상담교사 3	영철이는 잘 듣는다고 생각하는데 선생님이 그런 너의 마음을 몰라줘서 속상하겠네. 이렇게 오늘 상담에도 잘 왔는데 말이야. 어떨 때 선생님이 혼을 내시니?	반영하기 인정하기 열린질문
학생 3	수업시간에 전 잘하고 있는 것 같은데 맨날 나만 혼내세요.	
상담교사 4	선생님이 불공평하다고 생각이 들겠네.	반영하기
학생 4	예, 다른 애들도 떠들어서 이야기한건데 나만 재수 없게 걸려서 혼나요.	
상담교사 5	선생님이 공평하게 대해주시기를 바라는구나. 좀 더 구체적으로 이야기해줄 수 있겠니?	가치관 반영하기 열린질문
학생 5	뭐 수학시간인데요. 제가 수학 진짜 싫어해요. 선생님이 문제를 풀라고 하는데 어려워서 못 풀어요. 그래서 친구한테 물어봤어요. 어떻게 푸는지. 근데 선생님은 알지도 못하면서 혼만 내세요.	
상담교사 6	수학 시간에 적극적으로 참여를 하려고 노력하는데 선생님은 너의 그런 마음을 몰라주시는 거구나. 그래서 억울하기도 하겠네.	감정 반영하기
학생 6	당근 억울하죠. 진짜 그거 말하려면 끝도 없어요.	
상담교사 7	억울한 일이 많았나보네. 그러면 그럴 때 너는 어떻게 했니?	방향을 염두에 둔 열린질문
학생 7	억울했죠. 그래서 선생님에게 그게 아니라고 말했어요. 근데 그게 내가 수업 방해한다고 혼내요. 나 참.	
상담교사 8	너는 너의 마음을 선생님에게 전하려고 했는데 말이네. 어떻게 표현했는지 자세히 이야기 해줄래?	반영하기 상세히 설명하도록 이끄는 열린질문

학생 8	약분을 하라고 하는데요. 뭔 말인지 모르겠어서요. 근데 짝은 그걸 하고 있더라구요. 그래서 짝에게 물어봤죠. 어떻게 푸냐고. 근데 선생님은 옆 친구와 이야기 하지 말라고. 그래서 이야기 안 하는 것이라고 했죠. 헐 그랬더니 나보고 앞으로 나오래요. 막 뭐라고 하시는 거예요. 그래서 난 아니라고 했는데 내 말을 안 믿어요. (얼굴이 상기되어 씩씩거림)	
상담교사 9	영철이는 수학 문제를 잘 풀려고 한 건데 선생님이 오해를 하셨구나. 그래서 화가 났다. 지금도 얼굴이 빨개졌네요. 그런데 아까 표현 중에 선생님에게 어떻게 말을 하면서 아니라고 했는지 궁금한데 좀 더 말해줄래요?	감정을 반영하기 상황을 상세히 말하도록 이끄는 열린질문
학생 9	음… 그냥 아니라고요. 안 떠드는 거라고 했어요.	
상담교사 10	너는 선생님이 떠들었다고 했기 때문에 그냥 아니라고만 했구나. 이럴 때 어떻게 표현을 하면 선생님이 너의 마음을 이해하고 오해를 하지 않을까?	반영하기 참여 이끌어내는 열린 질문
학생 10	글쎄요. 내가 약분하는 방법을 몰라서 물어봤다고 하면 되나요?	
상담교사 11	오, 아까의 상황을 좀 더 구체적으로 표현을 했네요. 그럼 아까 말했던 것 말고 지금처럼 표현했더라면 상황이 어떻게 되었을지 궁금하네요.	교사의 기대수준과 연결하여 반영하기 열린 질문
학생 11	음, 혼나지는 않았을 것 같아요. 그냥 선생님에게 물어보라고 했을 것 같아요.	
상담교사 12	표현도 다르게 해보니 영철이 생각도 좀 달라졌네요. 얼굴 표정도 아까보다는 좀 더 밝아졌고.	인정하기
학생 12	아, 그런가요. (피식 웃음)	
상담교사 13	웃는 모습을 보니 마음이 좀 편해진 것 같은데, 지금은 마음이 어때?	열린질문
학생 13	아까보다 뭔가가 시원해진 느낌이에요. 아까는 답답했는데.	
상담교사 14	선생님에게 혼났던 일을 나누었는데 마음이 시원해졌구나. 어떤 점이 영철이 마음을 시원하게 해주었을까요?	반영하기 열린질문
학생 14	처음엔 선생님이 나를 혼내는 것에 대해 억울했었는데 그 상황에 대해서 다시 생각해봤어요. 제가 수업을 잘 못 따라가고 있고 그것에 대한 제 생각을 말했어요. 그전에는 선생님이 제 생각을 모르셨겠죠. 제가 선생님에게 도와달라고 하지 않았으니까요.	
상담교사 15	내가 말하고 싶었던 생각을 말하니까 오해가 없어져서 마음이 편해졌고, 도움이 필요할 때는 선생님에게 요청하면 된다는 거네.	반영하기 학급 규칙과 연결하기
학생 15	네, 아~ 지금 생각이 났는데요. 물어보고 싶은 것이 있으면 선생님이 손을 들고 있으라고 했어요.	학생이 학급 규칙을 요약하다
상담교사 16	아, 이제는 수업시간에 도움 요청하는 방법을 확실히 알았고 그래서 앞으로는 선생님과의 사이도 좋아지겠네요.	반영하기
학생 16	예, 그런 것 같아요.	

아래 사례(2번)는 교사가 남학생(중 1년, 다문화가족)과의 대화에서 동기면담 핵심 기술 OARS를 사용하여 학생의 변화대화를 이끌어내면서 학생 스스로 목표 행동을 정하도록 돕고 있는 점을 주목하라.

학생 1	저 진짜 게임을 많이 하는 것 같아요. 학교 끝나고 집에 오면 TV를 틀고 계속 보다가 아니면 PC게임을 하다가 그렇게 집에서 시간을 보내요. 제가 너무 많이 하는 것 같아요.	
상담교사 1	하교 후에 계속해서 미디어를 보고 있는 것이 마음에 걸리는구나. 그리고 그 시간들을 잘 사용하고 싶은 마음도 있고. 영철이가 그 이야기를 더 깊게 다루고 싶다는 마음이 느껴지는데 어떤가요?	반영하기 인정하기 변화 목표 설정을 위한 열린질문
학생 2	예, 그렇게 하고 싶어요. 게임 시간을 좀 줄이고 싶어요.	변화대화
상담교사 2	게임 시간을 줄이고 싶다고 했는데 얼마나 하는지 우리가 좀 더 구체적인 시간을 알아보는 것이 좋을 것 같아. 보통 하교 후 몇 시간 정도를 TV를 보고 게임을 하는지 궁금하네요.	기본 데이터를 수집하기 위한 열린질문
학생 3	집에 빨리 오면 보통은 4시 30분 정도이고요. 일주일에 두 번 정도는 학교에서 방과 후 활동을 하고 집에 오면 7시 정도 되는 것 같아요. 그렇게 해서 부모님이 집에 오실 때까지 10시가 넘을 때까지 계속 해요.	
상담교사 3	음, 그러니까 주중에 3일은 5시간 정도를 하고, 2일은 약 3시간 정도 게임을 하는 거네요. 주말은 어떻게 보내나요?	반영하기 열린질문
학생 4	토요일, 일요일은 더 많이 해요. 10시부터 시작해서 밤 9시까지 할 때가 많아요. 특히 부모님이 같이 외출하자고 하지 않으면요. 형도 같이 하기도 하구요.	
상담교사 4	그럼 지금까지 말했던 내용을 정리해볼게요. 주중에 보내는 시간은 3일 동안 5시간과 2일 동안 3시간 정도여서 총 21시간이네요. 그리고 주말은 2일 동안 보통은 22시간을 하구요. 그래서 다 더하면 43시간인데 하루 중 식사 시간 이런 것들을 1시간으로 해서 빼보면, 1주일에 대략 38시간을 한다고 볼 수 있겠는데, 어떤가요?	요약하기 요약에 대한 확인 질문
학생 5	헉~ 그래요? (약 3초간 어안이 벙벙한 모습임)	
상담교사 5	지금 표정이 약간 놀란 표정인데, 막상 시간을 확인해보니 자신이 생각했던 것보다 더 많이 나올 줄은 몰랐던 것 같네요.	감정 반영하기
학생 6	예, 그냥 많이 하는 것은 알았지만 이렇게 구체적인 시간으로 계산해보니 저도 좀 놀라서요.	
상담교사 6	구체적으로 시간을 계산해본 적이 없었구나. 그럼 지금 이 시간이 자신이 게임에 보내고 있는 시간에 대해 다시 한 번 생각해보는 기회가 되겠네요. 그럼 언제부터 이렇게 많은 시간을 게임에 보냈는지 말해줄래요?	반영하기 열린질문

학생 7	음, 제가 초등학교 4학년 중간부터 그랬던 것 같아요. 그때 형이 게임을 알려줘서 시작했어요.	
상담교사 7	그럼 초등학교 4학년부터 시작했다고 하였는데 지금까지 몇 시간이나 보냈는지 함께 계산을 해보죠. 1주에 38시간이고, 1달을 하면 152시간, 1년이면 1,824시간이 되네요. 초 4학년 중반부터 했으니까 지금까지 약 3년하고 2개월이니까, 지금까지 보낸 시간은 총 5,776시간이네요.	구체적인 데이터를 포함한 반영하기
학생 8	헉~ (약간 놀란 상태로 보임. 한 동안 말을 못 하고 있음)	
상담교사 8	지금 얼굴 표정을 보니 굉장히 놀랍고 생각 밖이라는 표정이네요. 약 3년 동안 게임과 미디어로 보낸 시간이 5,776시간으로 나왔는데, 지금은 어떤 생각이 들어요?	반영하기 변화대화를 이끌어내려는 열린질문
학생 9	제가 진짜로~ 많이 한다는 것을 알았어요. 선생님, 저 이 정도면 정말 게임중독인 것 같아요.	
상담교사 9	지금 좀 충격을 받은 것처럼 보이고 마음속 깊이 그게 느껴지는 것처럼 보이네요.	반영하기
학생 10	예, 저도 많이 하는 것 같아서 중독이 아닐까 생각했었어요. 그런데 오늘 게임과 미디어에 보내는 시간을 확인해보니 좀 줄여야겠다는 마음이 들어요.	변화대화
상담교사 10	영철이 스스로 게임 중독이 염려스러웠고 중독이 되는 것은 원하지 않고 있네요. 그럼 어떤 모습으로 변화되고 싶은가요?	반영하기 미래 변화된 모습과 연결하기
학생 11	친구들과 잘 어울리는 거요. 그리고 학교에서 집에서 집 밖에서도 게임 말고 다른 것을 하면 걱정이 안 되고 좋을 것 같아요.	변화대화
상담교사 11	그래요. 영철의 마음은 친구들과 잘 어울려 지내며 다른 활동을 많이 하고 싶군요. 그럼 게임 대신에 어떤 활동을 할 수 있는지 우리 같이 알아보기로 해요. 게임을 많이 하는 친구들이 어떤 활동을 하면 두뇌발달에 좋은지에 대한 실험연구 영상이 있는데, 우선 이것을 본 후 이야기를 함께 나누고 싶은데 어떨까요?	인정하기 정보 제공 전에 허락 구하기
학생 12	예, 좋아요.	

아래 사례(3번)는 교사가 여학생(중3)와의 대화에서 동기면담 핵심 기술 OARS를 사용하여 관계 맺기를 하고 변화를 향한 결단을 이끌어내는 예제다. 주목할 점은 짧은 시간에 관계 맺기, 변화 목표 설정하고 결단하기까지 보여준다는 점이다.

학생 1	블로그에서 제가 꾸민 캐릭터를 보면 기분이 좋아요.	
상담교사 1	게임 캐릭터에 관심이 많구나. 무엇 때문에 그러고 싶은지 말해 줄래?	반영하기 열린질문
학생 2	이쁘잖아요. 자랑하고 싶기도 하고. 남들보다 제가 제일 잘 꾸미고 싶어요.	
상담교사 2	그렇게 하기 위해서 어떻게 해봤니?	열린질문
학생 3	게임 머니로 아이템들을 사서 캐릭터를 꾸미고 블로그에 올려서 자랑해요.	
상담교사 3	게임 속에서 캐릭터 꾸미는 걸 잘하는구나. 어떤 게임이야?	인정하기 열린 질문
학생 4	메이플스토리를 하는데요, 게임 머니를 사서 옷도 사고 머리도 꾸미고 이런 걸로 예쁘게 꾸미는 거예요. 그러고 나서 운영하는 블로그에 올려요. 그러면 그 게임을 좋아하는 친구들이 모여요. 그리고 서로 자랑도 하구요. 근데 거기서 저보고 센스 있대요. 그러니까 자꾸 더 많이 하게 돼요. 근데 캐릭터를 사려면 편의점에서 문화상품권을 사서 그걸로 게임 머니를 충전해야 해요. 얼마 전에 메이플스토리에서 게임 머니 2만 원을 그냥 준다는 거예요. 왜 그런지 봤더니 제가 2년 동안 40만 원을 썼더라고요. 몰랐어요. 그래서 이러면 안 되겠다 싶었어요. 게임을 끊고 싶은데 어떻게 해야 할지를 모르겠어요.	변화대화
상담교사 4	지금 보니 생각보다 영희가 게임 머니를 쓴 것에 대해서 알고 많이 놀랐겠구나. 그래서 게임을 그만하고 싶다는 생각이 들었네. 게임을 하다보면 그런 생각이 안 들 수도 있는데 영희가 그런 생각까지 했다니 기특하다.	요약하기 인정하기
학생 5	예. 솔직히 게임 머니를 사러 편의점에 갈 때는 부모님께 죄송해요. 그리고 맨날 '이번 한 번만' 하고 가서 사와요. 게임 머니를 사서 캐릭터에 옷을 입히고 블로그에 올리면 칭찬을 많이 받으니까 그때엔 그 생각을 또 잊어버려요.	
상담교사 5	부모님 생각을 하면 '그만해야지'하는 생각을 하는데도 불구하고 자꾸 캐릭터를 꾸미고 싶어지고. 마음이 많이 왔다 갔다 했겠다. 게임을 안 하려고 무엇을 해보았니?	양면반영 과거 성공에 대한 열린 질문
학생 6	블로그에 안 들어간 적도 있고요, 게임을 며칠씩 쉬어보기도 했어요. 게임 머니를 충전 안 하고 갖고 있는 것만으로 다르게 꾸며보기도 했어요. 그런데 계속 새로운 아이템이 나오고, 로그에 들어가면 애들이 더 예쁜 걸 올려놓으니까 제 건 애들이 보질 않아요. 그래서 또 하게 돼요.	
상담교사 6	블로그를 며칠씩 안 하기도 하고 게임도 쉬어보고 많은 노력을 했구나.	인정하기

학생 7	예, 그때 티비도 보고요, 엄마랑 얘기도 했던 것 같아요. 생각해보면 그렇게 심심하진 않았어요.	
상담교사 7	엄마와 대화도 하면서 시간을 보낼 수 있었구나. 게임을 안 하면 또 다른 어떤 좋은 점들이 있을까?	반영하기 변화대화를 이끌어내는 열린질문
학생 8	가족이랑 이야기도 많이 하게 되고 엄마 잔소리도 덜 해요. 그리고 무엇보다 게임 머니를 살 돈을 다른 데 쓸 수 있어요.	변화대화
상담교사 8	캐릭터를 꾸미지 않고도 행복할 수 있었네.	인정하기
학생 9	예, 지금 생각해보면 캐릭터 꾸미는 데 썼던 돈이 너무 아까워요.	변화대화
상담교사 9	나를 칭찬해줘서 썼던 돈인데 이제 와서 생각하니 아깝구나. 블로그를 안 하고 게임을 안 했다면 그 돈으로 무엇을 했을까?	반영하기 열린질문
학생 10	그 돈으로 저를 꾸몄으면 그것들이 지금도 남아 있겠죠. 게임은요. 돈을 생각하면 안 할 수 있을 것 같아요. 그런데 블로그는 자꾸 들어가게 돼요.	양가감정
상담교사 10	너를 꾸몄으면 더 좋았을 텐데 하는 아쉬움이 있구나. 그런데 지금처럼 현지가 블로그에 계속 들어가게 되면 어떤 일이 있을 거라고 생각하니?	변화대화를 이끌어내는 열린질문
학생 11	블로그에 들어가려고 게임을 계속하게 되겠죠! 그럼 그 당시는 좋지만 시간이 지나면 또 후회를 하겠죠. (휴~~)	
상담교사 11	지금과 같은 고민이 반복될 거라고 생각하는구나. 선생님이 알기론 영희는 블로그를 게임 말고도 다른 것도 하고 있는 걸로 알고 있는데 그건 어떻게 돼가고 있니?	반영하기 열린질문
학생 12	일본어요? 요즘에 게임 블로그 때문에 안 하고 있어요. 아, 맞다. 일본어로도 블로그를 했었어요.	
상담교사 12	영희가 일본어를 자신 있게 하는 걸 보면 멋져 보여. 일본어는 100점이잖아. 일본어 블로그에 친구들도 있었겠구나.	인정하기
학생 13	일본어 할 때에도 블로그에서 칭찬 많이 받았는데. 그때는 일본어를 전공하고 싶었어요.	
상담교사 13	미래에 일본어를 전공하고 싶다면, 일본어 블로그가 어떤 도움이 될까?	변화대화를 이끌어내는 열린질문
학생 14	일본어도 늘고 같이 공부할 수 있는 친구도 생기고 공유하는 게 달라지겠죠.	학생이 미래 상상하다
상담교사 14	지금과 다른 만남이겠네. 그럼 일본어를 언제부터 할 수 있을까?	열린질문
학생 15	지금 생각해보니 바로 할 수 있어요. 게임 머니가 아까워서 게임은 안 할 것 같고요. 블로그는 안 하는 게 아니고 일본어로 하는 거니까 친구가 달라질 거구요. 예전에 알았던 친구들이랑 블로그에서 연락하면 또 새로울 것 같아요. 오늘 집에 가서 게임 블로그는 지우고 일본어 블로그에 들어가 볼 거예요.	결단대화

아래 사례(4번)는 교사가 남학생(중 1년)과의 대화에서 동기면담 핵심 기술 OARS를 사용하여 학생의 가치를 반영하면서 변화 척도를 활용하여 노력의 의지를 이끌어내는 예제다. 주목할 점은 변화 척도를 사용할 때 원하는 점수로 가려면 무엇이 필요한지 가치관 명료화에 중점을 둔다는 점이다.

상담교사 1	어서 오렴(반갑게 인사함). 그런데 얼굴빛이 좋지 않은데 무슨 일이 있었나요? (학생의 얼굴이 빨개서 들어옴.)	
학생 1	에이~ 씨(털썩 하고 의자에 주저앉는데 자세는 사장님 포즈임).	
상담교사 2	지난 수업시간에 무슨 일이 있었나 보네. 어째서 이렇게 기분이 안 좋아 보이는지 정말로 궁금하네요.	열린질문
학생 2	에이, 지난 시간이 체육시간이었어요. 근데 전 피구를 하고 있었고요. 그런데 제가 공을 패스하다가 저쪽에서 농구를 하고 있던 친구의 얼굴을 정통으로 맞혀서 선생님께 혼났어요. (얼굴 표정이 분해서 씩씩거림)	
상담교사 3	체육시간에 운동하다가 의도하지 않았던 일이 생겨 곤란했네. 특히나 다른 친구의 얼굴로 공이 날아가서 당황스러웠고.	반영하기
학생 3	예, 저 정말이지 고의로 그런 게 아닌데. 선생님은 저를 불러다가 계속 혼내시고 수업시간이 끝날 때까지 엎드려 뻗쳐 하고 벌서다가 왔어요.	
상담교사 4	영철이는 고의로 그런 게 아닌데 선생님이 너무 심하게 벌주신 것이 억울한 거구나. 갑작스럽게 벌어진 일이라서 당황스럽기도 했고. 좀 더 그 이야기를 나누면 마음이 좀 풀릴 것 같은데 어때?	반영하기 열린질문
학생 4	에이, 그냥 제가 잘못은 했지만 벌을 계속 세우는 게 짜증났어요. 그 친구한테도 미안하다고 말도 했는데요. 안경 부러진 것도 물어내라고 하고요…	
상담교사 5	그 친구에게 사과까지 했는데도 벌을 계속 서게 하고 안경 값도 물어야 된다고 하니 걱정이 되겠네. 억울하기도 하고.	반영하기
학생 5	예. (계속 씩씩거림)	
상담교사 6	그럼 그 선생님에게 그때 다시 말할 기회가 있다면 영철이는 무슨 말을 하고 싶었는지 이야기해볼까?	열린질문
학생 6	음… 말로는 못하겠어요.	
상담교사 7	지금 너무 감정이 복받쳐서 말로 표현이 어렵다는 거구나. 그럼 여기 종이가 있는데 여기에 그 마음을 색깔로 나타내보면 어떨까? (A4 용지와 색연필, 크레파스를 줌)	반영하기
학생 7	(종이에 그리기 시작함) 이거예요.	
상담교사 8	이것이 영철이 마음이네. 빨간색이 아주 많이 그려져 있네요. 이 그림에 대해 조금 더 설명을 해줄 수 있을까?	반영하기 열린질문

학생 8	여기 이 사람은 체육선생님이고요. 빨간색 회오리바람처럼 생긴 주먹은 제 마음이에요. 너무 화가 나고 억울해서 선생님 얼굴을 주먹으로 한 방 날린 거예요. 그래서 선생님 얼굴에서 코피가 났고요.	
상담교사 9	아, 그때 영철이는 너무 화가 나고 억울해서 선생님에게 한 방 날려 코피라도 터뜨리고 싶은 심정이었구나.	감정 반영하기
학생 9	예, 정말 그러고 싶었어요.	
상담교사 10	음, 자신의 마음속에서는 너무 억울하여 선생님께 한 대 날리고 싶었는데 실제로는 여기 그림에 있는 것처럼 하지 않고 참았네요. 어떤 마음으로 그렇게 하지 않았는지 궁금해지네요.	반영하기 가치관과 연결하여 열린질문
학생 10	에이 그래도 선생님이시잖아요. 제가 마음대로 하면 학교 벌점을 받게 되는 것이니 하면 안 되는 거죠.	학생이 학교 규칙을 말함
상담교사 11	억울하고 화가 나지만 선생님을 존경해야 한다는 예의를 지키려는 마음이 있고 또 학교 규범을 잘 따르고 싶은 마음도 있네요.	가치관 반영하기 인정하기
학생 11	예, 벌점을 받으면 선생님에게 혼나고 또 집에 가서는 엄마에게 말 들으니까요.	변화대화
상담교사 12	선생님과 엄마하고 잘 지내고 싶은 마음도 있네요.	인정하기
학생 12	예, 저는 그래요. 아무 일 없이 잘 지내고 싶어요. 근데 그게 잘 안 될 때가 있기는 하지만요.	
상담교사 13	다른 사람과 관계를 잘하고 싶은 마음이 있다는 말이네. 그런데 생각처럼 잘 안 될 때가 있고요. 그런 때는 주로 어떤 때인지요?	가치관 반영하기 열린 질문
학생 13	뭐 주로 수업시간이에요. 수업시간이 지루해서 친구들이랑 떠들어서 혼날 때가 많아요.	
상담교사 14	수업시간이 지루해서 선생님과 좋은 관계가 잘 안 된다고 했는데, 그럼 어떨 때 지루하게 느껴지나요?	열린질문
학생 14	내가 잘 모르는 것이 나올 때나 어려운 것이 나올 때요. 선생님이 재미있게 해주시면 그런 때는 떠들지 않아요.	
상담교사 15	수업이 재미가 있어서 집중을 잘하고 싶다는 말이네요.	반영하기
학생 15	예.	
상담교사 16	그럼, 재미가 있다는 것은 어떤 뜻인가요?	상세히 말하도록 열린질문 하기
학생 16	음, 선생님이 재미있는 이야기 같은 것 해주실 때요.	
상담교사 17	음~ 그리고 계속해서 이야기해볼까요?	닫힌질문
학생 17	내가 아는 내용이 나올 때요. 내가 잘하는 것 할 때, 선생님에게 칭찬받을 때요.	
상담교사 18	그러니까 수업시간에 자기가 참여할 때가 재미가 있다는 이야기네요. 그러면 어떻게 하면 영철이가 참여할 수가 있을까?	반영하기 변화대화를 이끌어내는 열린질문

학생 18	제가 딴짓 안 하고 잘 집중하면 그럴 것 같아요.	변화대화
상담교사 19	그렇군. 집중을 잘하면 수업에 참여를 잘하게 되지. 그러면 집중을 잘하면 또 뭐가 좋아질까?	반영하기 변화대화를 이끌어내는 열린질문
학생 19	어, 선생님에게 혼나지 않게 되고 또 수업 내용이 이해가 더 잘되고 그러면 성적도 올라가겠네요.	
상담교사 20	음, 집중하면 좋은 점이 꽤 많이 있네. 특히 성적이 올라간다고까지 나왔어요. 성적이 올라가는 것은 영철이에게 얼마나 중요한지 궁금하네요.	변화대화를 유발하는 열린질문
학생 20	어, 성적이 올라가면 당근 좋지요. 1학기말 성적을 올리면 엄마가 내가 원하는 것 사주신다고 했는데, 그게 잘 안 되었어요.	
상담교사 21	영철이가 성적을 올리고 싶구나. 그래서 지난 기말 시험에도 노력을 했고. 그럼 성적을 올리는 것이 얼마나 중요한지 한 번 점수로 매겨보죠. '10점은 아주 중요하다'이고 '0점은 전혀 중요하지 않다'로 할 때 영철이는 몇 점을 주고 싶은가?	가치관 반영하기 변화 척도 질문
학생 21	음, 6점이요.	
상담교사 22	지금 6점이라고 하였는데 어째서 5점이라고 하지 않고 6점이지?	변화대화를 이끄는 열린질문
학생 22	5점이라고 하면 반반이잖아요. 근데 제가 원하는 것이 있으니까 그걸 받으려면 조금 더 높아야 할 것 같아서 6점이라고 했어요.	변화대화
상담교사 23	자신이 원하는 것을 꼭 가지고 싶고 그렇게 하려면 지금은 약간의 노력이 필요하다는 말로 들리네요.	반영하기
학생 23	예, 지난 학기에 하려고 했는데 안 되었으니까 그때보다는 조금이라도 더 해야 하지 않을까 해요.	
상담교사 24	이번에는 더 노력을 하겠다는 의지가 있다는 말이네요. 그럼 아까 이야기로 다시 돌아가서 수업시간에 집중을 잘하게 되면 성적이 올라간다고 했는데, 집중을 해보는 것에 대해서는 얼마나 중요하게 생각을 하는지도 궁금하네. 10점이 만점일 때 자신은 얼마라고 말하고 싶나요?	인정하기 이전 내용과 연결하여 변화 목표 이끌어내기
학생 24	저는 7점이요.	
상담교사 25	7점이면 꽤 높은 점수네요. 그만큼 수업시간에 집중을 잘하기를 바라는 마음이 있다고 느껴지고요. 오늘 우리가 나누었던 것을 잠깐 정리를 하고 간다면, 체육시간에 억울한 마음이 있었지만, 학교 규범을 잘 지켜서 다른 사람들과 잘 지내보고 싶은 마음이 있다는 것을 알게 되었고, 더 나아가 수업시간에 집중을 잘하여서 성적을 올리고 싶고, 그래서 노력을 조금 더 해보겠다는 마음이 있다는 것을 알게 되었어요. 음, 이번에는 수업시간에 집중이 안 되는 경우가 여러 가지가 있었는데 집중을 잘하기 위해서 가장 먼저 도움을 받고 싶은 것이 있다면 어떤 것일까요?	인정하기 요약하기 계획하기를 위한 열린질문

아래 사례(5번)는 교사가 여학생(초교 6년)과의 대화에서 동기면담 핵심 기술 OARS를 사용하여 학생이 가지고 있는 장점, 가치, 선한 의지 등의 보물을 이끌어내고 인정하기를 하는 예제다.

상담교사 1	영희야 어서 와. 앞 시간 점심시간에 누구랑 점심을 같이 먹었어?	
학생 1	그냥 저 혼자 먹어요. 어떨 때는 담임선생님이랑 같이 먹기도 하구요.	
상담교사 2	가끔은 담임선생님과 점심을 하는구나. 그럼, 친구들 중에는 아무도 영희랑 먹는 사람은 없다는 거네요. 언제부터 혼자서 점심 먹는지 궁금해.	반영하기 열린질문
학생 2	이 학교로 전학 오기 전에는 제천에서 살았어요. 그때는 외가 쪽으로 알고 지내는 사람들이 있어서 같이 학교 다니고 그랬는데 이사 온 후로는 얘들이 저랑 같이 놀지도 않고 왕따를 시켰어요.	
상담교사 3	이사 오기 전에는 즐거웠던 시간이었는데 전학을 온 후로는 쭉 힘든 시간을 보냈다는 말이구나. 반 친구들이 영희한테 어떻게 놀리는지 이야기해줄 수 있겠어요?	반영하기 열린질문
학생 3	제가 아토피가 심해서 병원에 다니고 그래요. 그래서 항상 약을 바르는데요. (머리 부분에 약을 바른 곳을 가리키며) 얘들은 이 약을 바른 것을 보고 제가 씻지도 않고 다닌다고 더럽다고 하면서 제 옆에 와서 놀리고 막 약 올리고 그래요. 그게 아니라고 해도 믿지도 않고요.	
상담교사 4	음, 피부 때문에 약을 바른 것뿐인데 친구들이 그걸 몰라주고 놀려서 화도 나고 답답하고 분한 마음도 들고 그러네요(한눈에도 머리카락과 누런 약이 뭉쳐져 있어 보여 청결해보이지는 않음). 반 친구 중에서 특히 제일 많이 힘들게 하는 친구가 있다면 어떤 친구일까?	반영하기
학생 4	얘들 다요. 전부 다 그래요. 담임선생님이 계실 때는 그나마 덜한데 선생님이 안 계시면 반 전체 아이들이 다 저를 놀려요.	
상담교사 5	반 아이들 전부가 다 영희를 놀렸다니 정말 많이 속상하고 힘들겠구나. 반 친구들이 놀릴 때 영희는 보통 어떻게 하니?	반영하기 열린질문
학생 5	옛날엔 그게 아니라고 했었는데요. 안 믿어주니까 지금은 아무 말 안 해요.	
상담교사 6	친구들이 내말을 믿어주었으면 했는데 그러지 않아서 실망감과 분노 그리고 짜증이 났겠네. 그동안 영희 마음이 어떠했을지 참 안타까운 마음이 드네. 부모님께서는 그럴 때 어떻게 해주셨는지 궁금해.	감정 반영하기 열린질문
학생 6	얘들이 처음에 그랬을 때는 엄마가 학교에 와서 선생님께 말도 하고 저를 따돌리고 놀린 친구들을 만나서 이건 약을 발라서 그런 거니까 놀리지 말라고 그냥 사이좋게 지내라고 했어요. 근데 얼마 안 가서 계속 놀리고 그랬어요.	
상담교사 7	저런, 엄마께서도 노력을 하셨는데 친구들이 계속해서 놀려서 정말 좌절감도 들고 학교한테도 원망하는 마음이 들었겠네.	반영하기

학생 7	예. 선생님이 어떻게 애들 좀 못 하게 말렸으면 하는 마음도 있었어요. 근데 선생님은 그냥 얘들한테는 약을 발라서 그런 거니까 놀리지 말고 사이좋게 지내라고 하기만 하시고. 근데 뭐 얘들은 그냥 똑같아요.	
상담교사 8	선생님들이 말씀을 해주셔도 특별히 좋아진 것은 없어서 도움이 되지 않았군요. 참 안타깝네요. 음, 이럴 때 대부분의 아이들은 전학을 갈 생각을 하던데.	반영하기
학생 8	예, 했었어요. 엄마도 다시 시골로 전학을 가야 하나 생각했었는데요. 아빠 회사 때문에 가지 못하고 있어요.	
상담교사 9	전학을 다시 가고 싶은 마음이 있었는데 현실의 여건이 따라주지 않아서 갈 수가 없었군. 그런데 이렇게 약 4년 정도를 친구들에게 놀림을 받았는데도 학교에 빠지지 않고 잘 다니고 있네요. 선생님은 그것이 놀랍고 그걸 칭찬해주고 싶어. 많이 힘들었을 텐데.	반영하기 보물(강점) 인정하기
학생 9	엄마가 저보고 친구들이 그러는 것은 내가 잘못해서 그런 것 아니래요. 그런 것이 아니니까 무시하라고 했어요.	
상담교사 10	내가 잘못한 게 아니고 놀리는 사람들의 잘못으로 보라고 하신 거네요. 그래요. 그래도 쉽지 않았을 텐데. 친구들이 바로 옆에서 놀릴 때는 어떻게 견디어냈는지 궁금하네요.	반영하기 보물 더 많이 이끌어내기 위한 열린질문
학생 10	친구들이 놀릴 때 저는 눈을 감고 딴생각을 해요.	
상담교사 11	놀리는 모습을 차단을 시켜서 내 마음속으로 못 들어오게 하는 거네요. 그때 어떤 생각을 하면서 버티었나요?	반영하기 열린질문
학생 11	그런 때 옛날에 있었던 즐거웠던 기억을 떠올려요. 그런 생각을 하고 있으면 얘들 소리가 잘 안 들려요.	
상담교사 12	와, 영희야, 정말 대단한 방법을 사용하고 있네. 좋은 생각을 해서 그 힘든 시간을 이겨내고 있는 거네. 어떻게 그런 좋은 생각을 하게 되었는지 정말 궁금하네. 누가 알려준 방법인가요?	인정하기 열린질문
학생 12	아니요. 그냥 언제부터인가 제가 그렇게 했어요. 그러니까 참을 만하더라고요.	
상담교사 13	그건 굉장한 능력이네. 다른 사람들은 생각하지 못할 것도 스스로 생각해서 그렇게 하고 있으니까. 영희는 어려움을 겪으면서 지혜로운 생각으로 잘 극복하는 것을 보니, 앞으로 영희가 하고자 하는 것은 정말 잘할 수 있는 능력이 있을 거라고 생각이 되네요.	인정하기
학생 13	어, 정말 그럴까요?	
상담교사 14	그럼요. 벌써 영희 마음속에는 어려움을 이겨내는 굉장한 힘이 있고 그것을 지금 선생님에게도 느껴지는데요.	보물(강점) 찾기
학생 14	아 정말로요? 그런 말은 처음 들어봐요. (얼굴 표정이 밝아짐)	

아래 사례(6번)는 교사가 남녀학생들 30명(초교 6년)과 그룹으로 대화하면서 동기면담 핵심 기술 OARS를 사용하고 있다. 학생들이 학급 내에서 협동과 배려의 행동을 실천하도록 교사가 브레인 스토밍을 하고 있다.

상담교사 1	우리는 우리 반 친구에 대해서 얼마나 알고 있을까요?	열린질문
학생들	1 : 친한 친구는 잘 아는데요. 나머지는 잘 몰라요. 2 : 말해본 친구는 알겠죠. 3 : 서로 취미가 같은 친구는 잘 알아요. 4 : 서로에게 별로 관심 없어요.	
상담교사 2	그렇군요. 친한 친구도 있고 한편으론 그렇지 않은 친구도 있군요. 서로가 서로의 장점을 안다면 어떻게 될까요?	반영하기 열린질문
학생들	1 : 이해를 할 수 있겠죠. 2 : 그게 꼭 필요해요? 3 : 그걸 안다고 해서 같이 놀 것 같진 않은데.	
상담교사 3	선생님도 궁금하네요. 어떻게 되는지 한 번 해볼까 하는데 친구들 생각은 어때요?	허락 구하기
학생들	모두 : 예. 좋아요.	
상담교사 4	(활동지 사용) 친구들의 이름이 쓰여 있는 활동지를 줄 거예요. 1번부터 30번까지 번호가 있는데 각 번호에 해당하는 친구의 좋은 점과 그 친구가 잘하는 것을 써보는 거예요.	
학생들	(각자 써본 후에 느낀 점 말하기) 1 : 한 번도 이야기해보지 않은 친구가 있었어요. 2 : 내 좋은 점을 내가 쓰려니 민망했어요. 3 : 친한데도 좋은 점을 쓰려니 생각이 안 났어요. 4 : 어렵긴 해도 한 번쯤은 생각해보게 돼요.	
상담교사 5	그렇군요. 우리가 생각하지 않고 무언가를 쓴다는 것은 쉬운 일이 아니에요. 그래도 한 가지씩은 다 썼네요. 이번엔 좀 더 구체적으로 알아보기 위해 다른 방법을 사용할까 해요. 어떤 방법이 있을까요?	인정하기 참여 이끌어내는 열린 질문
학생들	1 : 쓰다가 가서 물어보고 싶었어요. 물어보는 건 어때요? 2 : 내 장점을 내가 생각할 시간이 필요해요. 친구가 물어보면 대답할 게 없을 것 같아요. 3 : 평소에 생각하지 않았던 거라 어려워요.	
상담교사 6	여러 가지 의견이 나왔는데 이 중 좋은 방법을 하나 선택하면 어떨까요? 다른 방법이 있으면 이야기해줘도 좋구요.	참여 이끌어내는 열린 질문
학생들	1 : 시간을 주시면 친구들한테 말도 걸어보고 나에 대해 물어봐도 될 것 같아요.	

상담교사 7	여러분 생각은 어떠세요?	열린질문
학생들	모두 : 좋아요!	
상담교사 8	(이야기 나누기 시간 10분 줌) 아까와 같은 활동지를 나누어 줄 거예요. 이번엔 친구들과 이야기를 나누고 자신에 대해서 물어도 보며 하는 거예요.	
학생들	모두 : 예. (활동 마치고 나서) 1 : 친구가 모형비행기를 잘 만든다는 것을 알게 되었어요. 조용한 애거든요. 신기해요. 2 : 친구들이 나에게 목소리가 커서 무서웠는데 말해보니 아니래요. 기분이 좋았어요. 3 : 전 제가 할 줄 아는 게 없을 거라 생각했는데 들어주는 걸 잘한대요.	
상담교사 9	아까와는 지금의 느낌이 많이 다르네요. 대화를 했을 때와 안 했을 때의 느낌이 어때요?	반영하기 열린 질문
학생들	1 : 조금 더 알고 싶어졌어요. 2 : 생각하고는 많이 달라요. 3 : 많이 친해졌어요. 저희는 끼리끼리만 다녔거든요. 그리고 다른 애들을 깎아내리는 말도 많이 했어요. 4 : 애들마다 좋은 점이 있더라고요.	
상담교사 10	대화란 서로를 알게 하고 오해를 풀어주고 이해를 할 수 있게 해주는 것이네요. 친구들이 서로에게 관심을 얼마나 갖느냐에 따라 우리 반이 달라지는군요. 앞으로 우리 반이 어떻게 되길 바라세요?	인정하기 열린 질문
학생들	1 : 좀 더 많은 친구들하고 친해졌으면 좋겠어요. 그리고 조금 많이 친해진 것 같아요. 2 : 서로 싸우는 일이 줄어들 것 같아요. 3 : 아직은 잘 모르겠어요. 그런데 대화는 필요한 것 같네요.	
상담교사 11	여러분이 잘 따라와 줘서 감사해요. 담임선생님께서도 여러분을 자랑스러워하실 겁니다. 남은 시간 행복하길 바라요.	인정하기

아래 사례(7번)는 교사가 여학생(초교 6년, 이혼가정)과의 대화에서 동기면담 핵심 기술 OARS를 사용하여 저항대화가 나올 때 나란히 가며 저항과 함께 구르기를 하는 예제다.

상담교사 1	무엇 때문에 그 친구에게 그런 행동을 했는지 궁금해.	열린질문
학생 1	그 애가 그냥 싫어요. 그래서 째려 본 거예요. 그게 뭐가 잘못되었나요?	
상담교사 2	영희가 싫은 마음을 솔직하게 표현한 거였구나. 그 친구의 어떤 점이 그렇게 마음에 안 들었니?	재구조화하면서 반영하기 열린질문
학생 2	그냥 다요. 그리고 제가 그렇게 해도 아무 말도 안 하던데요. 저만 그런 것도 아니고요. 근데 왜 나만 갖고 그래요?	
상담교사 3	다른 친구들도 해서 나도 했는데 나만 그렇다고 말하니까 속이 많이 상하겠네. (예.) 그렇게 했을 때 영희 마음은 어땠어?	반영하기 열린 질문
학생 3	재밌었어요. 그래서 휴지도 일부러 던지고 그랬죠. 다른 애들도 싫어하는 애들한테 다 그래요.	
상담교사 4	재미있었구나. 그 친구는 어떤 마음이었을까?	반영하기 열린질문
학생 4	기분 나빴겠죠! 물론.	
상담교사 5	기분 나빴을 거라고 생각했구나. 만약에 그 친구 입장이었다면 영희는 어떻게 했을지 궁금해.	반영하기 열린질문
학생 5	가만 안 뒀죠. 저 같으면 막 화내고 그랬을 거예요.	
상담교사 6	가만히 있지 않고 나의 감정을 적극적으로 알려줄 거라는 말이구나. 나의 감정에 대해서 존중받아야 한다는 걸 잘 아는구나.	인정하기
학생 6	그럼요. 알고 있어요.	
상담교사 7	기분이 나쁘다는 것을 알면서 계속 하게 되는 이유가 재미 말고 또 어떤 다른 게 있을까?	열린질문
학생 7	집에서는 제 마음대로 못해요. 엄마가 잔소리하고 화도 많이 내요. 다혈질이에요.	
상담교사 8	집에서는 좀 답답하겠네. 그런데 학교에서는 그 친구가 가만히 다 들어주니까 계속 하게 되고.	반영하기
학생 8	예, 맞아요. 집에서는 풀 데가 없잖아요. 근데 학교에서는 가능하더라고요. 애들도 다 내편이었거든요. 지금은 좀 아니지만요.	
상담교사 9	들어보니 친한 친구들이 멀어지고 있다는 느낌이 드는데 무슨 일이 있었는지 궁금해.	열린질문

학생 9	지들도 같이 해 놓고 지금은 아닌 척 해요. 그래도 전 혼자 잘 살 수 있어요. 걔네 말고 다른 친구 사귀면 되거든요.	
상담교사 10	같이 놀던 친구가 갑자기 멀어져서 당황했겠다. 친구들이 왜 멀어졌다고 생각하니?	반영하기 열린질문
학생 10	제 행동 때문이겠죠. 처음에는 같이 했는데, 어느 날부턴가 저보고 심하대요. 저는 그냥 화가 날 뿐인 걸요.	
상담교사 11	영희는 화를 표현했을 뿐인데 주변에서 너를 이상하게 보고 있다는 것을 듣게 되었네. 너의 행동 중에 어떤 것이 그렇게 이야기하게 만든 걸까?	반영하기 열린질문
학생 11	그 친구한테 했던 행동들 때문일 거예요. 지금 이야기하다보니 그런 것 같아요.	
상담교사 12	이야기를 하다보니까 '내 행동에 문제가 있었구나' 하는 생각이 드는 거네.	반영하기
학생 12	좋은 행동은 아니었죠.	
상담교사 13	나 자신의 행동에 대해 생각해 보게 되었네. 지금 그 친구에게 드는 생각이 있다면 어떤 건지 궁금해.	인정하기 열린질문
학생 13	조금 미안해요.	
상담교사 14	처음 선생님을 만났을 때 재미로 했다고 했는데, 그것이 집에서 너의 말을 들어 주지 않는 것에 화가 나서 그랬던 거였고, 지금은 그 친구에게 미안함이 있구나.	요약하기
학생 14	그렇죠. 처음엔 재미로만 하는 줄 알았어요. 그런데 지금 이야기 나누다보니 그렇네요.	
상담교사 15	친구들한테 너의 좋은 이미지를 남기고 너의 화를 풀 수 있는 방법들이 있는데 함께 이야기하는 것 어떻게 생각해?	허락 구하기

아래 사례(8번)는 교사가 남학생(초교 5년)과의 대화에서 동기면담 핵심 기술 OARS를 사용하여 학생의 변화 동기를 높이고 행동 계획을 만드는 데 도움을 주는 예제다.

상담교사 1	속상해 보이는데 무슨 일 있니?	
학생 1	저는 아무것도 안 했는데 선생님은 저만 혼내고 정말 화나요.	
상담교사 2	무엇 때문에 혼났는지 몰라서 영철이가 화가 났구나.	반영하기
학생 2	예, 진짜 맨날 저만 혼나요. 전 싸운 게 아닌데 선생님은 저보고 왜 자꾸 시비 거냐고 그러세요. 억울해요.	
상담교사 3	좀 더 구체적으로 말해줄래?	열린질문
학생 3	친구랑 장난치려고 툭 치고 도망갔어요. 그럼 보통 쫓아오거든요. 그러면서 친해지고요. 원래 이렇게 놀잖아요.	
상담교사 4	친구랑 사귀기 위한 행동들이구나. 친구를 사귀려고 하는 또 다른 행동이 있다면 뭘까?	반영하기 열린질문
학생 4	음, 수업시간에 재밌는 게 생각나서 말했어요. 그리고 앞에 앉은 친구 등을 찌르기도 하구요. 이러면 빨리 친해져요.	
상담교사 5	영철이는 친구와 친해질 때 그런 방법을 사용하는구나. 툭 치고 도망하기도 하고, 재밌는 생각 나면 말 걸고, 친구 등 찌르기도 하고.	요약하기
학생 5	예, 작년까지는 계속 이렇게 친해졌어요. 근데 지금 우리 반 애들이 이상한 거예요. 짜증내요. 이게 저는 이해가 안 되요.	
상담교사 6	작년까지는 이렇게 해도 아무렇지 않았는데 올해는 왜 이럴까 싶구나. 영철이가 그렇게 행동했을 때 이번 친구들의 반응은 어땠니?	반영하기 열린질문
학생 6	짜증을 낸 애도 있었고, 하지 말라고 한 애도 있었어요. 선생님한테 이른 애도 있었다니까요.	
상담교사 7	영철이가 기대했던 반응이 아니라서 당황했겠다. 친구들은 왜 그렇게 반응했을까?	반영하기 열린질문
학생 7	아팠나? 아니면 방해가 된 걸까요? 그런 생각이 들기는 했어요. 그래서 짜증을 낸 것 같아요.	
상담교사 8	친구를 사귀려고 그런 방법을 사용했는데, 이 방법은 이번 친구들에게는 맞지 않았네.	반영하기
학생 8	모르겠어요. 어떻게 해야 하는지요.	
상담교사 9	어떻게 하는지 몰라서 많이 답답하겠다. 선생님하고 어떻게 하면 좋은 친구관계를 만들 수 있는지 고민해 보면 어떨까?	반영하기 허락 구하기
학생 9	좋아요.	

상담교사 10	우선 영철이가 했던 행동들을 친구들은 어떻게 느끼고 있을지 생각해보자.	열린질문
학생 10	툭 치고 도망간거요?	
상담교사 11	그거부터 생각해보면 되겠구나. 갑자기 툭 치고 도망가면 상대방이 어떤 느낌일까?	열린질문
학생 11	글쎄요. "쟤 왜 저래?"라고 생각할까요?	
상담교사 12	친구의 입장에서 생각하면 그렇게 생각 할 수 있었다는 생각이 드는구나.	반영하기
학생 12	예. 지금 생각하니 그러네요. 그럼 수업시간에 제 행동도 좋은 것은 아니었네요. 난 친구를 사귀려고 했던 행동인데.	
상담교사 13	친구의 입장에서 생각하니 영철이의 행동들이 친구 사귀는 방법으로 좋은 방법은 아니었다는 생각을 하게 되는 거네. 입장 바꾸어 생각을 잘하네.	인정하기
학생 13	수업시간에 꾹꾹 찌르면 방해를 하는 거니까요. 그런데 이런 것이 왜 작년까지는 괜찮고 지금은 안 통하는지 모르겠어요.	
상담교사 14	작년까지는 영철이의 행동이 문제가 되지 않았는데 지금은 문제가 된다는 사실이 이해가 가지 않는구나. 또한 친구를 사귀는 방법에 대해서도 어떻게 해야 하나 혼란이 오기도 하겠다.	양가감정 반영하기
학생 14	예.	
상담교사 15	혹시 예전에 지금 방법 말고 다른 방법으로 친구를 사귀어 본 적이 있다면 어떤 방법이 있었을까?	열린질문
학생 15	음~~ 운동할래? 물어보고 좋다고 하면 같이 운동하면서 친해졌죠!	
상담교사 16	상대에게 먼저 물어보고 좋다는 답을 얻은 후 같이 놀았구나.	반영하기
학생 16	그때는 그랬죠! 어느 순간에 이렇게 되었지만요.	
상담교사 17	지금 생각해보면 어떤 방법이 너에게 더 도움이 되었던 것 같니?	열린질문
학생 17	글쎄요. 예전 방법! 근데 장난으로 툭 쳐봤는데 신호가 오니까 재미있어서 계속하게 되었던 것 같아요. 지금 생각해보니 그 방법이 좋은 방법이 아니었네요.	
상담교사 18	이야기를 나누다 보니 영철이가 했던 친구 사귀기 방법이 좋은 것만은 아니었다는 것을 알게 되었구나. 중요한 걸 알았어. 대단해.	인정하기
학생 18	재미있고 반응이 좋고 그때는 그렇게 해도 친구를 사귈 수 있었으니 그 방법을 사용했던 것 같아요. 지금은 친구들이 싫어하는 것을 알았으니 다른 방법을 찾아야 되겠죠!	변화대화
상담교사 19	그동안 사용한 방법에 문제가 있다는 것을 알았구나. 그래서 새로운 방법을 찾고 싶은 마음이 있고. 그럼 어떤 방법을 사용하면 친구를 사귀는데 문제가 되지 않고 좋은 관계를 유지할 수 있을까?	인정하기 열린질문
학생 19	음, 먼저 물어봐야 할 것 같아요. "나랑 이거 같이 할래?"라든가 "뭐해? 나도 같이 하자."라든가.	변화대화

상담교사 20	잘 알고 있네. 상담을 시작할 때는 모르겠다고 하더니 어떻게 이렇게 빨리 생각을 정리할 수 있지. 자신의 행동에 대해 고민할 줄 아는 모습이 멋지다.	인정하기
학생 20	히히 이야기 나누다 보니 저라도 공부시간에 그러면 싫었을 것 같더라고. 철이 든 거죠!	변화대화
상담교사 21	처음 영철이가 상담실에 왔을 땐 친구를 사귀는 방법에 대해 무엇이 문제인지 몰랐는데 이야기를 나누다보니 상대방의 입장도 알게 되고 영철이가 사용한 친구 사귀기 방법이 잘못되었다는 것도 알고 어떻게 바꾸면 되는지까지 알게 되었구나. 정말 친구를 잘 사귀고 싶은 마음이 보인다.	인정하기 요약하기
학생 21	예. 친구는 생명이거든요.	변화대화

아래 사례(9번)는 교사가 남녀학생 33명(초교 5년)과의 대화에서 동기면담 핵심 기술 OARS를 사용하여 학생들의 선택권을 인정하면서 계획 세우는 것을 돕는 예제다. 주목할 점은 개개인의 생각을 인정하고 반영하면서 계획 세우기로 이끌어낸다는 점이다.

상담교사 1	아시겠지만 오늘 우린 여러분이 원하는 운동을 어떻게 하면 행복하게 할 수 있는지에 대해 이야기해보려고 해요. 하고 싶은 이야기가 있으면 손을 드세요. 여러 명이 한꺼번에 이야기를 하면 소통하는 데 문제가 생길 수 있거든요. 선생님이 말한 규칙에 대해 어떻게 생각하나요?	규칙 설명하기 확인 질문
학생들	모두 : 좋아요.	
상담교사 2	여러분이 체육시간에 하고 싶은 운동이 뭔가요?	열린질문
학생들	모두 : (이구동성으로) 야구요.~~	
상담교사 3	(손가락을 입술 위에 대고) 우리의 규칙이 뭐였나요?	열린질문
학생들	1 : 손 들고 선생님이 시키면 대답하는 거요.	학생들이 학급 규칙을 말하다
상담교사 4	맞아요. 정확하게 대답해 줬어요. 그럼 다시 한 번 물어볼게요. 여러분이 체육시간에 하고 싶은 운동이 뭔가요?	인정하기 열린질문
학생들	1 : 야구를 하고 싶은데 담임선생님은 야구를 하게 해주지 않아요. 2 : 담임선생님이 여자라서 야구를 싫어해서 그런 것 같아요. 3 : 다른 반은 남자선생님이라 체육시간마다 야구를 해요. 이건 불공평하다고 생각해요.	
상담교사 5	체육시간마다 야구를 하고 싶은데 담임선생님이 허락하시지 않아서 속상하군요.	반영하기
학생들	모두 : 예, 맞아요.	
상담교사 6	원래 체육 수업에 어떤 것들을 배워야 하나요?	열린질문
학생들	1 : 잘 모르겠는데요. 2 : 여러 가지 배우겠죠. 3 : 줄넘기랑 배드민턴 같은 거예요.	
상담교사 7	아, 야구만 하는 게 아니라 다른 여러 가지 운동을 해야 하는군요. 그런데 우리는 야구를 못 하게 하는 것에 대해서 많이 화가 나 있군요.	반영하기
학생들	1 : 다른 반들은 다 야구를 해요. 2 : 우리 반만 안 해요. 3 : 이건 말도 안 돼요!	
상담교사 8	잠깐만요. 우리의 규칙이 뭐였죠?	열린질문

학생들	1 : 손 들고 이야기하는 거요.	학생이 학급 규칙을 말하다
상담교사 9	잘 알고 있네요. 규칙을 지키는 건 중요해요. 그래서 우리가 오늘 여러분은 야구를 할 수 있고, 담임선생님이 수업을 진행할 수 있도록 돕고자 규칙을 정할까 합니다. 이 점에 대해서 어떻게 생각하시나요?	인정하기 허락 구하기
학생들	1 : 담임선생님이 지켜만 주신다면 저희도 지킬 수 있어요.	
상담교사 10	그럼, 어떤 규칙을 정하면 좋을까요?	열린질문
학생들	1 : 우리가 지킬 수 있는 것을 말하고 그걸 지키면 선생님이 들어주시는 거예요.	
상담교사 11	이 의견에 대해서 다른 친구들은 어떻게 생각하나요?	열린질문
학생들	모두 : 좋아요.	
상담교사 12	무엇을 지킬 수 있는지 이야기해보세요.	열린질문
학생들	1 : 수업시간에 떠들지 않는 거요. 2 : 지각하지 않는 거요. 3 : 쉬는 시간에 종 치면 자리에 앉는 거요. 4 : 선생님 말씀 잘 듣는 거요. 5 : 욕하지 않는 것도요. 6 : 선생님 괴롭히지 않는 거요. 7 : 교실에서 공놀이 안 하는 거요. 밖에서 하면 안에서는 안 해도 돼요.	
상담교사 13	이 중에서 우리는 무엇을 할 수 있을까요? 다 할 수 있는지 아니면 이 중에서 몇 개만 할 건지 의견을 나누어 봐야 할 것 같아요.	브레인스토밍을 위한 열린질문
학생들	1 : 솔직히 다는 어려워요. 그럼 야구를 하지 말란 얘기죠. 2 : 다수결로 정해요. (학생들이 동의함)	
상담교사 14	그럼 다수결로 정하는 데 앞에서 나온 이야기 중에서 몇 개까지 지킬 수 있을까요?	열린질문
학생들	1 : 세 개 정도 지키면 선생님이 들어줬으면 좋겠어요.	
상담교사 15	그럼 그걸 지켰을 때 야구를 얼마나 하면 만족할까요?	열린질문
학생들	1 : 체육시간마다요 2 : 적어도 일주일에 한 번이요. 3 : 그 정도면 좋아요.	
상담교사 16	그렇군요. 그런데 체육시간에 꼭 배워야 할 것들이 있는데 그건 어떻게 하죠?	열린질문
학생들	1 : 안 배워도 돼요. 2 : 반은 야구를 하고 반은 수업을 하면 되잖아요. 3 : 하루는 야구하고 하루는 수업해요.	

상담교사 17	규칙을 정하는 데 있어서 조건이 있어요. 우리가 정한다고 해서 정해진 것은 아니고, 지금 정한 규칙을 가지고 여러분이 담임선생님과 상의를 해야 합니다. 어떻게 생각하세요?	정보 제공 후 확인질문
학생들	1 : 그런 게 어디 있어요. 2 : 좋아요 그렇게 해요. 3 : 담임선생님에게 우리가 정한 규칙을 말씀드리면 해주실 거예요. 담임선생님 착해요.	
상담교사 18	좋아요. 무엇을 먼저 정할까요? 우리가 지킬 것을 먼저 정할까요, 아니면 야구하는 시간을 먼저 정할까요?	닫힌질문
학생들	우리가 지킬 것을 먼저 정하고 야구시간을 정하면 좋을 것 같아요. (대부분 찬성)	
상담교사 19	그럼 1번은 우리가 지킬 것, 2번은 야구를 할 수 있는 시간이 되겠네요. 시작하겠습니다.	
학생들	우리가 지킬 것 1 : 수업시간에 떠들지 않는 거요. (○) 2 : 지각하지 않는 거요. 3 : 쉬는 시간에 종치면 자리에 앉는 거요. 4 : 선생님 말씀 잘 듣는 거요. (○) 5 : 욕하지 않는 것도요. 6 : 선생님 괴롭히지 않는 거요. 7 : 교실에서 공놀이 안하는 거요. 밖에서 하면 안에서는 안 해도 되요. (○) 야구를 할 수 있는 시간 1 : 체육시간마다요. 2 : 적어도 일주일에 한 번이요. (○) 3 : 반은 야구를 하고 반은 수업을 하면 되잖아요. 4 : 하루는 야구하고 하루는 수업해요.	
상담교사 20	여러분이 주신 의견은 수업시간에 떠들지 않는 것, 선생님 말씀 잘 듣는 것, 교실에서 공놀이 안 하는 것이고, 시간은 적어도 일주일에 한 번하면 만족한다는 거네요. 체육시간이 주 3시간 정도니까 매 번은 아니더라도 주 1회 정도 하면 만족하겠네요.	요약하기
학생들	1 : 예. 적어도 그 정도는 하면 좋을 것 같아요.	
상담교사 21	정말 대단해요. 체육시간마다 야구를 하게 해달라고 했었는데 스스로 정하니까 이 정도도 만족이 되네요.	인정하기
학생들	1 : 규칙을 정하다보니 저희가 잘못한 것도 많더라고요. 2 : 그래서 우기는 건 좀 아니라고 생각했어요.	
상담교사 22	우리는 불과 한두 시간 전만 해도 야구를 매번 해야 한다고 생각했는데, 규칙을 정하고 보니 상대편 생각도 하게 되네요. 여러분의 멋진 모습이 기대됩니다.	인정하기

아래 사례(10번)는 교사가 남학생(고 1년)과의 대화에서 동기면담 핵심 기술 OARS를 사용하여 학생에게 E-P-E(이끌어내기-정보 제공하기-이끌어내기) 공식에 따라 변화 동기를 높이는 예제다.

상담교사 1	정서행동검사에서 했을 때 관심군으로 나와서 선생님이 걱정돼서 불렀어.	
학생 1	저도 걱정이 돼요. 뭔가 문제가 있을 것 같아요. 혹시 그런가요? 결과에 대해 듣고 싶어요.	
상담교사 2	결과에서 보면 자살지수라는 것이 있는데, 이 점수가 높게 나와서 선생님이 걱정이 되는데 무엇 때문인지 궁금해.	열린질문
학생 2	중학교 때 공부도 그렇고 할 수 있는 것이 없다는 생각에 너무 힘들어서 옥상에 올라간 적이 있어요. 떨어지고 싶었는데 밑을 보니 너무 무섭더라고요. 한참을 앉아 있다가 그냥 내려왔어요. 용기가 없었죠.	
상담교사 3	넌 용기가 참 많은 아이로구나.	반영하기
학생 3	용기가 없어서 떨어지질 못했다고요.	
상담교사 4	영철아, 넌 떨어질 용기는 없었을지 몰라도 대신 삶이라는 용기를 잡은 거야. 정말 잘했다.	인정하기
학생 4	그런가요? 몰랐어요. 그것도 용기라는 걸요.	
상담교사 5	용기란 어떠한 행동을 하는 것뿐만이 아니라 하지 않는 것도 용기란다. 예를 들면 지금 네가 한 행동과 같은 것 말이야. 지금 생각하면 어떤 마음이 드니?	정보 제공하기 이끌어내기
학생 5	다행이다 싶어요. 그때는 정말 자신이 없었거든요. 지금도 그렇지만요.	
상담교사 6	그때의 선택에 대해서 감사한 마음이 있구나.	인정하기
학생 6	부모님이 되게 좋으신 분이세요. 강요도 안 하구요, 해달라는 건 다 해주시구요. 그런데 기대가 좀 많으세요. 저는 그 기대에 부응하지 못할 것 같은데, 부모님께서는 제가 할 수 있다고 생각하시는 것 같아요. 그래서 노력은 하는데 참 어려워요.	
상담교사 7	부모님께 감사하고 잘하고 싶은데 마음대로 되지 않아 스스로에게 실망을 많이 했구나.	반영하기
학생 7	예. 중학교 때도 그랬는데 고등학교에 오니 친구에게서까지 격차를 느껴요.	
상담교사 8	산 넘어 산이네. 차근차근 한 번 생각해볼까? 지금 상황에서는 어떻게 하는 것이 좋을까?	반영하기 열린질문
학생 8	학원을 다니고 있어요. 한 가지 방법을 생각해본 게 있는데요, 짝꿍이 공부를 잘해요. 그 친구가 착한 것 같아서 도움을 받아볼까 생각만 했어요.	
상담교사 9	이대로는 안 되겠다는 생각이 있었구나. 그래서 친구한테 도움을 구하려고 했고. 역시 용기가 있네! 멋져. 그럼 그걸 어떻게 실천해보면 좋을까?	반영하기 인정하기 열린질문

학생 9	우선은 짝꿍이랑 관심사를 같이 해보려구요. 그애가 점심시간에 운동을 해요. 그 친구가 저보고 같이 나가자고 했었는데 그땐 제가 귀찮았거든요. 이제는 나가면서 친해져 보려구요. 그럼 모르는 거 물어보기가 쉽겠죠. 이것도 용기인가요?	변화대화
상담교사 10	대단한 용기지. 자신에 대해 많이 힘들어했지만 고민한 흔적이 보이고 노력한 모습이 보기 좋다. 정서행동검사에서 관심군이 나와 많이 걱정했는데 선생님이 괜한 걱정을 했네. 영철이가 정말 멋지네.	인정하기

학급 체크업 : 학급 자문 모델

제5장

학급 체크업은 일반적인 학교-기반 자문 치료 준수 문제를 최소화하면서 학급-수준의 지원에 대한 필요성을 다루고자 해결 자문 모델로 개발되었다. 학급 체크업은 변화 과정에 교사를 참여시키기 위해 동기면담 기술의 장점을 이용한 간략한 개요다. 학급 체크업의 목적은 (1) 학생의 성공을 위해 중요한 현재 습관을 유지하고 있는 교사의 동기에 초점을 두고, (2) 문제 행동을 악화시킬 가능성이 높은 것을 교사-학생 상호작용으로 감소시키고, (3) 학생의 능력과 성공을 촉진하기 위해 교사의 행동을 향상시키는 것이다.

학급 체크업은 가족 체크업(Family Cheick-Up, FCU)을 따라 개발되었는데, 가족 체크업은 일종의 평가 개입을 위해 설계된 것으로서 문제 행동을 가진 아동과 가족을 위해 효과적으로 실행되고 있다(Dishion & Kavanaugh, 2003; Rao, 1998). 학급 체크업은 평가, 개입, 행동변화의 명확한 연계에서 개발되었고, 경험적 중심 이론으로부터 파생되고, 동기면담 원칙과 전략에 의해 안내되었다(Miller & Rollnick, 2002; Stormshack & Dishion, 2002).

> 학급 체크업은 학생의 성공을 위해 현재 습관을 유지하고 있는 교사를 대상으로 동기에 초점을 두고, 문제 행동을 악화시킬 가능성이 높은 것을 교사-학생의 상호작용으로 감소시키며, 학생의 능력과 성공을 촉진하기 위해 교사의 행동을 향상시키는 것이다.

개념적 토대

변화 이론

학급 체크업은 광범위한 사회 심리학 문헌 자료를 기본으로 동기 증진 전략과 기존의 학급 자문 모델을 기반으로 학급 전체 변화를 강조해왔다. 학급 체크업에 의해 활용되는 구체적인 동기 증진 전략은 학급 행동에 대해 교사 개인에게 맞춤형 의견을 주는 것, 필요 시 직접적인 자문을 제공하면서 의사결정을 위한 개인적인 책임을 격려하는 것, 충실도를 향상시키기 위한 대안 메뉴를 개발하는 것, 기존의 강점을 파악하여 교사의 자기효능감을 지원하는 것이다. 교사의 자기효능감은 과거의 학급에서 교사들이 성공적으로 변화하게 했던 장점들이다(Miller & Rollnick, 2002). 전문가가 교사와의 협동 관계를 만들기 위한 전략을 사용하는 경우 학급 체크업은 학급에서 효과적인 변화를 생성할 수 있다. 목표는 효과적인 학급훈련의 사용을 증가시키는 것이다. 효과적인 학급 관리 실천의 증가는 긍정적인 교사-학생 관계를 촉진하고 학습 자료와 함께 학생의 참여 증가로 이어지며, 결국은 학급의 산만함을 줄인다. 그들이 새로운 훈련을 성공적으로 수행하도록 피드백을 제공하는 것과, 변화를 원하는 학급(산만함, 관계, 참여)에서 관찰할 수 있는 변화들과 이런 훈련들과의 연결고리는 새롭고 효과적인 훈련들을 유지하는 동안 긍정적인 보상의 자기 보육적 순환을 만든다.

FRAMES

학급 체크업은 동기면담 개발자 중 한 사람인 윌리엄 밀러 박사에 의해 설명된 효과적이며 단기 개입의 핵심 원칙과 일치된다. 밀러 박사는 동기면담을 개발하고 이러한 전략에서 효과적으로 간단하게 개입하는 것에 대한 공통적인 요소를 설명하는 데 광범위한 문헌 검토를 실시하였다(Miller & Rollnick, 2002). 밀러 박사는 피드백(**F**eedback), 책임감(**R**esponsibility), 조언(**A**dvice), 대안 메뉴(**M**enus), 공감(**E**mpathy), 자기효능감(**S**elf-efficacy) 등 여섯 가지 핵심 원칙을 확인하였고 약자 'FRAMES'로 일컬었다.

가장 효과적인 단기 개입은 개입 과정의 일부로서 피드백을 포함하는데, 그렇다고 해서 모든 유형의 피드백이 만족스러운 것은 아니다. 대부분의 교사들이 말하는 포괄적인 피드백은 동기를 유발하지 않는다. 목표 행동에 대하여 개별화된 피드백을 제공하기 위해 전문가는 정확하고 구체적으로 해줄 효과적인 피드백이 필요하다. 하나의 예는 목표 행동에 대한 매일 매일의 피드백 실시다. 학급에서 교사가 특정 행동 칭찬을 사용하면 일반적으로 학생들의 산만한 행동을 줄일 수 있다고 말하는 것으로는 교사가 특정 행동 칭찬을 증가하도록 동기화하는 데 충분하지 않다. 교사에게 지금 학급의 산만함과 칭찬의 비율을 보여주고, 그리고 그것들이 어떻게 동시에 발생하는지에 대해 보여주는 것이 강력한 동기 유발이 될 수가 있으며 정확하게 개별화된 피드백이다.

밀러 박사는 또한 효과적인 단기 개입들이 변화에 대한 책임이 개인에 달려 있다는 사실을 전달하는 것을 보았다. 이것은 명확하고, 직접적이고, 필요 시 반복적으로 다음과 같은 메시지를 통해 전달된다. "문제에 대해 조금이라도 무엇인가 하고 싶다면 그것은 마침내는 당신에게 달려 있습니다."라는 메시지다. 또한 조언하기가 변화를 동기화하는 데 도움이 될 수도 있지만, 오로지 협동적 관계의 구성요소일 때만 그러하다는 것을 보았다. 관계 맺기 없이 단지 정보와 조언 주기는 일반적으로 변화에 대한 저항을 유발한다. 그러나 조언하기가 개인의 책임성 진술과 결합될 때(예, "학급 자문 전문가로서 저는 우리가 명확한 훈계에 대하여 더 많이 능숙해지도록 초점을 맞출 것을 권합니다. 하지만 어디에서 시작할지는 전적으로 선생님에게 달려 있습니다.") 지지적인 자문관계의 맥락에서 변화를 가져온다. 또한 행동변화에 관심을 표현할 때, 그들에게 대안 **메뉴**를 제공하면 지속적으로 동기화될 가능성이 높다(예, "다른 교사들이 산만함을 줄이는 데 성공한 몇 가지 방법이 있습니다. 제가 몇 가지에 대해 말씀 드리면 그중에서 선생님에게 최상으로 생각되는 것이 어떤 것인지 알려주세요.").

효과적인 협동 관계를 위한 기초를 이루는 것이 FRAMES 약어의 마지막 두 요소다. 효과적인 단기 개입들 모두는 **공감**과 격려를 전하고 반영적인 경청의 중요성을 강조한다. 결국 동기를 유발하는 개입들은 교사들의 **자기효능감**을 지지하기 위해 주안점을 준다. 즉 만일 의도한 변화에 대하여 그들이 선택한 것이라면 그들의 개인적인 신뢰를 지원한다. 자기효능감을 조성하는 한 가지 방법은 변화에 있어서 현재 성공을 주목하는 것이다("선생님은 어떻게 그런 일을 했습니까?"). 교사가 어려운 상황을 성공적으로 운영했던 과거의 시간에 대해 질문하는 것이다("과거 산만한 학급에 대해 말씀해주시고 그것을 어떻게 잘 조절할 수 있었는지 말씀해주세요.").

이러한 원리를 바탕으로, 물질남용자에 대한 단기 동기 증진 자문 모델들이 밀러 박사 등에 의해 개발되었다. 그중 첫 번째가 음주자 체크업(Drinker's Check-Up)이다. 목적은 변화를 촉진하기 위하여 FRAMES 원리를 사용하여 그들의 음주 습관에 대하여 자세한 내용을 학습하고 누가 어떤 관심을 가지고 있는지 내담자와 함께 간단하게 자문하는 것이다. 이러한 전략의 성공을 감안할 때, 음주자 체크업의 적절한 행동의 노력은 다른 사회에서 중심이 되고 이후에 확대되었다. 학급 체크업은 교사의 자문 환경에 대한 효과적인 동기 증진 방법을 확장하려는 노력의 결과다.

학급 체크업 절차

학급 체크업의 단계

FRAMES의 원칙에 따라, 학급 체크업은 일련의 단계로 전달된다. (1) 학급 평가하기, (2) 교사를 위한 맞춤형 피드백 제공하기, (3) 개입을 위한 대안 메뉴 개발하기, (4) 개입을 선택하기, (5) 교사는 개입의 자기 모니터링을 하고 활동 계획을 세우기, (6) 피드백 작업을 포함하여 적절하고 지속적인 모니터링을 제공하기(표 5.1 참조). 학급 체크업의 독특한 구성요소는 학급에서 중요한 변화를 만들기 위한 평가와 관련된 것이다. 학급 체크업은 현재 교사가 사용하는 중요한 학급 운영 변수들에 대한 평가를 포함하여 개입에 대한 평가와 관련되어 있고, 협조적인 학급 개입의 설계와 교사에게 지속적인 피드백을 해야 한다. 객관적인 자료들에 기반으로 하여 각 학급의 요구에 맞게 조정된다. 필요한 영역들은 정의되며(예, 칭찬 증가), 잠재적인 개입들은 교사와 전문가에 의해 브레인스토밍을 한다(예, 바람직한 기대 수준에 부응하려는 학생들에게 특정 행동 칭찬을 제공하고 기대 수준들을 가르친다). 목표는 현실세계의 효과적인 것에 집중되어 있고, 실현 가능하고, 실용적이고, 중요한 개별화된 개입을 만드는 것이다.

표 5.1 학급 체크업의 구성요소

1단계 : 학급 평가	• 교사 인터뷰 기록지 • 수업 환경 체크리스트 • 5~10분 관찰 기록지 • 전체 수업 평가 기록지
2단계 : 피드백 제공	• 전문가는 평가물의 결과에 대한 피드백 제공 • 피드백은 확인된 교사의 장점과 약점을 모두 포함
3단계 : 대안 메뉴 개발	• 긍정적인 학급의 결과를 만들기 위해 교사와 전문가가 협동하여 대안 메뉴를 개발
4단계 : 개입 선택	• 수행하기 위한 개입의 수를 교사가 선택 • 전문가는 개입의 수행에 지속적으로 지원 제공
5단계 : 행동계획 및 교사의 자기 모니터링을 격려	• 교사와 전문가는 개입을 위한 행동계획을 개발 • 교사는 자기 모니터링 기록지를 사용하여 개입 선택의 수행을 매일 모니터링하기
6단계 : 지속적인 모니터링 제공	• 전문가는 계속해서 학급 관찰을 실시 • 교사와 전문가는 슈퍼비전하고, 재검토하고 필요에 따라 수정함 • 전문가는 교사에 대한 행동 피드백을 제공함(선택 사항)

학급 체크업의 과정

학급 체크업 과정은 그림 5.1에 그려져 있다. 우선 전문가는 간략한 비공식 인터뷰를 하기 위해 교사와 만난다. 인터뷰의 목적은 현재 학급에서 사용되는 운영 전략에 대하여 수집하고, 교사가 추가 지원을 하고 싶은 영역을 확인하기 위해 교사와 신뢰관계를 확립하는 것이다. 다음은 전문가는 많은 중요한 학급 변수들에서 객관적인 자료를 수집하기 위하여 연속적인 학급 관찰을 수행한다. 이러한 변수들은 효과적인 학급 운영의 중요한 특징과 개요에 맞추어서 6장에 기술하였다. 관찰 이후, 전문가는 평가 정보를 준비하고 교사에게 피드백을 제공한다. 피드백 모임에서 대안 메뉴가 개발되고 교사는 학급 운영 방법을 수행할 다음 단계들을 결정한다. 이 모임 후에, 교사는 학급에서 새로운 훈련을 수행하기를 시작하고 학생들이 그것을 잘 하고 있는지를 모니터링한다. 자기 모니터링의 목적은 교사가 실제로 새로운 훈련의 어떤 부분을 넣을 것인지를 평가하는 것이다. 때때로 잘 세운 계획이라도 학급과 잘 맞지 않거나 교사가 이해가 되지 않은 것을 그냥 한 번 시도했거나, 실현 불가능한 것이어서 효과가 없다. 자기 모니터링은 훈련을 통해 나온 정보로 개입 전체나 부분을 수정할 수 있거나 조정할 수 있게 한다. 또한 자기 모니터링 그 자체로도 종종 원하는 행동을 증가시키는 행동 기술이다(Johnson & White, 1971).

예를 들어, 독자가 식단을 보면서 체중 감량을 시도한다면, 하루에 먹는 것을 간략하게 음식 식단 일지를 쓰면 스스로 먹는 것을 더 잘 인식할 수 있게 되고 자신의 목표에 집중하기 위해 건강한 음식을 먹을 가능성이 높아진다. 자기 모니터링은 교사가 실제로 학급 전략에 사용할 가능성을 높일 수 있다. 마지막으로 전문가는 학급에서 전략으로 사용한 자료를 수집하여 교사에게

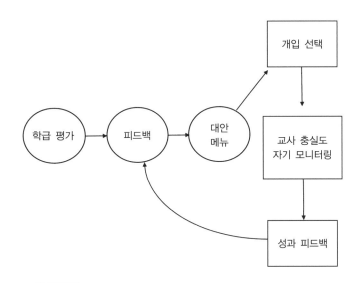

그림 5.1 ● 학급 체크업 과정

성과 피드백을 제공한다. 예를 들면, 만일 교사가 특정 행동 칭찬을 사용하려고 노력하는 경우, 전문가는 학급에서 그것을 관찰하고 관찰 기간 동안 특정 행동 칭찬의 문장 수에 대하여 교사에게 피드백을 제공한다. 그 피드백은 시간이 지남에 따라 스스로 모니터링하여 새로운 대안 메뉴와 새로운 개입으로 이어질 수 있다. 이러한 방법으로, 학급 체크업은 잘 정립된 문제해결중심 모델과 일치하는 지속적인 피드백의 고리 역할을 할 수 있다.

학급 체크업 연구

> 보편적인 예방 전략으로서, 학급 수준에 적합한 체계적인 자문은 교사와 학생의 행동 변화를 의미 있게 만든다.

여러 연구 결과에서 학급 체크업 자문 모델의 효과성을 평가했다. 최근의 연구는 네 곳의 초등학교 학급에서 여러 기준을 사용하여 교사와 학생 행동의 변화를 생각했다 (Reinke, Lewis-Palmer, & Meerell, 2008). 학급 체크업은 훈계의 사용을 줄이고 특정 행동 칭찬을 사용함으로써, 칭찬의 사용을 포함한, 학급 운영 전략으로 교사 수행이 증가했다. 또한 교사의 이러한 행동 변화는 시간이 지남에 따라 유지되면서 학급의 산만한 행동이 줄어들었다. 그 결과들은 보편적인 예방 전략으로서, 학급 수준에서 적합한 체계적인 자문이 교사와 학생 행동 변화를 의미 있게 만든다고 제안하였다. 게다가 라인케 등 (2007)은 학급에서 문제 행동을 가지고 있는 6명의 학생들을 대상으로 3명의 일반초등학교 교사가 복합적인 설계의 기준으로, 특정 행동 칭찬을 사용하여 눈에 보이는 성과 피드백을 포함하는 자문의 효과를 평가했다. 그 결과 기준을 비교하여, 모든 교사에 걸쳐 참여 학생들을 위한 특정 행동 칭찬이 나타났다. 또한 교사는 학급에서 동료들과 특정 행동 칭찬의 사용을 늘리므로, 다양한 수업 기술을 제안하여 효과를 만들어낸 것으로 보였다. 최종적으로 메사, 루이스-파머, 라인케 (2005)는 학급 체크업 모델로 교사들이 특정 행동 칭찬 사용의 상당한 증가를 보였으며, 이는 차례로 학급 전체 수준에서 학생의 산만한 행동이 감소되었다는 결과를 보고했다. 세 가지 연구는 엄격한 평가 절차에 따랐고, 주요 연구 변수의 실시간 자료 수집을 포함하였다. 뿐만 아니라 세 가지 연구에서, 교사는 매우 중요하고 효과적이고, 겸손하고, 실용적인 것으로 개입을 평가했다 (예, 최소한의 시간과 자원 그리고 수행에 대한 노력 요구하기). 종합적으로 이러한 연구들은 증거를 기반으로 실천하는 담임교사의 수행을 개선하기 위한 효과적인 방법으로, 학급 체크업 모델은 사회적으로 타당성이 있고 실현 가능하고 허용적임을 보여준다.

> 연구들은 증거를 기반으로 실천하는 담임교사의 수행을 개선하기 위한 효과적인 방법으로, 학급 체크업 모델은 사회적으로 타당성이 있고 실현 가능하고 허용적임을 보여준다.

요약

학급 체크업은 효과적인 학급 운영 훈련의 교사 수행을 지원하는 실천 자문 모델이다. 이 모델은 증거를 기반으로 훈련에 대한 자료를 연결하고, 성과 피드백을 사용하여, 동기면담을 포함한 효과적이 자문기술을 통합한다. 또한 학급 체크업은 개별적인 학생 범위를 뛰어넘어 자문의 영향이 확산하는 것을 허락하며 학급 수준에서 습관의 변화에 초점을 맞추고 있다. 다음 두 장에서 학급 체크업의 평가와 피드백 특성의 상세한 설명을 제공한다. 또한 학급에서 학급 체크업의 사용의 개요를 사례 제시들을 통해 제공한다.

인터뷰와 평가

제6장

평가는 학급 체크업에서 핵심 구성요소다. 개입을 시작할 때는, 동기면담 전략들을 사용하여 교사의 학급 경험과 실천에 대해 간략하게 인터뷰 한다. 인터뷰 후, 전문가는 목표로 하는 학급 행동과 분위기 변인들을 직접 관찰하여 자료를 수집한다. 인터뷰와 관찰에 의해 수집된 모든 정보는 다음의 피드백 회기에서 교사에게 제시된다. 학급 체크업에서 수집된 자료들로는, 학급 체크업 교사 인터뷰, 수업 환경 체크리스트, 학급 체크업 10분 관찰 기록지, 학급 체크업 5분 수업 참여 관찰 기록지 등이 있다. 이 장에서는 이러한 평가를 각각 어떻게 실시하는지 그 방법에 대하여 설명한다. 이 장에서 언급된 기록지들은 모두 부록에 수록되어 있고 복사 가능하다.

학급 체크업 교사 인터뷰

첫 번째 회기의 목적은 교사와 비공식적으로 인터뷰를 완성하고, 자문 과정에 대한 자세한 개요를 교사에게 제공하고, 교사의 학급 및 교육 경험에 대한 정보를 수집하는 데 있다. 이 회기를 통하여, 4장에서 설명한 동기면담 접근 방식이 적용된다.

부록 B.1 인터뷰 기록지는 자문 과정에 관련된 영역에 걸쳐 다양한 열린 질문들을 포함한다. 이 영역으로는 교사의 일반적인 교육 경험, 현재 학급 운영 실천 방법, 과거 자문 경험 내용, 지원이 필요한 사항 등이 포함된다. 인터뷰는 구체적인 질문들과 보다 심층적인 정보 수집을 위한 단어들로 작성되어 있다. 그러나 첫 회기의 주된 목표는 교사와 편안한 대화를 하여 확고하고 협동적인 관계를 맺는 데 있다. 다음은 인터뷰 전, 중간, 후의 순서로 해야 할 사항들을 설명하였다.

인터뷰 전 작업

> 교사로부터 수집한 정보와 데이터를 비밀로 함으로써, 전문가와 교사의 신뢰하는 협동 관계를 지지할 수 있다.

전문가는 학교 운영자에게 전문가로서의 역할에 대해 미리 명확히 설명해야 할 필요가 있다. 그러한 설명은 전문가가 수집한 데이터를 비밀로 할 수 있게 하고, 교사에게 책임을 주거나 교사를 평가하는 데 데이터를 사용하지 못하게 하며, 교사들과 함께 협동적인 작업을 하는 데 학교 행정가가 지지하도록 도움이 된다. 따라서 교사와 자문을 시작하기 전에 학교 행정가와 만나는 것은 정보 공유에 대한 혼란과 충돌을 미연에 방지할 수 있다. 전문가가 수집한 데이터를 왜 기밀로 유지해야 하는지에 대해 이야기를 나누어야 한다. 교사로부터 수집한 정보와 데이터를 비밀로 함으로써 전문가와 교사의 신뢰하는 협동 관계를 지지할 수 있다. 만일 어떤 이유로 그렇지 않다면, 정보를 비밀로 하는 것과 관련하여 전문가의 관계에 한계가 있음에 대해 교사와 개방적으로 대화를 나누는 것이 필수다.

인터뷰 하기

기억할 점은 교사와의 첫 회기에서 전체 자문 과정 분위기를 설정하게 된다는 점이다. 그 과정을 시작할 때 간단히 사교적인 대화로 시작한다. 학급에 대한 것이나 교실의 장식물에 관해 말한다 (예, "저것은 아름다운 그림입니다."). 서둘러서 인터뷰를 하지 말고, 교사를 관찰하고 알아가는 시간을 가진다. 또한 인터뷰에서 문자 그대로의 방식으로 전달하거나 형식적인 분위기를 만들지 않도록 노력한다. 교사의 가치, 경험과 기술에 대한 이해를 얻기 위해 교사를 알아가는 시간을 가진다.

개요

다음은 회기에 대한 개요다. 전문가와의 만남에 동의한 교사에게 감사로 시작한다. 교사에게 학급 체크업의 목적을 말하고 구성요소의 개요를 제공한다. 다음의 예를 보자.

> "오늘 저는 선생님의 교육 경험과 학급 훈련에 대해 몇 가지 질문을 하겠습니다. 허락 하신다면, 선생님의 학급을 관찰하기 위해 이번 주 중에 한번 찾아가겠습니다. 인터뷰의 목적은 제가 선생님을 더 잘 알고 선생님의 학급 운영 유형에 대해 배우는 것입니다."

그 과정에 일부가 될 향후 모임에 대해 교사에게 말한다. 예를 들면 다음과 같다.

"선생님과 학급 관찰에서 정보를 수집한 후 그것을 정리할 것입니다. 그런 다음 우리는 정보를 검토하기 위해 다시 회기를 가지도록 하겠습니다. 그 회기에서 우리는 모든 데이터를 보면서 가능한 실천 행동과 대안 메뉴를 다루려고 합니다. 선생님의 학급에 가장 잘 맞는 것이 무엇인지 메뉴에서 함께 찾을 수 있습니다. 그런 다음 무엇을 할지 계획을 세우게 될 것입니다."

비밀보장

학교 행정가와 모든 학급 체크업의 자료가 기밀이라는 점에 일단 동의를 했다면, 전문가는 그것에 대해 교사에게 이야기한다. "우선 우리가 작업하기 전에, 선생님과 제가 공유하는 모든 정보가 기밀이라는 것을 아시기 원합니다. 학교 운영자를 포함하여 다른 사람들과는 정보를 공유하지 않습니다. 이점에 대해 혹시 우려하는 사항이나 질문이 있으신가요?" 학교 운영자가 기밀 자료를 유지하는 것에 동의하지 않는 경우, 전문가는 이 사실을 교사에게 알려야 할 필요가 있다.

인터뷰 기록지 사용하기

학급 체크업 교사 인터뷰 기록지를 사용하여 질문을 시작함으로써 대화의 주제를 바꾼다. "우선 제가 선생님의 교사 경험에 대해 몇 가지 질문을 하려고 합니다." 필요에 따라 메모를 하면서 기록지에 있는 모든 질문을 한다. 교사가 질문에 대해 답을 하는 동안, 전문가는 반영적 경청, 인정하기, 요약하기를 많이 사용한다. 교사의 가치관을 들으려 귀를 기울이고 나중에 참고할 수 있도록 기록한다. 교사가 변하고 싶은 이유를 경청하고, 과거에 교사가 이루었던 성공적인 변화 경험을 참고한다. 교사의 변화단계가 어느 단계인지 감지한다. 각각의 교사에 대해 인터뷰에서 수집한 정보를 사용하여, 교사가 변화를 고민하고 있는지의 여부, 변화에 대한 양가감정이 있는지 여부, 또는 이미 변화 계획을 만들었는지 여부, 또는 변화를 이미 실천하고 있는지 여부를 평가한다.

인터뷰 기록지 예제

다음은 교사와의 인터뷰 과정을 보여줄 학급 체크업 인터뷰 기록지 예제다. 이 인터뷰는 교사가 한 회기 동안 충분한 시간을 가지고 인터뷰에 임하는 최적의 환경에서 실시하였다. 저자들은 이 예제를 사용하여 전체 과정을 보여주고, 인터뷰에서 수집하려는 모든 내용들을 제시하고자 한다. 실제로는 교사의 스케줄에 따라 여러 번에 나누어서 인터뷰를 진행하기도 한다.

　인터뷰 대상은 5학년 담임으로 경력이 많은 교사다. 교사는 수학 과목 수업을 하는 동안 학급 운영 기술 향상에 도움을 요청하였다. 인터뷰는 학생들이 없는 교실에서 휴식 시간에 이루어졌다.

인터뷰와 교사의 답	코멘트
전문가 : 선생님께서 저와 함께 작업하는 것에 대해 관심을 가지고 협조해주셔서 감사합니다. 오늘 선생님의 학급에 대해 자세한 내용을 알고 싶습니다. 그러고 나서 다음 단계에 대한 계획을 수립할 수 있습니다. 교사가 되신 지 얼마나 되셨나요?	소개 배경 자료 수집
교사 : 10년 되었습니다.	
전문가 : 항상 5학년을 가르치셨나요?	
교사 : 아니요. 1년은 자료실에서 가르쳤고, 2년은 특수 학급에서 가르쳤어요. 그런 다음 일반 학급 6학년을 가르쳤고, 그다음에는 3학년을 2년 가르쳤어요.	
전문가 : 와우, 다양한 학급 경험이 많으시네요. 교사가 되고 싶다고 생각하게 된 것은 어떤 점 때문인가요?	단순반영 열린질문
교사 : 그냥 아이들을 사랑해요. 뿐만 아니라 제가 설명한 것에 대해 학생들이 이해하는 것을 보면 좋아요.	
전문가 : 선생님의 이야기에 점점 흥미가 생기는군요.	긍정적인 감정 반영하기
교사 : 그래요. 제 말은 아이들을 위해 무엇을 할지와 그들이 배우는 것을 알 수 있어요.	
전문가 : 아이들과 관계를 맺는 것을 보고 그 일원이 되는군요. 인생에서 이것이 선생님 자신이 하기 원했던 것이라고 알게 된 것은 언제였나요?	가치관 반영하기 열린질문
교사 : 저는 항상 알아왔다고 생각해요. 학교에서 뛰어노는 그런 학생들 중 하나였고 보통의 교사였어요. 제가 뭔가 가르치고 그 일부가 된다는 것이 항상 즐거웠어요.	
전문가 : 아이들이 배우도록 돕는 거군요.	가치관 반영하기
교사 : 그래요. 아시다시피, 저는 만사를 자기 뜻대로 하고 싶어 하는 사람이라서 그것을 표현하는 좋은 방법이었어요.(웃음)	
전문가 : (미소 지으며) 그래서 담임교사가 되고 효과적인 교육자가 되고 자연스럽게 알맞은 리더가 되고 아이들이 관계를 만들고 배울 수 있도록 돕게 되었군요.	요약하기와 가치관 반영하기 학생들에게 초점 맞추기
교사 : 맞아요.	
전문가 : 그런데 무엇 때문에 초등학교지요?	열린질문

교사 : 음, 여기 아이들은 싫증내지 않고 개방적이에요. 아이들을 변화시킬 수가 있어요. 제 말은, 그들은 뭔가 하고 싶지 않다고 말할 수도 있지만, 그것을 하도록 할 수 있어요. 그리고 아이들은 아직 한계를 배우지 않았기 때문에 희망이 있어요.

전문가 : 아이들이 어떤 능력이 있는지 보여주는 데 일부가 되고 싶군요.

> 보석을 찾아서 반영하기

교사 : 정말로 그래요. 많은 학생들이 뒤쳐져 있고, 미래를 상상하지 못하거나 모르고 있어요. 저는 그런 아이들이 자기가 될 수 있는 사람이라고 보게 될 때 거기에 함께 있고 싶어요.

전문가 : 그래서 그들은 선생님 사랑의 가르침이군요. 선생님이 힘들거나 가장 어려웠던 부분은 무엇인가요?

> 전환하기
> 열린질문

교사 : 시간인데요. 시간이 충분하지가 않아요. 항상 너무 바빠요. 때때로 그 시간에 모든 것을 다 할 수 없어요. 저에게 이야기나 무엇을 말하고 싶어 하는 아이들이 있어요. 우리가 함께 가야 한다고 생각해요. 뒤쳐진 아이들이 있으니까요. 너무나 할 일이 많아요.

전문가 : 도움이 되는 아이들의 강점을 엿볼 수 있는 순간을 놓칠까 봐 너무 많은 부담을 가지고 계시는군요.

> 보석과 연결하여 반영하기

교사 : 시험이며 행정 업무 등이 수업을 방해하고 있어서 지금은 더욱 더 균형을 맞추기가 어려워요.

전문가 : 하루에 수업 진도는 얼마나 나가시나요?

> 열린질문

교사 : 제 생각에, 수업 전체는 아니고요. 적어도 수학 시간은 아니에요. 이틀에 걸쳐 한 과의 내용을 끝낸다면 만족이지요. 진도를 나가야 한다는 압박감이 있고, 하지만 저는 아이들이 그 내용을 알아야 한다고 생각해요.

전문가 : 현재의 수업 운영에 대해 어떻게 설명하시겠어요?

> 열린질문

교사 : 글쎄요.(웃음)… 이따금씩이지만. 그래서 긍정적인 중요성을 알고 있지만 전 다른 부담도 있어요. 전 계획을 가지고 있고, 제가 원하는 것을 알고 있어요. 제가 보고 싶은 행동이 나타나면 상품권을 주는 보상물을 사용해요. 그러나 저는 이러한 내용을 잊고 가르치는 것에 몰두하는 저 자신을 계속해서 발견하죠. 전

아침에 일을 더 잘하는 것 같아요. 훨씬 더 긍정적이고 아이들 역시 그래요. 그러나 오후가 되면 저와 아이들은 피곤하여 우리의 행동은 좋아지지 않아요.

전문가 : 모든 사람이 피곤해지지요. 업무를 다하기 위해 운영 시스템을 어떻게 하면 좋은지 감각을 가지고 계시군요. 하지만 수업 내용 수준을 계속 올리는 동안에는 어려울 수 있겠어요. | 반영하기와 요약하기

교사 : 맞아요. 제가 말했다시피, 그것을 기억하는 것은 저에게 긍정적이고 중요하다는 것을 알고 있어요.

전문가 : 긍정적인 것이 어떤 점에서 그렇게 중요하나요? | 가치관을 이끌어내는 열린질문

교사 : 연구에서 말하는 것을 알고 있어요. 부정보다는 더 많은 긍정적이 좋다는 거죠. 아시다시피, 긍정적으로 하려고 할 때 더 많이 칭찬을 하고 있는 것을 보게 돼요. 그것이 차이라고 봅니다. 차이를 느껴요.

전문가 : 그래서 더 많은 칭찬을 했을 때의 느낌을 좋아하는군요. 어떤 차이점을 볼 수 있나요? | 구체화하여 반영하고 변화대화 이끌어내기

교사 : 아이들이 잘 따라올 때 산만하지 않아요. 그것은 아이들이 더 좋은 상태이고 더 행복하게 느끼도록 하는 것을 볼 수 있어요. 그리고 저도 그렇고요.

전문가 : 선생님이 칭찬을 많이 하고 싶어 하는 이유가 이해가 되네요. 칭찬이 모두를 더 행복하게 하고, 그것은 모두를 학업 중이게 하는 것을 아시는군요. 그리고 방해도 덜 하고요. 그것은 아마도 중요한 일과 관계를 만드는 것에 많은 시간이 있어야 한다는 의미군요. | 가치관에 변화를 연결하고 요약하기

교사 : 맞아요. 제가 집중하고 아이들이 몰두할 때 우리는 배움과 학습을 위해 시간을 많이 얻을 수 있어요. 그리고 긴장이나 불안을 느낄 때 보다 편안하게 느낄 때, 즉 바보처럼 보일까 불안해하지 않을 때, 그런 학습 분위기에서 보다 쉽게 배울 수 있는 것을 알고 있어요.

전문가 : 좋아요, 맞습니다, 학생들이 배우고 성장하고 그들의 가능성에 이르도록 할 수 있기 때문에 정확히 선생님이 원하는 학습 | 열린질문

분위기의 유형이군요. 그러면, 학급 운영에서 선생님의 장점이
무엇으로 보이나요?

교사 : 저는 적어도 학급 붕괴가 시작되면 그것이 일어나고 있는 것
을 알아내요. 저만의 전략을 찾기 시작하는 것이 필요하고, 다시
수업을 제자리에 되돌려 놓기 위해 무엇을 해야 할지에 대한 계
획을 가져요. 저는 아이들과 많은 경험이 있고 성공적이어서, 제
자리로 되돌릴 수 있어요. 무엇을 할지도 알고 있죠. 제가 분명
하게 하거나 분명하지 않게 하거나, 더 긍정적이거나 덜 긍정적
일 때, 그것이 어떻게 작용하는지 알아요. 그것이 변화를 만든다
는 것을 알지요.

전문가 : 문제가 있을 때 '아하' 하는 것처럼 그것이 문제였구나! 하며 | 요약하기와 인정하기
알아차리고 잘 감지하는 기술이 있으시네요.

교사 : 맞아요. 제가 무엇을 해야 할지 알고 느끼고 그것을 풀어내고
전 그런 방법으로 계속해요.

전문가 : 그러면 선생님의 약점은 무엇이라고 생각하나요? | 열린질문

교사 : 정말 이상하게 들릴 수도 있지만, 제 자신에 대해 너무 많이
생각해요. 때때로 저 자신에 대해 실망스러워서. 저 자신을 내려
놓고 "이런 저런 것을 했어야 했어."라며 자책하기도 해요. 그리
고 때때로 좋은 일들을 보는 것을 잊을 때가 있어요.

전문가 : 선생님의 강점과도 비슷하군요. 선생님은 수업에서 하기를 | 양면반영
원하는 것을 잘 알고 있고 그래서 그것이 잘 안 될 때 바로 그런
생각을 하는군요. 그리고 선생님의 높은 기대 수준에 못 미칠 때
자기 자신을 비판하게 되고요.

교사 : 예, 제가 가르치는 것이 싫을 때의 경우가 바로 그것이지요.

전문가 : 맞아요, 선생님 자신이 기대 수준에 못 미쳐서 자신을 비판 | 반영하기
할 때 가르치는 것이 좋아하기 어렵죠.

교사 : 예, 제 자신을 많이 힘들게 해요.

전문가 : 선생님은 자신의 능력으로 분위기를 만들 수 있는데 그것이 | 학생들과 가치관에 주목
학생들에게 어떤 영향이 미친다고 생각하나요? | 하여 열린질문

교사 : 아마도 좋지 않을 거예요. 영향이 있고 혹은 영향이 될 수 있
고 하는 '돌고 도는 원'처럼요. 제 자신에 대해 좋지 않게 생각한

다면 그 영향은 아이들에게 간다고 생각해요.

전문가 : 선생님의 칭찬 비율은 얼마나 되나요?   열린질문

교사 : 아, 떨어지죠. 저는 그것이 필요하다는 것을 알지만 칭찬하는 것이 더 어려워요. 제가 칭찬하기를 하면 할수록, 수업이 더 나아지고 제기분도 더 나아져요.

전문가 : 그리고 그것들은 관계를 더 좋게 만들고요.   주제를 반영

교사 : 맞아요.   열린질문

전문가 : 선생님의 학급 규칙에 대해 말해주세요.

교사 : 학기 초에는 세 가지 일에 공을 들였는데 듣기와 신속하고 조용하게 공부하고, 손을 들게 하는 것이에요. 학생들이 규칙의 의미가 무엇인지는 잘 알지 못한다고 생각해요. 개념으로 말하자면, 그들은 너무나 많죠. 그래서 저는 아이들을 집중시키기를 원하는 부분들을 끌어내요. 그리고 연습을 하지요.

전문가 : 보상 체제를 사용하시나요?

교사 : 수준별 보상제도가 있어요. 개별 학생은 포인트를 적립할 수 있고, 수업 보상에 대한 전체 수업에 대한 포인트도 있어 적립할 수 있어요. 전 예전엔 색 포스트잇을 사용했고, 지금은 이 제도를 훨씬 좋아해요.

전문가 : 학급 보상에 대해 말해주세요.   명료화하기

교사 : 아이들은 학급 보상으로 충분히 포인트를 적립할 때 표를 얻어요. 아이들은 앉아서 대화를 나눌 때 주스나 팝콘을 먹거나, 사회적 기술 게임을 할 수 있는 표를 낼 수 있어요.

전문가 : 재미있겠어요. 효과는 어떤가요?   인정하기, 열린질문

교사 : 정말 기대 수준 이상으로 효과가 있어요. 아이들에게 정말로 동기가 돼요.

전문가 : 반면에 규율을 어겼을 때는 어떤 것을 사용하나요?   열린질문

교사 : 저는 큰소리를 질러요. (웃음)

전문가 : 예, 복도 끝까지 들리게요.   유머

교사 : 아니요, 적절한 행동을 하는 아이들을 칭찬하려고 해요. 한 아이가 집중하지 못한다면, 그 아이에 가까이 있는 누군가를 칭찬해요. 또는 전체 수업의 문제라면, 수업을 중지하고 규칙을 재검

토해요.

전문가 : 선생님을 힘들게 하는 학생과 수업을 할 때, 어떤 전략을 사용하나요? | 열린질문

교사 : 저는 학생을 존중하고 배려하는 관계를 가지려고 노력해요. 그게 중요하다고 생각해요. 저는 학생들에게 선택권을 주는 것을 좋아하고, 아이들이 좋아하는 선택권을 갖도록 시간과 장소를 제공해요. 진짜로 불안하게 하고는 교실을 나가서 행동하는 한 학생이 있을 때 저는 재빨리 "영철아, 잠깐만 기다려 줄래."라고 말해요. 그런 다음 그 학생에게 가서 도와요. 그리고 만약 그가 화가 나 있다면 학생에게 선택권을 주죠. "돌아가서 타임아웃을 하든지 아니면 함께 들어가자."라고요. 그러면 대개는 좋은 선택을 해요. 그것은 그 학생이 필요로 하는 모든 것이에요.

전문가 : 그래서 초기에 유대관계가 깊게 형성된 후 선택권과 시간을 제공하고 그런 어려운 순간을 해결하는 데 도움이 되는군요. | 요약하기

교사 : 예, 그리고 그 이후로도 이렇게 고수하고 있고요. 효과가 있는 유일한 방법은 끝까지 해야 하는 것이라고 생각해요.

전문가 : 선택권과 일관성. 어떤 전략이 효과가 없다고 밝혀졌나요? | 열린질문

교사 : 글쎄요, 뒤쪽 한 구석으로 아이들을 몰아넣고 나가지 못하게 하고서, 그리고 그들이 하지 않을 때나 꼼짝하지 않을 때 문자 그대로 "넌 이것을 해야만 해."라고 말해요. 그러면 바로 부정적이 되죠. 그것은 학생을 부정적이게 하고 역효과를 일으켜요. 그것은 바로 서먹서먹하게 만들어요.

전문가 : 그래서 선생님이 주고자 하는 것을 강조했군요. 아이들에게서 긍정적인 것을 가져오고, 부정적인 것은 부정적인 것을 가져온다는 것을 아시니까요. | 긍정성의 주제에 초점을 맞추고 연결해서 요약하기

교사 : 맞아요.

전문가 : 과거에 자문 경험이 있다면 무엇인가요? | 기대 수준을 명료화하기 위한 열린질문

교사 : 음, 행동지원팀에 의뢰한 아이들이 있어서 1년 내내 그 아이들을 돌보고 있어요. 그리고 다른 학급의 학생들을 위한 자문 활동을 하고 있어요.

전문가 : 선생님에게 어떤 것이 도움이 되었나요?	기대 수준을 명료화하기 위한 열린질문
교사 : 현실적이 되는 것이 도움이 되었어요. 우리가 실제로 할 수 있는 것을 하기로 했어요. 그것이랑 경청하기가 도움이 되었어요. 제게 다가와서 "몇 가지 아이디어가 있는데 선생님의 학급에 어떤 것이 도움이 될까요?"하는 경우에 도움이 돼요. 한편 정반대인 경우도 있었어요. "선생님은 이것이 필요합니다."라고요. 저는 말하지요. "아니요. 필요하지 않아요." 또는 "그것은 도움이 안 됩니다."라고 말하게 되죠.	
전문가 : 선택권을 주는 협동 관계가 있어야 하군요. 효과가 있는 몇 가지실용적인 전략들은 선생님이 기꺼이 시도하려는 것이어야 하고 스스로 결정해야 하는군요.	반영하기와 기대 수준을 명료화하기
교사 : 맞아요.	
전문가 : 전문가와 함께 어떤 작업을 하고 싶으세요?	열린질문
교사 : 저는 더 나은 학급을 운영하기 위해 좋은 아이디어를 얻고 싶어요. 잘 만들 거예요. 그리고 어떤 성공의 좋은 기회를 갖게 될 거예요. 그렇지 않으면, 저와 아이들은 좌절할 거예요.	
전문가 : 그래서 적어도 좋은 아이디어로 일하면 너무 복잡하지 않군요. 부정적인 주기로 반복하고 싶지 않고요. 선생님이 수업하실 때 피드백을 받는 기회를 얼마나 자주 가지나요?	요약하기, 이전 내용에 다시 연결하는 열린질문
교사 : 아주 많지는 않죠. 우리는 많은 피드백을 받지 못하고 있어요. 그리고 그냥 빨리 가네요. 전 정말 더 많은 피드백의 기회를 얻고 싶어요.	
전문가 : 선생님이 피드백을 받을 때 어떻게 받나요?	열린질문
교사 : 제가 했던 모든 것을 말해주고, 모두 기록해서 오세요.	
전문가 : 그렇다면 피드백을 받는 것에 관해 어떤 점이 좋고 어떤 점이 싫은가요?	열린질문
교사 : 저는 피드백을 좋아해요. 제가 완벽주의자이고 만사를 자기 뜻대로 하고 싶어 하는 사람이어서요.(웃음) 사람들이 여기 있는 경우 제가 실수를 많이 한다는 것을 알고 그것이 저한테는 좋다는 것을 알아요. 하지만 제가 같은 의견을 듣고도 계속하는 경우	

나 제가 이미 망쳤다는 것을 알고 있는 경우, 다시 들으려면 좀 어렵고 좌절감이나 자신감이 떨어지죠.

전문가 : 좋아요, 선생님은 이미 어려운 하루를 보냈고, 칭찬하는 말의 비율이 낮은 걸 알고 있다고 말하셨어요. 제가 먼저 선생님이 원하지 않을 수 있는 이야기, 즉 "선생님은 오늘 충분히 칭찬을 하지 않았어요."라고 말한다면요?

| 기대 수준을 명료화하기 |

교사 : 정확하네요. 제 말은, 선생님을 화나게 하고 싶지 않고, 단지 그것이 도움이 되지 않는다는 것을 말하려는 거예요.

전문가 : 제가 선생님이 이미 알고 있는 것을 반복하지 않도록 할 수 있는 방법은 무엇일까요?

| 피드백 과정에 대한 의견 요청하기 |

교사 : 제가 어떻게 생각하는지 저에게 물어봐서 방법을 생각하고 시작한다면 제가 듣기 위해 필요한 것이 무엇인지 알게 되고 그것을 시작하기 좋은 시점이 될 거예요.

전문가 : 좋은 생각이에요. 선생님은 면대면으로 하는 것과 이메일로 하는 것 중 선택하여 피드백을 나눈다면 어느 것을 선호하는지요?

| 인정하기 |

교사 : 시간이 된다면, 면대면으로 받고 싶어요, 하지만 실제, 제 자신만의 시간에 읽을 수 있도록 서면으로 하는 것이 좋겠어요.

전문가 : 좋아요. 선생님이 학급 운영과 관련하여 어떤 도전과제에 대해 작업을 하고 싶으세요?

| 열린질문과 목표 설정하기 |

교사 : 어떻게 말해야 할지 모르겠는데요. 점심 식사 후 아이들의 동기가 낮아지는데 정말로 어려워요. 그래서 재미 또는 더 많은 동기를 유발할 수 있도록 무엇인가를 찾고 있어요. 동기 유발을 통해 바로 그때 지침에 따라 하는 것은 큰 도움이 될 거예요.

전문가 : 훌륭해요. 무슨 일이 일어나고 있는지 제가 관찰을 시작하면 좋겠어요. 그리고 나서 우리가 함께 만나 계획을 하면 되겠어요.

교사 : 좋은 것 같네요.

전문가 : 요약합니다. 선생님은 가르치는 일과 아이들의 잠재력을 발견하도록 돕는 것을 정말 좋아하고, 높은 비율의 칭찬과 좋은 관계, 긍정적인 수업 분위기를 가지는 것이 가장 좋은 방법이라는 것을 알고 있어요. 선생님은 자신이 좋은 감정일 때 더 좋은 일

| 자세하게 요약하기 |

이 일어난다는 것도 알고 있고요. 선생님이 원하는 학급이 무엇인지에 대해 잘 알고 있기에 자신을 힘들게 합니다. 그리고 때때로 다른 부담감들이 목표에 도달하는 데 어려움을 주고 있습니다. 어떤 면에서 선생님이 뒤쳐져 있다고 느끼지 않도록, 선생님 자신을 위해 스스로 세운 목표들에 관해 피드백을 주는 것이 제가 선생님을 도울 수 있는 한 가지 방법입니다. 선생님이 시작하기를 원하는 시간은 점심 직후 시간이며, 그것이 바로 선생님이 관심을 두는 시간이고요. 맞나요?   확인 질문하기

교사 : 맞아요.

위의 예제에서 알 수 있듯이, 학급 체크업의 인터뷰는 중요한 정보를 도출하기 위한 방향을 제공하지만 관계 맺기를 위해 유연하게 전달되어야 한다. 전문가는 교사의 말을 따라가면서 그들이 인식과 가치관에 대해 더 나은 이해를 얻는다. 반영하기와 인정하기를 통해서 교사의 자기효능감과 변화를 위한 결단을 할 수 있도록 돕는다. 더 나아가 보석을 찾아 경청하고 학생들의 관점을 강조함으로써 전문가는 교사가 중요한 실천들을 변화하는 데 관심을 가지도록 기여할 수 있다.

수업 환경 체크리스트

학급 체크업 교사 인터뷰를 한 다음, 수업 환경 체크리스트를 사용하는 교사가 자기 평가를 하도록 한다. (그림 6.1은 전문가가 완성한 기록지 예제다. 부록 B.2와 부록 B.3은 전문가와 교사용 기록지 예제들이다.) 일반적으로 전문가들은 교사 인터뷰 이후 즉시 교사에게 수업 환경 체크리스트를 준다. 그리고 교사에게 다음 주 내 작성하도록 요청한다. 또한 전문가가 학급 관찰 후 피드백을 제공하기 전에 이 체크리스트를 작성하는 것이 유용하다.

수업 환경 체크리스트는 몇 가지 학급 운영 영역에 대하여 질문을 한다. 이 영역들로는, 교실의 물리적인 구조, 기대 수준과 행동 규칙, 학습 운영 전략, 행동 관리 전략 등이 있다. 이 체크리스트는 현재 학급 운영 실천, 강점의 영역, 또는 관심이 요구되는 영역에 대하여 쉽게 대화하는 데 유용한 도구다. 이 도구는 학급 운영에 대한 중요한 정보를 제공할 뿐만 아니라 추후 회기에서 또는 피드백 회기에서 사용할 수 있다. 첫째, 전문가는 교사의 답과 전문가 자신의 답을 비교할 수 있으며, 불일치하는 점을 대화에서 나눈다. 예를 들어, "선생님이 학생 행동 규칙을 잘 지키게 하기 위해 연속적으로 훈계를 사용하신 항목에 약간 낮은 점수를 드렸습니다. 아마도 제가 교실에 있을 때 몇 번의 관찰을 완전하게 하지 않았기 때문일 수도 있습니다. 선생님께서 학생들의 부적

수업 환경 체크리스트 – 전문가용

학급 관찰을 토대로 각 질문에 가장 잘 해당하는 답을 표시하시오.

A. 교실 구조				
1. 학급에서 이동 패턴을 학생들이 분명하게 알고 있고 다른 학생들을 방해하지 않고 움직일 수 있다.	아니요 ☐	약간 ☐	예 ☑	
2. 교사가 학생을 항상 관찰할 수 있고 교사가 학급의 모든 지역에 접근하기 쉽도록 책상과 가구가 정렬되어 있다.	아니요 ☐	약간 ☐	예 ☑	
3. 학급에 있는 물건들은 분명하게 레벨이 붙어져 있다. 접근하기 쉽게 그리고 산만함을 최소화하기 위하여 정리 정돈이 되어 있다.	아니요 ☐	약간 ☑	예 ☐	
4. 학생들이 숙제를 제출하고, 확인 받은 숙제를 가지고 가도록 시스템이 되어 있다.	아니요 ☑	약간 ☐	예 ☐	
B. 행동 규칙과 기대 수준				
1. 학급 일정과 기대하는 바가 분명하고, 긍정적으로, 그리고 시각적으로 볼 수 있도록 적혀 있다.	아니요 ☐	약간 ☑	예 ☐	긍정적이지 않음
2. 수업을 관찰하는 동안 학급에서 기대하는 바를 쉽게 알 수 있다.	아니요 ☐	다소 ☑	예 ☐	
3. 관찰되지 않는 경우 교사에게 질문한다. 교사는 1년 동안 학급 규칙과 기대들을 서너 차례 적극적으로 가르치고 있다.	아니요 ☐	오직 1년에 1번 ☑	예 ☐	
4. 교사가 주의 신호를 사용할 때, 학생의 85% 이상은 몇 초 내에 반응한다.	5분 이내에 결코 반응하지 않음 ☐	몇 분 이내로 ☐	예 ☑	관찰되지 않음 ☐
5. 하나의 활동에서 다음 활동으로 이동이 원만하고, 문제 행동 없이 진행된다.	아니요 ☐	약간 ☑	예 ☐	
C. 수업 운영				
1. 교사는 수업의 시작 또는 이동할 때 모든 학생들의 주목을 받는다.	아니요 ☐	약간 ☐	예 ☑	
2. 학급 일정표와 관찰을 토대로, 수업시간의 70% 이상이 학업에 배분되어 있다.	50% 이하 ☐	50~69% ☐	예 ☑	
3. 수업 동안에 높은 비율의 학생들이 몰두하고 있다.	60% 이하 ☐	61~89% ☑	90% 이상 ☐	
4. 교사는 복잡한 학습 내용에 대해 적절한 속도로, 학생 반응의 기회를 적절하게 제공한다. (새로운 내용에 매분 4~6번 반응 기회, 반복 연습은 매분 9~12번 반응 기회)	아니요 ☐	약간 ☑	예 ☐	분당 약 2~3

(계속)

그림 6.1 ▶ 수업 환경 체크리스트(전문가용) – 완성본 예제

5. 교사는 대다수의 학생들에게 개별적으로 반응 할 기회들을 제공하기 위해서 효과적으로 질문하며 그룹과 개별적인 반응 둘 다 이끌어내려고 한다. (매 질문을 똑같은 학생들에게 하지 않음)	아니요 □	약간 □	예 ☑	
6. 학생은 교사 주도 학습에서 일반적으로 높은 비율의 정확성으로 답한다.	60% 이하 □	61~84% □	85% 이상 ☑	
7. 교사는 '아니요' 또는 '틀리다'로 말하기보다는, 보여주면서 설명하거나 실례를 들어가며 이해하도록 돕는 효과적인 오류 수정을 사용한다.	아니요 □	때때로 □	예 ☑	관찰되지 않음 □
D. 긍정적인 상호작용				
1. 교사는 모든 학생에게 비유관적으로 관심을 준다. (예, 문에서 맞이하기, 방과 후 일과에 대해 관심 가지기 등)	관찰되지 않음 □	때때로 □	예 ☑	학급의 모든 학생을 반갑게 맞이함
2. 교사는 문제 행동보다는 학급에서 기대되는 행동들을 더 자주 칭찬한다. (긍정 대 부정 비율)	2 : 1 이하 ☑	3 : 1 이하 □	3 : 1 이상 □	1 : 1
E. 적절한 행동에 반응하기				
1. 적절한 행동을 기록하고 보상하는 체제가 있다. (학급 전체와 개별 학생들)	아니요 □	약간/ 비공식적 ☑	예 □	
2. 특정 행동 칭찬으로 적절한 행동들을 격려한다.	아니요 □	때때로 ☑	대부분의 시간 □	
F. 부적절한 행동에 반응하기				
1. 학급에서 최소한의 문제 행동이나 방해의 수는 일반적으로 매우 적다.	아니요 □	때때로 ☑	예 □	
2. 교사는 일련의 전략들을 사용하여 학급 규칙 위반을 억제한다. (예, 무시하기, 다른 학생들을 칭찬하기, 접근하기, 구체적으로 훈계하기 등)	아니요 □	약간 ☑	예 □	
3. 특정한 위반 행동을 다루기 위해 기록 체계가 있다.	아니요 □	약간 / 비공식적 □	예 ☑	
4. 교사는 훈계하거나 학생의 위반 행동을 바로잡을 때 일관되게 한다.	아니요 □	때때로 ☑	예 □	
5. 훈계하거나 교정할 때 교사는 차분하고, 명쾌하고, 간결하게 한다.	아니요 □	때때로 □	예 ☑	

그림 6.1 ▶ (계속)

절한 행동을 억제하거나 예방하기 위해 사용하는 전략들이 무엇이었나요?" 둘째, 전문가는 교사가 스스로 못 미친다고 표시한 영역들에 중점을 두어서 교사가 어떻게 다르게 하고 싶은지 묻는다. 예를 들어, 전문가가 긍정 대 부정 비율이 2 : 1보다 적은 점수를 주었다면, "선생님께서 궁극적으로 이 항목이 몇 점에 있기를 원하시나요?" 또는 "선생님은 그 점수를 얻기 위하여 무엇을 하시겠습니까?"라고 질문할 수 있다. 셋째, 이 체크리스트의 정보를 학급 체크업 피드백 기록지를 사용할 때 피드백에 통합할 수 있다. 이때 전문가가 피드백 기록지에서 각각의 영역들을 검토할 때 지금의 답들을 참고하여 대화할 수 있다. 피드백 과정은 7장에 더 자세히 설명한다.

학급 수업 관찰

학급 체크업 인터뷰 끝머리에, 교사에게 학생 행동을 다루는 데 가장 어려움이 많은 시간을 알려달라고 말한다. 일정을 정해서 전문가는 이 시간에 중대한 학급 운영 변수들에 대한 자료를 모으기 위하여 교실 방문을 계획한다. 이 시간에 전문가가 관심을 가지고 관찰 할 중요한 학급 운영 변수들은 (1) 학생들에게 반응할 기회 주기, (2) 학생으로부터 정확한 학습 반응 얻기, (3) 교사의 칭찬 사용하기, (4) 교사의 훈계 사용하기, (5) 산만한 학급 행동, (6) 학생의 학업 참여 등을 포함한다. 수업 중에 관찰할 변수들과 각각의 변수들을 어떻게 관찰할지에 대해 다음 아래에 설명한다.

일단 전문가가 교실을 방문을 하기 위해 시간을 정하면 이번 방문에서 무엇을 할지, 즉 얼마나 오랫동안 거기에 머무를 건지, 교사가 전문가의 방문에 대해 학생들에게 말하기를 원하는지, 그리고 어떤 정보를 모을 것인지 등을 교사에게 설명한다. 가능하다면, 교사가 그 시간대의 관찰이 평소의 관찰을 반영했는지 여부를 평가하기 위해 관찰 후 교사에게 확인 질문을 할 것임을 교사에게 알릴 수 있다. 다음과 같이 말한다.

"제가 화요일에 교실을 방문할 때, 약 20분 동안을 머물 예정입니다. 그 시간 동안 학생의 행동과 선생님의 칭찬, 훈계, 그리고 반응할 기회들의 사용에 대한 정보를 모을 것입니다. 선생님이 원하신다면, 제가 교실에 들어가는 것에 대해 학생들에게 수업 관찰을 위해 방문하는 것이라고 말할 수 있습니다. 제가 방문할 때 선생님은 무엇인가를 하고 있는 중일 수 있습니다. 저는 그 시간 동안에 선생님이나 학생들 어느 누구에게도 말을 걸지 않을 것인데 어떤 느낌인지 수업 종료 시 확인을 해주셨으면 합니다. 혹시 궁금한 것이 있나요?"

중요한 학급 운영 변인

이제 학급 체크업 학급 수업 관찰에 의해 측정된 중요한 학급 운영 변인들에 대해 설명할 것이다. 이 변인들은 쉽게 관찰될 수 있으며 개입 목표가 설정되면 수업 환경을 상당히 증진시킬 수 있다. 학급 운영 변인들에 대한 설명 후, 각각의 변인은 구체적인 사례 및 바람직하지 않은 사례들을 통해 조작적으로 정의하였다. 비록 전문가가 자문을 해주는 학급에 따라서 정의가 조금씩 달라질 수 있으나, 일단 전문가가 정의를 하면, 그것을 일관되게 지속하고 자문 과정 내내 바꾸지 않는다. 또한 그 행동이 어떻게 보일지 그리고 어떻게 보이지 않을지 생각하는 것이 바람직하다. 그렇게 함으로 전문가는 학급에서 발생 할 수 있는 최소한의 차이를 예상할 수 있고, 전문가가 관찰한 것이 그것인지 아닌지 질문하게 해준다. 각각의 변인이 어떠한 모양으로 학급에서 나타날지를 매우 구체적으로 정의하는 이유들 중 하나는, 전문가가 시간이 흘러도 일관적이고 신뢰할 수 있는 방식으로 데이터를 수집할 수 있기 때문이다. 이렇게 신중하게 함으로써 전문가는 개입 전과 개입 후에 특정한 변인에 대해 학급이 어떤 모양이 되는지 비교 가능하게 된다. 만일 전문가가 어떤 변화가 어떤 특정 개입(예, 교사나 학생 행동의 변화)에 의한 것이라고 정확히 말하기 원한다면, 개입 전과 개입 후에 동일한 방식으로 데이터를 모으는 것이 필요하다. 만약 전문가가 정확하게 동일한 유형의 데이터를 모으는 것에 있어서 정확하거나 일관성이 없다면, 전문가가 개입 전과 개입 후에 있는 어떤 변화가 학급에서의 실제적인 변화 때문이기보다는 오히려 전문가가 자료를 모았던 방식의 차이 때문일 수 있다.

> 만일 전문가가 어떤 변화가 어떤 특정 개입(예, 교사나 학생 행동의 변화)에 의한 것이라고 정확히 말하기 원한다면, 개입 전과 개입 후에 동일한 방식으로 데이터를 모으는 것이 필요하다.

아래에 설명된 중요한 변인들 각각은 효과적인 학급 운영에 대한 연구 결과들과 직접적인 연관이 있다. 각각의 변인과 관련된 연구 결과 개요는 2장을 참고한다.

반응할 기회

반응할 기회는 교사가 학생 또는 그룹에게 학습 관련 질문을 하는 동안 언제든지 있다. 수업하는 동안 학생이 반응하도록 기회 비율을 증가시키는 것은 더 많은 배움을 만들며, 중요한 피드백을 교사에게 제공하여 학생들의 수업 참여 행동을 증가시킨다.

반응할 학습 기회들은, 개별적인 학생이거나 전체 학급에게 지시된 각각의 기회를 기록하거나, 구두로 반응을 구하는 교사의 제스처를 계산하거나, 학습 관련 질문의 수, 그리고 기타 진술들의 수를 셈으로써 쉽게 관찰 가능하다. 반응할 기회를 측정할 때는, 학생들에게 교육적으로 반응하는 구성요소를 가지고 있어야 하며, 행동에만 관련된 지시는 포함하지 않는다(예, "책을 치우세요.").

연구 결과에서, 새로운 자료를 학습하는 경우 학생들은 분당 4개 내지 6개의 답(최소값 3.1)을 해야 하고 80%의 정확도를 보여야 하며, 연습이나 복습 과제를 하는 경우 학생들은 9개 내지 12 개의 답(최소값 8.2)을 할 기회를 가져야 하며 90%의 정확도를 보여야 한다(특수아동자문위원회, 1987).

정확한 학습 반응

반응할 기회들을 직접적으로 관찰하는 것과 관련하여, 학생 반응 정확도는 정확한 학습 반응 수를 기록함으로써 결정된다. 정확한 학습 반응은 반응할 기회가 1명의 학생 또는 학급 모두에게 주어졌고, 정확한 반응이 나왔을 때를 말한다. 정확한 학습 반응의 백분율을 산출하기 위하여, 정확한 학습 반응 수를 반응 기회의 수로 나눈다. 이것은 학습 자료가 학생들의 현재 능력에 정확하게 맞는지를 교사로 하여금 판단하게 해준다. 만약 새로운 자료에 대한 정확도가 80% 이하거나 또는 반복 및 연습에 대한 정확도가 90% 이하라면, 학습 자료를 재검토하는 것이 바람직하다. OTR(반응할 기회)과 CAR(정확한 학습 반응)의 명확한 정의와 예제들은 표 6.1에 제시하였다.

칭찬하기

칭찬은 쉽게 관찰될 수 있는 또 다른 중요한 학급 운영 전략이다. 학급에서 교사와 학생의 긍정적인 상호작용을 증진시키는 것은 학생의 성과에 커다란 영향을 미칠 수 있다. 높은 빈도의 칭찬을 하는 교사들은 학업 일탈 행동과 산만한 행동이 더 적고(Shores, Cegelka, & Nelson, 1973) 수업에 더 많은 시간을 보낸다. 또한 칭찬은 학생들의 내재된 동기를 증가시키며, 더 많은 유능감을 느끼도록 돕는다(Cameron & Pierce, 1994).

칭찬의 수는 학생들의 바람직한 교육적 또는 사회적인 행동을 인정하는 교사의 진술이나 또는 제스처를 셈으로써 관찰된다. 또한 칭찬은 특정 행동 칭찬과 일반적 칭찬으로 나누며, 교사에게 더 구체적인 피드백을 제공할 수 있다.

특정 행동 칭찬 대 일반적 칭찬

특정 행동 칭찬일 때 교사의 칭찬이 가장 효과적이다(Brophy, 1983). 특정 행동 칭찬은 그 학생이 어떤 행동 때문에 칭찬을 받았는지를 확인해주며, 교사의 기대 수준을 더 명확하게 알려준다. 바람직한 학생 행동을 위해서 명확한 피드백이 제공될 때, 교사의 칭찬은 특정한 행동 칭찬으로 계산한다(예, "영철아, 선생님의 말을 잘 듣고 있는 모습이 좋구나!"). 바람직한 행동에 대해 어떤 특정한 피드백이 제공되지 않으면, 교사의 칭찬은 일반적 칭찬으로 계산한다(예, "여러분, 참 잘 했어요!" 또는 "영철아, 잘했어."). 비언어적으로 인정하는 것, 즉 엄지손가락 치켜 올리기, 스티

표 6.1 반응할 기회(OTR)와 정확한 학습 반응(CAR)의 정의와 예제

	반응할 기회(OTR)		정확한 학습 반응(CAR)
정의	학생으로부터 반응을 이끌어내기 위해서 교사가 학습 관련 질문, 진술, 또는 제스처를 하는 것. OTR은 학습 관련 반응 요인을 가지고 있어야 하고 단지 행동과 관련된 말이나 지시여서는 안 된다.(예, "연필을 잡으세요.") 교사가 같은 질문을 반복할지라도 반응할 기회는 모두 OTR로 기록한다.	정의	반응할 기회가 한 학생 또는 학급 모두에게 주어졌고, 정확한 학습 반응이 나왔을 때 CAR로 기록한다. 비록 반응이 늦어질지라도 정확한 학습 반응이면 기록한다.
좋은 예제	• "대한민국 수도는 어디입니까?" • 교사가 한 학생을 가리킨다. • "영철아, 3×4는 얼마니?" • "만약 '고양이'에서 'ㄱ' 소리가 들리면 손을 들어주세요." • 교사는 학생 반응에 대해 고개를 끄덕인다(제스처).	좋은 예제	• 교사는 개별 학생에게 학습 관련 질문에 답하도록 요청한다. 　– 학생이 정확한 답을 한다. 　– 전문가가 확신할 수 없을 경우에(학생의 답을 잘 듣지 못한 경우), 교사가 학생의 답을 정정하지 않는 경우 • 교사 : "3×4는 얼마죠?" 학생 : "12." • 교사 : "영철아, 이 문제에 대해 어떻게 생각하니?" 학생이 분명하게 정확한 반응을 하지 않은 경우. 교사 : "그래, 그것을 바라보는 한 방법이겠구나." • 교사는 학습 관련 질문을 학급이나 한 그룹에 했고, 1명 이상의 학생들이 정확하게 답을 한 경우. • 교사 : "3×4는 얼마지요?" 학급 전체가 합창하여 답한다. "12."
나쁜 예제	• "여러분 공책을 모두 치워주세요." • "문제를 모두 맞힌 사람들 몇 명이죠?" • "영철아, 도와줄까?" • "선생님을 보세요." • "3×4가 12라는 것을 잊지 마렴." • "주말을 모두 잘 보냈나요?" • 교사가 문제나 활동에 모델링을 한다. 모델링을 하는 동안 학생의 반응을 요청하지 않는다면, OTR으로서 부호화하지 않는다.	나쁜 예제	• 교사는 개별 학생에게 답을 요청한다. 　– 학생은 답을 하지 않는다. 　– 학생은 분명하게 틀린 답을 말한다. • 교사 : "3×4는 얼마죠?" 　학생 : "16."(오답) • 교사 : "영철아, 6번 답이 뭐지?" 　학생 : 답을 못함 • 교사는 학급 또는 그룹에게 학습 관련 질문에 대한 답을 요청한다. 　– 오직 한 사람만이 정확하게 답을 한다. 　– 학생들은 오답을 한다. 　– 학생들은 어떤 대답도 하지 않는다. 　– 대부분의 학생들이 틀린 것이 분명하다. • 교사가 학급에게 : "대한민국의 수도는 어디죠?" 오직 한 학생만 답한다.

⁂ **표 6.2 칭찬하기의 정의와 예제**

칭찬하기의 포괄적 정의 : 교사는 언어적 표현이나 제스처로 학생의 바람직한 행동을 인정한다. 때로 행동을 인정하지 않을 경우 교사는 상냥한 말투로 전달한다. 학생의 행동을 인정할 때만 칭찬을 한다.

특정 행동 칭찬		일반적 칭찬	
정의	교사가 인정하는 행동에 대해서 특정 행동 피드백을 제공한다.	정의	학생 행동에 대해 어떤 특정한 피드백을 주지 않는다.
예제	<ul><li>교사 : "손을 들어줘서 고맙구나."</li><li>교사 : "여러분 모두 선생님을 보세요, 좋아요."</li><li>교사 : "여러분 모두 과제를 열심히 하는군요."</li><li>교사 : "세 번째 그룹이 잘 듣고 열심히 하고 있네요." 교사는 그 그룹에 1점 보상을 준다(특정 행동 칭찬과 비언어적인 제스처가 특정 행동 칭찬 1점).</li></ul>	예제	<ul><li>비언어적 : 엄지손가락 치켜 올리기, 하이파이브, 등을 토닥이기, 점수 주기, 토큰 주기, 스티커 주기 등</li><li>교사 : "영철아, 고맙다."</li><li>교사 : "정말 잘했다."</li><li>교사 : "멋지다."</li><li>교사 : "모두 잘했어요."</li><li>교사 : 그룹에게 점수를 주는 동안 "그룹 모두, 정말 잘하고 있구나!"(비언어적이고 일반적인 언어가 일반적 칭찬 1점)</li></ul>
해당 없음	<ul><li>교사 : "영철아, 고맙다."</li><li>교사 : "계속하렴."</li><li>교사 : "좋아, 잘했어!"</li><li>교사 : "답을 하기 전에 손을 드는 것을 기억하세요."</li><li>교사 : "그것은 오답이구나."</li></ul>	해당 없음	<ul><li>교사 : "영철아, 네 사물을 조용하게 치워 주어 고맙다."</li><li>교사 : "잘했어. 모두 과제를 마쳤구나!"</li><li>교사 : "최선을 다해주렴."</li><li>교사 : "영철이, 영희, 태수가 함께 할 준비가 되었구나."</li></ul>

커 사용하기, '하이파이브' 등은 일반적 칭찬으로 본다. 칭찬의 유형과 예제는 표 6.2에 있다.

훈계하기

교사에 의해 활용된 또 다른 중요한 학급 운영 전략은 훈계하기다. 훈계의 수는 교사가 인정하지 않음을 표현한 설명이나 비언어적 제스처를 계산한다. 그룹, 개인, 학급 전체에 지시될 때도 훈계하기로 기록한다. 긍정 대 부정 비율은 칭찬 수와 훈계 수를 합하여 계산된다. 칭찬 대 훈계 비율이 최소 3 : 1이어야 한다. 만약 칭찬 대 훈계 비율이 최적이 아니라면, 비율을 변화시키기 위한 노력으로 학급에서 칭찬을 사용하는 것을 증가시키도록 한다. 학급에서 칭찬을 증가시키는 것은 산만한 학급 행동을 줄이는 것과 직접적인 관련이 있다. 칭찬과 마찬가지로 훈계하기를 보다 구체적으로 분류한다. 명확하고 능숙한 훈계와, 비판적이고 거칠며 감정적인 질책으로 나눈다. 이 두 개의 유형으로 훈계를 나누는 것은, 목표 설정을 위해 보다 구체적이고 유용한 피드백을 할 때 도움이 될 수 있다. 일반적으로, 교사는 훈계의 수를 줄이고, 감정적인 질책보다는 명확하고 능숙한 훈계를 더 많이 사용하도록 격려되어야 한다. 훈계 유형과 예제들이 표 6.3에 있다.

학생들의 산만한 행동

학급 운영 전략이 효과적인지를 아는 유일한 방법은 학급에서 발생하는 산만한 행동의 수를 계산하는 것이다. 개별 학생 또는 학생 전체의 말과 행동이 계속해서 수업을 방해할 때 산만한 행동으로 기록한다. 만약 산만한 행동이 세분화되어 부호화할 수 있다면 가장 좋다. 예를 들어, 학생 2명이 싸울 때 싸움이 하나의 산만한 행동이 되며, 한 학생이 소리 지르는 것이 또 다른 하나의 산만한 행동이 된다. 만약 2명의 학생들이 싸움을 한다면(산만한 행동 1개), 교사가 그 싸움을 멈추게 할 것이며(산만한 행동의 마무리), 2명 중 1명은 교사에게 대꾸한다(산만한 행동 2개). 그러면 전문가는 이 사건을 두 개의 산만한 행동으로 기록한다. 이런 종류의 규칙을 확립하는 것은 전문가가 교실에서 관찰하는 동안 일관성 있게 할 수 있으며, 단순히 변화를 측정하기보다는 진솔한 변화를 기록하는 것을 보증한다. 학급 관찰을 부호화하는 데 사용할 수 있는 산만한 행동의 명확한 정의와 예제들이 표 6.4에 있다.

학급 체크업 10분 수업관찰 기록지

반응할 기회, 정확한 학습 반응, 칭찬, 훈계, 학생들의 산만한 행동들은 앞에서 논의된 중요한 학급 변인 모두를 학급을 방문하는 동안에 관찰할 때마다 계산한다. 학급 체크업의 10분 수업관찰 기록지는 10분간 관찰하는 동안에 이런 중요한 변인들을 부호화하기 위해 사용될 수 있고, 자료 수집을 돕기 위하여 개발되었다(학급 체크업 10분 수업관찰 기록지는 그림 6.2 참조; 빈칸 기록지는 부록 B.4 참조). 각각의 관찰에 대하여 관찰한 행동 수를 더하고, 전문가가 몇 분간 관찰했던 행동 수를 합산한 것을 나눔으로써 각각의 행동 비율(또는 분당 수)을 계산한다. 또한 전문가는 긍정 대 부정 상호작용 비율과 학생의 반응을 정확한 백분율로 산출할 수 있다. 이 정보는 7장에서 기술된 기준에 근거해 교사에게 피드백을 제공할 때 사용된다.

> 이상적으로 세 번에 걸쳐 학급을 관찰한다. 또한 매번 다른 날짜에 데이터를 수집한다.

이전에 언급된 것처럼, 전문가는 적어도 세 번에 걸쳐 데이터를 수집한다. 매번 다른 날짜에 데이터를 모으는 것도 도움이 된다. 예를 들어, 만약 전문가가 같은 날 동안에 세 번을 같은 학급에서 관찰한 후 자료를 모은다면, 전문가는 일반적인 날이 아닌 날에 데이터를 수집한 것이 될 수 있다(특히 문제를 일으키는 학생이 결석한 날). 3일 이상 또는 1주나 2주 기간에 걸쳐 모아진 자료에서 학급 분위기의 일반적인 다양성을 수집할 수 있다.

∴ 표 6.3 훈계하기의 정의와 예제

포괄적 정의 : 언어적 표현 또는 비언어적 제스처로 학생 행동에 대한 교사의 불승인을 전달하는 것이다. 목소리 톤은 유쾌할 수 있으나, 대화에서는 행동의 불승인을 나타낸다.

	명확하고 능숙한 훈계		비판적이고 거칠며 감정적인 질책
정의	교사는 귀에 거슬리거나, 가혹하거나, 비판적이거나, 빈정거리는 어조 없이 평소의 목소리로 간결하게 교정하거나 훈계 한다.	정의	교사는 수업 환경에서 보통보다는 더 큰 목소리로 또는 거칠게 하거나 비판적이거나 빈정거리는 어조로 질책이나 교정을 한다.
예제	• 교사 : "영철아, 그냥 말하지 말고 네가 말하기 전에 손을 들어주렴." • 교사 : "영철아, 자리에 앉으렴." (자기의 자리에서 벗어날 때) • 교사 : "내가 말하고 있을 때는 선생님을 보세요." (그룹이 떠들 때) • 비언어적 : 학생들이 떠들 때 가까이에서 손가락을 입술에 댄다. • 교사 : "여러분 목소리가 큽니다. 낮은 소리로 말로 하세요." • 비언어적 : 교사가 수업을 계속하고 싶은 시간 없음을 칠판에 적는다. • 교사 : "이 그룹이 하는 방법은 좋지 않구나." • 교사 : "영철이, 영희, 순희, 자리에 앉으렴." • 비언어적 : 교사는 떠들고 있는 학생들에게 경고 점수를 준다.	예제	• 교사가 학생의 책상을 손으로 탕탕 치기만 한다. • 교사는 지나치게 물리적으로 학생을 붙잡는다. • 교사가 큰 목소리로, "내가 말을 하고 있잖아. 나를 봐." (그룹이 떠들 때) • 교사 : "내가 너희들에게 몇 번이나 규칙에 대해 말했지 않니?" • 교사 : (냉소적으로) "와우, 이제야 영철이가 우리와 함께 하는구나." • 교사 : (과제를 자주 제출하지 않은 학생에게 냉소적으로) "놀랍구나, 숙제를 또 해오지 않다니." • 비언어적 : 교사는 오랫동안 학생들을 혼내면서, 수업을 중단하고, 쉬는 시간이 없다는 벌점을 칠판에 적는다. • 교사 : "여러분, 영철이를 제외하고 오늘 모두 잘했어요." • 교사가 질책 전후로 깊게 한숨을 쉬며 학생들을 노려본다. • 교사는 제3자의 이야기를 인용하면서 큰소리로 화를 낸다. "박선생님이 그러는데 이 학급이 왜 이것을 이해하지 못하는지 정말 실망이라고 하더라."
해당 없음	• 교사 : "아니지. 답은 12이란다." • 교사 : "영철이가 다음 지시를 기다리며 조용히 앉아 있구나."(다른 학생이 친구와 떠들 때). • 교사 : "나는 공부할 준비가 되어 있는 학생들을 기다리고 있단다." • 교사 : "만약 과제를 끝내면, 소리 내지 않고 책을 읽으렴." • 교사 : "과제를 마치면 손을 머리에 올리렴."	해당 없음	• 교사는 문제 행동을 하는 학생 옆으로 가까이 가서, 학생의 어깨 위에 손을 부드럽게 올리며 행동을 중단시킨다. • 비언어적 : 가까이에서 학생들이 떠들 때 입술에 손을 대거나 어깨 위에 손을 올린다. • 비언어적 : 수업을 계속 하면서 칠판에 쉬는 시간이 없음을 적는다.

표 6.4 산만한 행동의 정의와 예제

정의 : 교사와 한 명 또는 그 이상의 학생들을 위해 진행되고 있는 학급 활동에 산만한 또는 방해가 예상되는 개별 또는 그룹의 언어적 표현이나 행동을 말한다.

다음은 구체적인 산만한 행동들이다.

떠들기 – 허락하지 않았는데 학생이 소리를 내거나 말하기 규칙을 어겼을 때

예제
- 교사가 반응할 기회를 줄 때 학생은 "저요, 저요!"를 외친다.
- 학생은 질문을 하거나, 학업과 관련이 없는 의견을 말한다.
- 질문에 답을 하기보다는 학생이 다른 학생에 대한 고자질을 한다. "저 아이가 공부 안 하고 있어요."(고자질 하기)
- 학생은 교사의 주의를 끌기 위해 소음을 만든다(푸념하기, 투덜거리기).
- 학생이 콧노래하기, 노래하기, 휘파람 불기, 깊게 한숨 쉬기, 혀 차는 소리, 입으로 그 외의 소리를 만든다.

해당 없는 예제
- 기침하기, 재채기, 적절히 목을 가다듬기, 딸꾹질 등
- 소음은 코가 막혀서 내는 소리나 콧바람 소리

비순응/반항하기
- 교사의 지시에 따르지 않기
- 학급 활동에 참여하는 것을 거부하기

해당 예제
- 학생은 교사가 요청한 질문에 답이나 부여한 일을 하지 않는다.
- 학생이 "싫어요."라고 외치거나, 교사가 칠판 앞으로 나오라고 요청한 후에도 고개를 계속 숙이고 있다.

해당 없는 예제
- 교사가 학생에게 수학문제를 풀기 위해 칠판으로 나오기를 요청한다. 학생은 자리에서 일어서서 칠판으로 나오지만 질문에 틀린 답을 한다.
- 학생이 새로운 활동을 시작할 때 허락을 받고 화장실을 사용하기 위해 교실을 나간다.

부정적인 언어/신체 표현
- 다른 사람을 향한 신체적인 공격을 드러낼 때
- 사물을 향해 신체적인 공격을 할 때
- 다른 사람들이나 사물들에 언어적인 공격을 할 때
- 불쾌한(외설적인) 언어를 사용하기

해당 예제
- 학생이 책상 위에 책을 던져놓고 교실을 떠난다.
- 학생이 친구들이나 교사에게 때리기, 찌르기, 입으로 깨물기, 발로 차기, 숨을 못 쉬게 하기, 물건을 던진다.

해당없는 예제
- 학생이 다른 학생의 주의를 끌기 위해 친구의 팔을 만지는 것
- 학생이 갑작스럽게 책이나 다른 물건을 떨어뜨리거나 큰소리를 만드는 것

주 : 만약 지시사항이나 다른 학생을 방해하는 행동으로 보이면 산만한 행동이다.

학생들의 수업 참여

학생 행동과 관련되어 관찰 가능한 결과는 학생들의 수업 참여다. 이 변인은 짧은 순간(5초) 동안 학급에서 각각의 학생을 관찰함으로써 학업에 몰두하고 있는지 여부를 기록하는 것이다. 몇몇 학생들은 산만하지 않지만 학업에 몰입하지 않을 수 있기 때문에 이런 데이터는 산만한 행동 관찰을 보완하는 데 유용하다. 따라서 저자들은 산만한 행동 기록지와는 별도로, 전반적인 수업 참여 수준을 결정하기 위해 별개의 5분 관찰 기록지를 개발하였다.

이 관찰을 하기 위해서는 전문가가 따라가며 기억할 수 있고, 교실에서 모든 학생을 관찰하게 할 수 있는 순서 형태를 정하고 그 패턴을 시작할 한 학생을 선택한다. 예를 들어, 학생 책상이 U 형태로 정렬되어 있다면, 전문가는 왼쪽의 모서리 앞에서 시작하여 모둠 주변과 모퉁이 옆 학생을 관찰하면서, 멀리 떨어진 오른쪽 모서리에 있는 학생 관찰로 마무리할 수 있다(그림 6.3 참조). 만약 전문가가 끝내기 5분 전에 관찰 패턴을 마치면, 남은 시간은 동일한 순서와 형태를 따라가면서, 다시 처음 학생부터 반복한다. 전문가는 몇몇 학생들을 두 번 또는 그 이상을 관찰할 수 있다.

일단 전문가가 학생을 관찰하고 있을 때 사용하는 순서 형태를 확인한 후에 그 관찰을 시작한다. 초나 분을 알려주는 초시계나 기타 장치를 사용하면서 처음 학생부터 시작한다. 초시계가 5초가 될 때, 그때에 시선이 머문 학생이 학업에 몰두 중이면 (+)에, 몰두하지 않으면 (○)으로 표시한다. 이것을 순간적인 **시간 표본 추출**이라고 한다. 왜냐하면 전문가가 정해놓은 그 순간 5초에 발생하는 학생 행동을 기록하기 때문이다. 초시계가 10초에 도달하면, 두 번째 학생이 몰두 중(+)에 있는지 몰두하지 않은지(○)를 알아보도록 쳐다본 후 부호화한다. 이렇게 5분이 될 때까지 계속해서 수행한다. 단순히 부호화만 하는 것은 3초 이내로 충분하지만, 어떤 학생이 그 순간에는 학업에 몰두하지 않는다 해도 5초 그 순간에 몰두하는 모습이라면, 학업 수행에 참여하는 것으로 (+) 표시한다. 이렇게 일관된 과정을 지속하고 학업에 몰두하는 학생에게 (+) 표시한다.

그림 6.3은 어떤 제한된 시간 동안의 학생 참여 학급의 스냅 사진이다. 1초 전에 어떤 학생이 몰두하지 않는 것으로 전문가가 표시했던 학생 수만큼이나 다른 학생에게는 몰두하는 것으로 표시된다. 이렇게 계속 관찰을 하다 보면 결국은 반복된 과정을 함으로써 평균적으로는 동일한 결과를 산출해낼 수 있다. 관찰하기가 끝나자마자 전문가는 학업에 몰두하는 학생들의 시간 백분율을 산출할 수 있다. 교사에게 피드백을 줄 때 전문가는 이 정보를 사용할 것이다. 학급 체크업 10분 관찰과 마찬가지로, 전문가는 이상적으로 서로 다른 날에 세 번 이상의 관찰을 한다. 학생 참여에 관한 조작적 정의는 표 6.5에 있다. 그림 6.4는 학급 체크업 5분 수업 참여 관찰 기록지의 예제다. 부록 B.5는 빈칸 기록지다.

학급 체크업 10분 수업관찰 기록지

교사 :	날짜 : 201 . . .	주제 : 수학
관찰자 :	시작시간 : 13시 30분	활동 : 교사 주도 학습

교육의 유형(동그라미로 표시하기) :

새로운 자료 / (반복과 연습)

10분의 관찰 동안, 다음과 같은 동작이 교실에서 관찰 될 때마다 각 시간에 대해 완전히 기록한다. 그때 총합계, # 분당(속도), % 적절한 학업적인 반응, 그리고 상호작용의 비율(긍정 대 부정)을 계산한다.

	10분 관찰 빈도	합계#	비율#/ 총 분	CAR/OTR×100 = 정확한 %
반응할 기회 (OTR)	₩₩ ₩₩ ₩₩ ₩₩	20	2.0	(70)%
정확한 학습 반응(CAR)	₩₩ ₩₩ ||||	14	1.4	
산만한 행동	₩₩ ₩₩ ₩₩ ₩₩ ||	22	2.2	부정 대 긍정 비율＝훈계의 합/칭찬의 합＝1 : (2)
특정 행동 칭찬	||	2	0.2	특정＋일반적＝ 합계 : (7)
일반적 칭찬	₩₩	5	0.5	
명확하고 능숙한 훈계	₩₩ ₩₩ |	11	1.1	명확한＋비판적인＝ 합계 : (14)
비판적, 거친, 감정적인 질책	|||	3	0.3	

코멘트 :

OOO 선생님은 적극적인 슈퍼비전을 하여 4-2 학급을 자세히 관찰하였다. 관찰은 수학 설명을 하는 동안에 하였고, OTR이 조금은 부족하게 시작하였다. 끝나기 2분 전에, 그는 학생들이 알지 못하는 간단한 시험이 있음을 알렸다.

그림 6.2 학급 체크업 10분 수업 관찰 기록지 – 완성본 예제

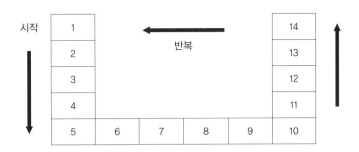

그림 6.3 학생 학급 참여 관찰을 위한 패턴의 예제

전반적인 학급 평가

몇 가지 중요한 학급 운영 실천에 대해 간단하게 학급 전체를 평가하는 것은 전문가와 교사의 대화를 활발히 하는 데 유용하다. 이런 변인들에 대한 관찰과 대화를 촉진하고자, 학급 체크업 전반적인 학급 평가 기록지를 매번 학급 관찰 방문 후에 작성한다. 이 기록지는 1점에서 5점 척도로서, 교사가 특정한 전략을 얼마나 잘 사용하고 있는지 전문가가 지각한 바대로 전반적인 평가를 하는 것이다. 만약 전문가가 어떤 항목에서 평균 이하로 교사에게 점수를 준다면, 코멘트에 그렇게 점수를 준 특정한 이유나 예를 적는다. 그런 다음 이 정보는 피드백 회기에서 교사와 공유한다. 학급 체크업 전반적인 학급 평가 기록지에 부호화된 전략들은, 교사의 적극적인 슈퍼비전, 주의를 주는 신호물, 보상물 사용하기(그것은 유관적 보상이었나요? 상황에 따라 달라졌나요?), 기대 수준들이 교육적, 사회적 행동 모두를 다루기 위해 검토되었는지, 하나의 활동에서 다음 활동으로의 이동이 매끄럽고 낭비되는 시간은 없었는지, 전문가의 학급 전체 분위기의 인상이 어떠한지 등이 포함된다. 각 문항마다 전문가가 5점 척도를 사용하여 전략의 사용이나 전문가의 전반적인 인상을 평가하도록 한다. 1점은 빈약하거나 다른 학급과 비교하여 잘하지 못한 경우, 5점은 우수하거나 다른 학급과 비교하여 더 잘한 경우다. 3점은 하나의 항목 평가를 하는 것은 교사의 전략 사용, 학급 분위기, 이동 시간이 전문가가 관찰해온 다른 학급에 비교하여 평균임을 나타낸다. 그림 6.5는 학급 체크업의 전반적인 학급 평가 기록지의 완성된 예제다. 부록 B.6은 빈칸 기록지다.

∷∷ 표 6.5 학생들의 수업 참여/몰입의 조작적 정의와 예제

정의 : 학생은 산만한 행동 없이 주어진 행동이나 승인된 행동을 시도하거나 정확하게 보일 경우를 말한다. 수업 몰입 행동은 (1) 수업 내용과 학업에 참여하면서, (2) 교사를 보면서 또는 필기를 하는 것처럼 적절한 행동 반응을 하면서, (3) 승인될 수 있는 예절에서 도움을 기다리거나 도움을 요청하기(예, 조용히 손을 올리기), (4) 교사가 시작 준비를 하는 동안이나 설명을 계속하는 동안에 적절하게 기다리기 등이다.

예제
- 만일 교사가 질문에 대한 답을 학생들에게 요청하고 있다면, 학생은 교사를 쳐다보고 있고, 또는 답을 하려고 손을 들고 있다.
- 만일 교사가 학생에게 혼자서 학업을 하도록 요청을 한다면, 학생은 연필을 가지고 있고, 주어진 행동에 대해 계속 학업을 하고 있다.
- 만일 학생들이 다른 학생들이 끝마치는 동안에 조용히 기다리는 것이 요구되면, 학생은 다른 학생과 말하는 것 없이 책상에 가만히 앉아 있다.

해당 없는 예제
- 학생은 교사를 쳐다보고는 있지만 학업을 수행하지는 않는다.
- 학생은 산만한 행동을 하고 있다.
- 학생은 특정한 쓰기 활동을 하기로 되어 있을 때 다른 과목을 수행하고 있다.
- 학생은 주어진 학업을 완성하는 것이 아닌 종이 위에 낙서를 하고 있다.
- 학생은 연필을 깎기 위해 자리를 이탈한다거나 책상에 돌아오기 전에 교실 주변을 어슬렁거린다.
- 학생은 교사의 허락 없이 다른 학생의 종이를 쳐다보고 있다.

주 : 만약 학생이 수업에 관심을 가지는지 의심이 갈 경우, 관심을 가지지 않은 행동으로 기록한다.

직접적인 관찰에서 효과적인 개입까지

개입과 평가를 연결하는 것은 교육 분야에서 필수적인 부분이 되어 왔다. 위에 설명된 변인들은 이와 관련하여 실현 가능하고 능률적이며, 효과적으로 이러한 연결을 하는 방법을 제공한다. 수업을 관찰하는 동안 수집한 정보는 학급 행동 운영 실천 개입들을 개발하기 위하여, 그리고 그 개입들이 효과가 있는지 알아내기 위해서 사용된다. 이상적으로 교사 주도적 교육 수업 3개 내지 5개를 관찰하는 것이 필요하다. 이것은 특히 학급에서 운영이 잘 안 되는 어떤 특정 하루에 근거를 두어 개입을 설계하는 문제를 피하도록 돕는다. 일단 관찰이 완성이 되면, 변인들에 대해 분당 평균의 수는 합산하여 교사에게 피드백을 제공한다. 위에서 언급한 변인들의 적절 범위를 사용하여 교사는 개선이 필요한 영역에 개입 아이디어들을 개발할 수 있다.

학급 체크업 5분 수업 참여 관찰 기록지

교사 :	날짜 : 201 . . .	주제 : 수학
관찰자 :	시작시간 : 13시 30분	활동 : 개별 학습/퀴즈

다음 5분 동안, 매 5초마다 어떤 학생이 학업을 수행하고 있는지 아닌지를 표시한다.

각각의 칸은 두 가지를 나타낸다. (1) 전문가가 5초 동안 관찰하는 학생이 학업에 몰두하고 있으면 (+) 또는 학업에 몰두하고 있지 않으면 (○)을 결정하기 위해 관찰 과정에서 초 단위 시간들이며, (2)일정한 간격의 수다. 총 60개로 이루어진 칸들을 관찰 시간 5분 동안에 반복하면서, 계속해서 학생들을 관찰한다. 그런 다음 수업에 몰두했던 시간을 백분율(%)로 산출한다.

+ 수업에 몰입 중을 나타낸다. (참여 중)
○ 수업에 몰입하지 않음을 나타낸다. (참여 하지 않음)

5초 + 1	10초 ○ 2	15초 ○ 3	20초 + 4	25초 + 5	30초 + 6	35초 ○ 7	40초 + 8	45초 + 9	50초 + 10
55초 + 11	1분 + 12	1분 05초 + 13	1초 10분 + 14	1분 15초 + 15	1분 20초 ○ 16	1분 25초 + 17	1분 30초 + 18	1분 35초 + 19	1분 40초 + 20
1분 45초 + 21	1분 50초 + 22	1분 55초 ○ 23	2분 + 24	2분 5초 ○ 25	2분 10초 + 26	2분 15초 + 27	2분 20초 + 28	2분 25초 + 29	2분 30초 ○ 30
2분 35초 + 31	2분 40초 + 32	2분 45초 + 33	2분 50초 ○ 34	2분 55초 ○ 35	3분 + 36	3분 5초 + 37	3분 10초 ○ 38	3분 15초 + 39	3분 20초 + 40
3분 25초 + 41	3분 30초 + 42	3분 35초 + 43	3분 40초 ○ 44	3분 45초 + 45	3분 50초 + 46	3분 55초 ○ 47	4분 + 48	4분 05초 + 49	4분 10초 + 50
4분 15초 + 51	4분 20초 + 52	4분 25초 + 53	4분 30초 ○ 54	4분 35초 ○ 55	4분 40초 ○ 56	4분 45초 + 57	4분 50초 + 58	4분 55초 ○ 59	5분 + 60

수업 몰두 중 비율(%) = 몰두 중 (+)칸의 수/부호화된 칸들의 합 × 100%

1. 수업 몰두 중 (+)인 부호화한 칸들의 총합계 = (45)
2. 수업 몰두 중 (+) + 수업 몰두 아님(○)으로 부호화한 칸들의 총합계 = (60)
3. 1/2 × 100% = (75)%

코멘트 :

처음 2분은 학생들이 퀴즈를 풀고 있었다. 퀴즈가 끝날 때, 그들은 개별적인 활동지를 완성하기로 되어 있었다.

그림 6.4 ● 학급 체크업 5분 수업 참여 관찰 기록지

학급 체크업 전체 수업 평가 기록지

교사 :	날짜 :	관찰자 :

방문 관찰을 마칠 때, 전문가가 관찰해 왔던 다른 학급에 비교해서 아주 좋았으면(우수) 5점으로, 평균이면 3점, 부족하면 1점으로, 다음 항목의 학급 평가를 1점부터 5점으로 정하시오. 전문가가 평균보다 높은 점수로 평가한 항목에 대해서는, 또한 그렇게 한 것에 대한 전문가의 이유를 적으시오.

▸ 다음 척도를 사용하여 각 항목에 대해 가장 적합한 점수에 표시한다.

5 = 우수   4 = 평균상   3 = 평균   2 = 평균하   1 = 부족   NO = 관찰되지 않음

항목	척도점수	의견
적극적인 슈퍼비전의 사용	5 ④ 3 2 1 NO	교사가 설명을 하는 동안에 교실 주변을 걸었다.
주의 신호물 사용	5 4 3 ② 1 NO	신호가 유용했을 것이라는 하나 또는 두 가지의 경우가 있었다.
수업 일정표 따라 하기	5 4 ③ 2 1 NO	
유관적 보상물 사용하기	5 4 ③ 2 1 NO	
사용된 보상물의 다양성	5 4 3 ② 1 NO	단지 말로만 사용한 칭찬
수업에서 기대되는 바를 검토하기	5 4 ③ 2 1 NO	예상 못한 시험, 하지만 뒤에 무엇을 할지와 어떻게 완성해야 할지에 대해 가르쳤다.
사회적/ 행동적 기대 수준을 검토하기	5 4 3 ② 1 NO	가끔 큰 소리로 말하기가 좋은지 아닌지가 분명하지가 않았다.
수업 이동이 원만함	5 4 3 ② 1 NO	퀴즈를 보는데 수행하기는 대략 10분 정도 걸렸다. 조금 길다.
전체 분위기의 긍정적 정도	5 4 ③ 2 1 NO	
전반적인 평가	5 4 ③ 2 1 NO	긍정적인 보상물 사용과 다양함을 늘리는 것에 초점을 맞추시오.

코멘트 :

이것은 세 번의 관찰 중 첫 번째다. 김선생님은 주의 신호물을 사용하지 않았다. 수업 이동시 신호물을 사용했다면 더 순조로웠을 것이다. 또한 학생이 교사에게 주의를 해야 하는 방법에 대한 예상이 분명하지 못했다. 교사는 적극적으로 교실 주위를 돌아다님으로써 슈퍼비전을 하였고 주의를 필요로 하는 학생을 꼼꼼히 살폈다. 또한 칭찬의 사용은 학생 행동의 여부에 달려 있었다. 적절한 행동에 주의를 주기 위해 약간의 다른 전략을 갖는 것이 도움이 될 수 있다. 예, 엄지 손가락 치켜 올리기, 토큰 사용하기 등.

그림 6.5 ▶ 학급 체크업 전반적인 학급 평가 기록지 – 완성본 예제

일단 학급에서의 개입이 개발되고 적용되면, 몇몇 추가적 관찰이 뒤따라야 한다. 추후 관찰을 해야 하는 두 가지 이유가 있다.

1. 연속적인 관찰은 교사가 그들이 실제 목표로 하는 변인들의 비율이 변화하고 있는지를 확인하기 위해서 필요하다(예, 칭찬이 증가하고 있다). 이것은 수행 피드백으로 알려져 있고, 그것은 행동을 변화시키는 것에 강력한 도구이다. 연구들은 교사들이 행동 변화를 가능하게 하는 것에 대한 수행 피드백의 효과를 기록으로 입증하고 있다(Noel et al., 2000; Reinke et al., 2008).

2. 연속적인 관찰은 교사 개입의 결과로서 학급에서 학업 방해 이외 행동들이 줄고 있는지의 여부를 보기 위해서 또한 필요하다. 바꾸어 말하면 개입은 효과적인가의 물음에 대한 결과를 제공한다. 만약 학생 행동에서 어떠한 변화도 없으면, 개입은 약간 변경되거나 검토할 필요가 있을 것이다. 이렇게 수정하는 과정은 기대하고 있는 변화가 학생 행동에서 보일 때까지 계속되어야 한다.

요약

이 장은 개입의 개발을 알리기 위해 학급 체크업에 의해 활용된 평가 절차를 설명하고 있다. 학급 체크업 인터뷰의 예제에서 자문 과정에 참여하는 교사들에게 동기와 참여를 가능하게 하는 동기 면담 전략을 사용하도록 강조한다. 게다가 중요한 학급 운영 변인들은 정확하고 유용한 자료를 모으는 방법들이 자세히 설명되었다. 자료 수집 방법은 직접적으로 효과적인 학급의 주도적인 개입의 설계와 관련된 이 장에 설명되었다. 7장은 피드백 제공하기를 위해 친숙한 구성 방식으로 학급 관찰, 수업 환경 체크리스트, 학급 체크업 인터뷰에서 축척된 자료를 정리하는 것, 대안 메뉴를 개발하고, 효과적인 학급 개입과 관련된 행동 계획을 만들기에 초점을 맞춘다.

피드백과 그 이후 과제

제7장

학급 체크업 교사 인터뷰, 학급 환경 체크리스트, 수업 관찰을 마친 후, 전문가는 풍성한 정보를 가지게 된다. 이제 무엇을 할 것인가? 다음 단계는 수집한 다량의 자료 전부를 정리하여, 교사가 개입을 계획하도록 안내하는 데 도움이 되는, 이해하기 쉬운 방법으로 그것을 제시하는 것이다. 이 장은 데이터를 정리하는 과정, 교사에게 피드백을 제공하고, 대안 메뉴를 개발하고, 학급의 특정한 요구들에 근거를 둔 개입을 설계하고, 다음 단계를 위해 행동 계획을 만드는 과정을 설명한다. 또한 이 장은 진행 중인 과정 점검과 수행 피드백을 주는 것을 위해 사용되었던 과정을 재검토한다. 저자들은 일반적인 질문이나 관심들을 다루고, 학급 체크업을 사용하는 것을 위해 문제 해결 가이드와 함께 이 장을 마친다. 6장은 학급 체크업의 첫 번째 단계에 초점을 맞추었다(표 5.1 참조). 이 장은 2단계부터 6단계까지에 초점을 맞춘다.

피드백 회기를 위한 준비

교사와의 인터뷰, 측정, 관찰에서 전문가가 수집해온 데이터를 모아서 교사에게 제시하기 위해 준비할 때 요구되는 것은, 전문가로서의 판단이며 또한 표 7.1에 제공된 학급 체크업 피드백 지침이다. 이 과정에서 중요한 부분은, 전문가가 모은 결과들을 포괄적인 학급 개념화로 통합시키는 데 시간을 사용하는 것이다.

전문가가 수집한 정보를 구체적이고 양적인 데이터로 정리하기 시작한다. 바꾸어 말하면 수업

표 7.1 학급 체크업 피드백 지침

지표	빨강	노랑	초록
정확한 학습 반응 비율	새로운 자료에서 75% 이하, 반복이나 연습에서 80% 이하, 또는 아주 쉬운 자료(관찰에서 100%)	새로운 자료 75%, 반복과 연습에서 80%	새로운 자료 80%, 반복과 연습 90%
학업 몰입 시간 (수업 참여)	80% 이하	80~90%	90% 이상
반응할 기회	분당 1회 이하	분당 1~3.9회	분당 4회 이상
상호작용 비율	1 : 1 이하 또는 분당 1개 이하의 칭찬	적어도 지속적으로 1 : 1	적어도 지속적으로 3 : 1
특정 행동 칭찬 대 일반적 칭찬	아무 칭찬 없음	특정 행동 칭찬보다 더 많은 일반적 칭찬	일반적 칭찬보다 더 많은 특정 행동 칭찬
상호작용의 질	격앙된 목소리, 개별적인 아이를 목표로 함 2번 이상의 거칠거나 비판적인 질책	목소리에서 부정적인 목소리 톤, 비평, 풍자 1~2번의 거칠거나 비판적인 질책	항상 긍정적임
산만한 행동	1분당 1회 또는 10분 이내 10회 이상	10분 이내 5~9번 또는 1분당 0.5~0.9회	10분 내에 5 이하 또는 1분당 0.5회 이하

관찰 시 모은 데이터를 검토하여 다음 사항을 계산해야 한다. (1) 반응할 기회의 평균값, (2) 정확한 학습 반응의 평균 백분율, (3) 산만한 행동의 평균 비율, (4) 칭찬의 평균 비율, (5) 훈계의 평균 비율, (6) 긍정 대 부정 상호작용의 비율, (7) 특정 행동 칭찬 대 일반적 칭찬 수, (8) 명확하고 능숙한 훈계의 수 대 비판적이고 거친 훈계의 수 등이다.

이런 계산을 한 후에, 교사와의 인터뷰를 검토하고, 교사가 개입을 위한 목표로 관심을 가졌던 영역을 확인한다. 또한 교사가 잘하고 있다고 느꼈던 영역들과, 이미 실행 중인 영역들을 찾아 인터뷰 내용을 검토한다. 그다음, 전문가가 피드백 회기에서 나누고 싶은 구체적인 정보를 찾아 학급 환경 체크리스트를 검토한다. 예를 들면, 전문가가 높게 평가한 문항과(교사의 강점들) 관심이 더 필요한 문항들이다. 마지막으로 매 관찰마다 작성한 학급 체크업 전체 수업 평가 기록지를 검토한다. 이런 기록지들은 중요한 학급 운영 실천 행동에 대해 논의거리를 제공한다. 또한 이 기록지에 있는 코멘트는 관찰하면서 포착했던 몇 가지 일화적인 정보를 말해준다. 예를 들어, 특정 행동 칭찬과 그 효과에 대한 코멘트나, 보다 명확하고 능숙하게 할 수 있었던 교사의 훈계를 적어놓았을 수 있다. 긍정적 혹은 부정적 학급 속성들의 구체적인 예제들은 교사가 학급 운영 실천에 대해 그 순간 다시 생각할 수 있게 해준다. 부록 C는 학급 체크업 피드백 지침에 맞게 데이터를 어떻게 계산하는지 정보를 제공한다.

학급 개념화

위에서 수집한 관찰 데이터 계산을 마치고, 학급 체크업 인터뷰와 학급 환경 체크리스트를 일단 검토했다면, 전문가는 개념화를 할 준비가 된 것이다. 우선, 표 7.1 학급 체크업 피드백 지침을 살펴본다. 기억할 점은, 학급 체크업 과정이 학급의 요구와 자원을 고려하여 학급의 포괄적인 환경 평가로 시작한다는 사실이다. 피드백 기록지를 작성하기에 앞서, 이 평가에서부터 포괄적인 개념화로 모든 자료들을 통합하는 시간을 갖는 것이 중요하다. 이 과정의 목적은, 매우 구체적이며 해결 가능한 방법으로 문제를 정의하는 것이며, 문제 해결에 영향을 주는 요인을 알아내는 데 있다. 본질적으로 전문가는 이 질문은 스스로에게 묻는 것이다. 교사와 학급에서 가장 긴급하게 필요한 것들은 무엇이며, 그들의 가장 중요한 자산과 자원들은 무엇인가? 우선 시간을 가지고, 이 데이터를 들여다보고 한두 가지 가장 긴급한 문제들을 알아내면, 전문가는 피드백 기록지를 만들고 피드백 회기를 전달하기 위한 준비가 더 잘될 것이다.

그림 7.1은 피드백에 앞서, 수집된 모든 정보를 통합하고 고려하기 위한 시각적인 지침을 제공한다. 전문가가 교사에게 피드백을 제공할 때, 교사 자신의 보고에서, 수업 관찰에서, 자원과 가능한 지원의 맥락과 학급(개별 학생) 내에서 작동하는 시스템과 학급이 그 안에서 작동하는 시스템(학교와 지역사회)의 맥락 그리고 문화적 맥락에서 인터뷰를 한 것에서부터 수집한 데이터들을

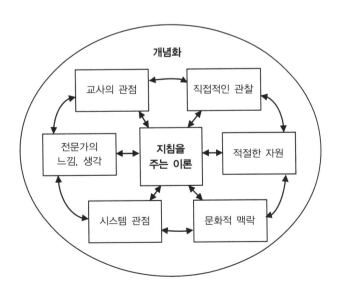

그림 7.1 ▶ 학급 개념화와 관련된 요인

> 학급 개념화와 피드백 준비 과정의 목적은 매우 구체적이며 해결 가능한 방법으로 문제를 정의하는 것이며, 문제를 해결하는 데 영향을 주는 요인을 알아내는 데 있다.

고려하는 것이 중요하다. 마지막으로, 전문가 자신이 받은 인상이 교사에게 피드백을 제공하는 것을 개념화할 때 중요하다. 모든 과정은 효과적인 학급 환경을 만드는 이론에 의해 안내된다. 일단 전문가가 개념화를 알리는 중요한 분야를 심사숙고하는 데 시간을 보낸다면, 전문가는 학급 체크업 피드백 기록지 채우기를 시작할 수 있다(완성본 예제는 그림 7.2; 빈칸 기록지는 부록 C.3).

학급 체크업 피드백 기록지

학급 체크업 피드백 기록지는 전문가 평가에서 보여주는 결과를 교사에게 효과적으로 전달하기 위한 도구다. 또한 기록지는 실제적이고 연속적인 형태로 표현하는 방법으로 정보를 보여주도록 돕는다. 부정적인 피드백을 전달하는 전문가가 되기보다는 이 기록지를 소통의 도구로 사용 가능하다. 마치 의학적 검사 결과지처럼, 객관적인 자료에 대해 무시하거나 논쟁하기는 어렵다.

피드백 기록지는 누구나 알고 있는 빨강-노랑-초록의 교통 신호등의 색상 체계를 사용한다. 많은 교사들이 이와 유사한 색깔로 학생 규율 계획에 사용하기 때문에 직감적으로 초록색은 자신이 잘하고 있기 때문에 하고 있는 것을 계속하라는 것을 의미하는 점수임을 안다. 노란색은 속도를 늦추어 다른 방법으로 할 것을 숙고하라는 의미다. 빨간색은 멈추어서 어떤 다른 것을 해야 한다는 의미다. 전문가가 처음 교사에게 기록지를 보여주면서 이런 이유를 말하면, 그들은 바로 이해한다. (피드백 기록지의 색깔 버전 구입 정보는 부록 C.3 참조)

학급 체크업 피드백 기록지는 학급 운영 시스템의 중요한 요소들을 네 가지 범주로 분류하고 각 범주는 하위 영역들이 포함된다. 그림 7.2에서 제시한 기록지는 저자들이 학급 체크업에 사용하였던 전통적인 범주들을 포함한다. 그러나 전문가가 강조하기를 원하는 다른 상황이나 또는 숙련된 영역들에 따라 다르게 기록지를 변형할 수 있음을 유념하라. 이 책의 마지막 장에 변형된 기록지를 만들었는데, 교사들이 특정 프로그램을 수행하도록 요구받는 장면에서 응용 가능한 양식이다(예, 훌륭한 행동 게임, 사회정서 커리큘럼 등).

학급 체크업 피드백 기록지 완성하기

> 피드백 기록지를 준비하고 있을 때, 강점과 자원에 주의를 기울인다. 이런 강점을 확인하고 피드백 기록지에 포함한다.

부록 C.2는 전문가가 피드백 내용을 결정하는 데 사용할 일반 지침뿐만 아니라 각각의 학급 체크업 피드백 영역에서 사용할 수 있는 정보들에 대해 상세하게 제공한다. 전문가가 할 일은 간단하게 각각의 범주 내에 하위 영역의 순서에 따라서 × 표시를 하는 것이다. 만약 × 표시가 초록색에 있으면, 그것은 학급의 장점이고

학급 체크업 피드백 기록지

교사 :　　　　　　　　　　　　　　　　　　　　　　　　날짜 : 20　.　.　.

교실 구조

물리적 배치	X
학급 규칙	X
행동 규칙	X
원활한 이동	X
기타 : 잘 조직된	X

강점 영역　　　　　　　　　　　　　　　　　　　　주의요구

수업 운영

일정표 게시와 따르기	X
명확한 학습 목표	X
진행 속도	X 분당 2
학생의 정확도	X
학생 참여	X 81% 수행 중
기타 :	

강점 영역　　　　　　　　　　　　　　　　　　　　주의요구

행동 관리

명확한 행동 기대 수준	X
적극적 슈퍼비전	X
칭찬 사용	X
훈계 사용	X
긍정 대 부정 비율	비율 1 : 2 X
다양한 보상물	X 오직 칭찬만
기타 :	

강점 영역　　　　　　　　　　　　　　　　　　　　주의요구

학급 분위기

비유관적 관심	X 모든 학생 맞이하기
학생들과 상호작용	X
산만한 행동 수준	2분에 한 번 정도 X
기타 : 긍정적 분위기	X

강점 영역　　　　　　　　　　　　　　　　　　　　주의요구

그림 7.2 ● 학급 체크업 피드백 기록지－완성본 예제

교사가 하고 있는 것을 계속해도 좋거나 더욱 발전해야 하는 것임을 의미한다. × 표시가 노란색에 있으면, 교사가 변화하거나 개선되는 것을 고려하기를 원하는 것이다. 빨간색에 있는 × 표시는 명확하게 주의를 하라는 것이고 다른 어떤 것을 시도하라는 의미임을 기억해야 한다. 초록색에서 빨간색까지는 전문가 피드백 회기 동안에 결과물을 강조하도록 해준다. 만약 초록에서도 왼쪽 방향 끝쪽으로 어떤 것이 있다면, 이것은 학급의 특별한 강점과 현재 교사가 잘하고 있는 실천들이라고 전달하는 것이다. 반면에 빨간색에 오른쪽 끝쪽으로 멀리 있다면, 이것은 즉각적인 관심을 필요로 하는 심각한 문제 영역임을 전달하는 것이다. 전문가는 또한 오렌지색을 어떤 특정한 영역에 심각한 문제가 되는 것에 가깝게 가리키고 있는 것으로 사용할 수 있다. 연속성을 사용하여 어떤 빨간 점수들이 있는지 강조할 수 있다. 개념화를 하면서 얻은 전문적인 판단과 생각을 펼치는 곳이다. 다음은 저자들이 기록지에 × 표시를 할 경우 지침이 되는 일반적인 결정 규칙들을 설명하고 있다.

강점과 자원에 관심 기울이기

전문가가 교사에게 전달할 피드백을 만들면서, 주요 관심사의 영역들에 대해 생각한다. 이런 주요한 영역들이 기록지에 강조되는지 확인한다. 더불어 피드백 기록지가 관심을 기울일 필요성이 있는 강점들과 영역들 모두를 반영하는지 검토한다. 모든 기록지는 초록색(강점)의 지표들을 포함해야 한다. 만약 이것이 기록지에 존재하는 범주들에 반영되어 있지 않으면, 영역을 확인하고 '기타' 범주 안에 그것을 쓴다. 비슷한 맥락에서, 만약 관심사 영역이 확인이 되었고, 이것이 피드백 범주의 하위 범주에 없다면, 이 관심사의 영역을 '기타' 범주 란에 적는다. 만일 전문가가 관심을 가지고 있는 것이 학생들의 문제 행동에 주요한 영향을 미치는 요인으로 생각한다면, 특별히 이것은 더 중요한데, 개인적인 스트레스를 아주 심하게 경험하고 있는 교사들은 학급 행동을 운영하는 데 힘들어할지도 모른다. 만약 이것이 논의와 잠재적으로 개입에서 오는 이득이 된다면, 그것을 '기타' 범주에 스트레스 수준을 쓰고 그리고 그것에 대해 빨간색 구역 안에 × 표시를 한다. 이것은 교사가 경험하고 있는 스트레스 수준에 대한 것과 그것이 어떻게 학생에게 영향을 주는지에 대한 대화를 유발할 것이다.

구체적인 예제들을 준비하기

학급 체크업 피드백 기록지에 나타난 지표들을 계산한 후, 교사와의 인터뷰, 학급 환경 체크리스트, 학급 체크업 전반적인 평가 기록지를 살펴보고 구체적인 예제들을 찾는다. 피드백 회기에서 가장 중요한 관심 영역의 구체적 예제들을 교사에게 제공하는 것이 도움이 된다. 예를 들어, 학생들과 상호작용 지표가 빨간색이라면, 구체적인 예제를 상기시키는 것이 피드백 검토에 유용하다.

교사가 학생에게 특히 엄격한 훈계를 제공했을 때를 예제로 그 순간 반영할 수도 있다. 다음은 대화의 보기다.

> "학생 상호작용에서 선생님이 학급에서 훈계를 하실 때 목소리 톤이나 어조가 반영되어 있습니다. 수업 관찰에서 두 번의 경우가 있어서 빨간색 안에 들어갔습니다. 선생님의 목소리가 조금 높게 올라갔고 실망한 것처럼 보였습니다. 한 번은 이렇게 말씀하셨습니다. "만일 누구든지 숙제를 다 했다면, 다음 퀴즈에 대해 그렇게 걱정하지는 않을 거다." 그날을 기억하시는지 궁금합니다. 어떻게 생각하시나요?"

전문가는 이 구체적인 예제에 대해서 교사가 잠시 생각해보도록 한다. 분명히 이것은 학급에서 중대하게 영향력을 주는 점이라는 관점에서 민감한 주제일 수 있다. 사실에만 입각한 태도에서 구체적인 예제를 보여주는 것은 가장 중요한 활동 중심으로 주제를 가져오게 하며, 이런 시간들 동안에 교사가 어떻게 느끼고 있는지에 대한 질문을 유발할 수 있도록 이끌고, 학생들이 이런 에피소드를 어떻게 인식할 수 있는지, 앞날에 교사가 사용할지도 모르는 대안적 반응들을 나눌 수 있다. 마찬가지로 초록색에 있는 항목을 검토할 때도 구체적인 예제를 제공하는 것이 중요하다. 구체적인 예제들은 인정하기를 진정성 있는 것으로 만들며, 교사가 잘하고 있는 것에 대한 정확한 안내를 해준다.

요약하기와 안내하기 원리

전문가가 피드백 회기를 준비하면서 기억해야 할 키 포인트는 다음과 같다.

- 피드백 기록지에서 × 표시를 정확하게 놓인 상태로 배치하기 위해 많은 시간을 소비하지 않게 한다. 기록지는 단지 실험용 보고서가 아닌, 소통의 일부로서 전달되도록 의도되어 있다. 논의를 하도록 자극을 주는 것에서 변화대화를 유발하기 위해 그것을 사용한다.
- 전문가는 교사의 관심과 노력에 초점을 맞추기를 원하는 전략상 × 표시가 놓일 장소와 개념화를 기초로 전문가가 교사에게 보내지기를 원하는 메시지가 무엇인지 계획을 한다.
- 영역이 빨강, 노랑, 초록인지의 여부를 결정하기 위하여 표 7.1에 있는 학급 체크업 피드백 지침들을 사용한다. 기억할 점은, 만약 전문가가 하나의 영역이 특별한 관심을 필요로 하다고 느끼면, 전문가는 가능한 빨간색 안에 오른쪽으로 멀리 × 표시를 놓을 수 있고, 다른 영역들은 연속체로부터 멀리 떨어지지 않은 빨간색 안에 있을 수 있다. 기록지의 전체 그림을 소통을 하기 위해서 전부를 척도로 사용한다.
- 전문가가 강조하기 원하는 가장 중요한 영역들의 구체적인 예제들을 준비한다.

교사에게 피드백 하기

도입과 개요

피드백을 보여주고 다음 단계들을 위한 계획하기를 시작하기 위해 교사와 만날 시간을 정한다. 이상적으로 전문가는 한 번의 모임에서 피드백과 행동 계획 단계들을 완성하려면 회기를 45분 내지 60분으로 시간을 확보하도록 노력한다. 그러나 실제로는 교사가 한 번 모임 시간에 이렇게 많이 할애하기가 어려울 수도 있다. 필요하다면 전문가는 20분에서 30분 분량의 여러 회기로 나눌 수 있다.

사교적 대화

앞에 언급한 것처럼, 첫 회기 초에 사교적인 대화를 하는 데 시간을 들인다. 전문가는 진행 속도에 주의해야 한다. 즉 사교적 대화를 서두르지 않도록 하고, 즉각적으로 피드백을 언급하지 않도록 한다. 피드백으로 가기 전에 소통이 원활하게 정착되도록 전문가와 교사 모두를 위한 시간을 가진다. 전문가가 정보를 공유할 준비가 되기까지는 피드백 기록지를 꺼내지 않는다.

절차 소개하기

피드백을 하려고 할 때, 교사에게 무엇을 기대할 수 있는지를 설명한다. 다음과 같이 진행 절차를 설명할 수 있다.

> "선생님, 회의에 참여해 주셔서 감사합니다. 지난주 수업 관찰에서 수집한 데이터를 정리하였습니다. 학급을 관찰하는 것이 정말 도움이 되었습니다. 훌륭한 정보를 얻었다고 생각합니다. 하나의 표로 모든 정보를 요약했습니다. 함께 보면서 어느 부분에 중점을 두는 것이 좋을지 보겠습니다. 이 기록지는 무엇이 잘되고 있는지와 어떤 것을 새롭게 하는 것이 좋을지에 대해 생각하도록 돕습니다. 이 기록지를 살펴보기 전에, 선생님께서 작성하신 학급 환경 체크리스트나 지난주 함께한 대화에서 무엇을 알게 되셨는지 묻고자 합니다."

무엇을 알게 되었나요?

평가 과정에서 교사가 알게 된 것을 말하도록 요청함으로써 시작한다. 종종 인터뷰와 평가 질문들은 교사들이 이전에 심사숙고하지 않았던 것으로 새로운 통찰을 만든다. 그들이 경험했던 것이 무엇이든지 말해달라고 요청하는 것은 교사가 변화 과정에서 어느 지점에 있고, 또 변화를 위해서 어떤 아이디어들을 가지고 있는지 제공해준다. 이러한 아이디어들은 대안 메뉴 단계에서 재검토된다. 만약 교사가 평가 과정에 별다른 생각을 하지 않았다고 말하면, 교사는 초기 변화 단계에 있거나 전반적인 업무 부담과 스트레스의 지표가 될 수 있다. 전문가의 질문에 대해 교사가 답을 한 후, 전문가는 다음과 같이 주제를 바꿀 수 있다.

"훌륭합니다. 선생님께서 우리의 대화에 대해 생각하시고 새로운 학급 전략을 위한 아이디어들을 떠올리셔서 기쁩니다. 피드백 기록지를 검토할 때, 그런 아이디어들이 지난주 제가 수집한 정보와 어떻게 연결되는지 보도록 하겠습니다."

교사의 강점 확인하기

다시 한 번 기억할 점은, 교사의 강점들을 거론하는 데 서두르지 않는 것이다. 잠시 멈추고 반영하는 시간을 충분히 가진다. 강점에 대한 효과적인 대화가 가지는 두 가지 핵심 요소는 구체적이고 진실되어야 한다는 점이다. 이러한 코멘트는 전문가의 관찰과 객관적인 데이터를 토대로 해야 한다. 진심으로 느껴지는 것의 중요한 측면들로, 교사와 학급에서 전문가가 충분한 시간을 보내는 것과 강점들의 구체적인 예제들을 보여주는 것이다. 다음을 참고한다.

"선생님의 수업에서 관찰했던 훌륭한 점들을 말씀드리고자 합니다. 분위기가 매우 지지적입니다. 선생님은 정말로 학생들이 성공적이 되도록 도와주고 있는 것에 대해 마음을 쓰고 있다는 것이 분명합니다. 훌륭한 대인관계 스타일을 가지고 있습니다. 학생들에게 말할 때 진정으로 학생들 수준으로 맞춰서 내려가고, 다시 생각나게 하거나 지시를 하실 때 부드럽게 하십니다. 선생님은 학생들을 위해 깊이 마음을 쓰며 모두를 위해 가장 좋은 것을 원하고 있다는 것을 학급 모든 학생이 알고 있음을 제가 정말로 느끼고 있습니다. 정말로 저에게 눈에 띄었던 또 하나는 매일 매일 선생님이 성공적으로 계획하기 위해 얼마나 많은 시간을 쏟는지 알게 된 것입니다. 선생님이 만들고 싶어 하는 어떤 변화들을 고려할 때 강조하고 싶고 계속해서 활용하기 원하는 선생님의 중요한 강점들입니다."

피드백 기록지 소개하기

다음은 기록지에서 빨간색, 노란색, 초록색이 어떤 의미를 가지는지를 교사에게 알려주고, 관심을 요구하는 영역들에서 다음 단계를 위한 계획을 설정할 때 기록을 할 것이라고 말한다. 교사에게 빈칸 피드백 기록지를 보여줌으로써 시작하는 것이 도움이 된다. 빈칸 기록지를 보여주는 것은 교사에게 색깔이 가리키는 의미를 설명하는 데 도움이 되며, 실제 기록지에 적힌 표시에 초점을 맞추느라 산만해지지 않을 수 있다. 초록색 영역들은 강점의 영역들이라는 것과 교사가 계속해서 하기를 원하는 것임을 설명한다. 노란색 영역들은 경고 범위에 있으며, 변화를 위해 고려하기 위

> 빈칸 기록지를 보여주는 것은, 교사에게 색깔이 가리키는 의미를 설명하는 데 도움이 되며, 실제 기록지에 적힌 표시에 초점을 맞추느라 산만해지지 않을 수 있다.

한 영역들을 나타낸다. 빨간색의 영역들은 교사가 멈추어서 그것에 대해 생각하기를 원하는 것들을 나타낸다. 무엇을 변화시킬지 생각을 할 때, 이 빨간색 영역들이 먼저 관심을 받아야 할 것들이다. 다음 예제를 참고하자.

"이 기록지에 다양한 범주들이 있다는 것을 보실 겁니다. 각 범주 아래에는 피드백을 위한 특정한 영역들이 있습니다. 각 영역 옆에, 초록색에서 노란색, 빨간색까지 연속선을 따라 제가 × 표시를 해놓았습니다. 지금 어떤 것이 초록색에 표시되어 있다면, 그것은 잘되어 가고 있는 어떤 것입니다. 즉 학급의 강점입니다. 초록색에 표시되어 있는 것은 무언가를 변화시키는 것을 원하지는 않지만, 약간 다르게 하는 것을 원할지도 모릅니다. 노란색 영역에서 있으면, 그것은 약간의 관심을 가져야 하는 것입니다. 빨간색에 있으면, 그것은 우리가 분명히 변화에 초점을 맞출 필요가 있는 영역이라는 것을 의미합니다. 이 기록지를 따라가면서 선생님이 목표로 삼기 원하는 것을 찾는다면, 제가 그것을 메모할 것이고 함께 관심을 가질 수 있습니다. 혹시 궁금하신 것이 있나요? 그럼, 함께 살펴보도록 합시다."

피드백 하기

> 피드백 회기 중에 교사는 다루기 어려운 주제에 대해 대화를 하기도 하고, 이전에 교사가 생각하지 못했던 주제에 대해 몰입하여 이야기하기도 한다.

피드백 과정에 대해 소개와 개요를 제공한 후, 전문가는 피드백 기록지를 '따라가기'를 할 준비가 된 것이다. 저자들은 피드백을 제공할 때 두 가지 접근 중 하나를 사용한다. 전문가의 개인적 선호와 전문가 스타일과 교사의 요구에 달려 있다.

접근 1 : 긍정적인 것부터 시작하기

"먼저 잘되어 가고 있는 것을 보면서 시작하겠습니다."

한 가지 가능한 접근은 빈칸 기록지로 완성본 피드백 기록지를 가리고 시작하는 것이며, 그런 다음에 오직 초록색에 있는 영역들이 드러나도록 기록지를 천천히 오른쪽으로 옮긴다. 이것은 처음에 학급과 관련된 모든 긍정적인 것들을 살펴보도록 이끈다. 다음에 노란색 영역을 보여주기 위해 오른쪽으로 더 멀리 기록지를 움직이면서 최종적으로 빨간색으로 이동한다. 이 접근에는 긍정적인 면과 부정적인 면이 모두 있다. 한 가지는 교사에게 높은 긍정적인 영역을 보여주었기에, 전문가가 오른쪽으로 이동할 때마다 덜 긍정적인 피드백을 잘 받아들일 수 있다. 한편 피드백은 다양한 영역에 걸쳐 있어서 이런 방법이 혼란스러울 수 있다. 긍정적 피드백을 한꺼번에 보여주는 것이 좋기는 하나 부정적 피드백도 한꺼번에 준다는 것을 의미한다. 따라서 이 접근법을 사용할 때, 전문가는 관심이 요구되는 영역들을 드러내면서 각각의 영역 내 강점을 다시 언급하며 진행하는 것이 좋다.

접근 2 : 상단에서 시작하여 순서대로 페이지 아래로 이동하기

"이 기록지에서 첫 번째 영역은 전체적인 학급 구조이고 첫 번째 항목은 교실의 물리적인 배치입니다. 여기에서 출발하고 페이지 아래로 이동하겠습니다."

두 번째 접근법은 피드백 기록지 순서대로 위에서 아래로 내려가는 것이다. 이 방법에도 긍정적·부정적 측면이 모두 있다. 이 접근은 각 영역마다 피드백을 주므로 강점들에 국한시켜 접근하기보다는 영역 위주로 소통을 하게 돕는다. 따라서 영역에 따라 긍정적·부정적 피드백 모두 번갈아 가며 제공하는 것이다. 만약 기록지의 첫 번째 영역들이 모두 빨간색이라면, 오직 부정적 피드백만 하게 될 수 있다. 저자들은 학급과 상황에 따라서 두 방법 모두 사용한다. 핵심은 각각의 접근법이 가지는 한계와 강점을 염두에 두는 것이다.

확인 질문을 하여 심층 대화하기

피드백 회기 중에 교사는 다루기 어려운 주제에 대해 대화를 하기도 하고, 이전에 교사가 생각하지 못했던 주제에 대해 몰입하여 이야기하기도 한다. 따라서 피드백 과정에서 교사에게 확인 질문을 하는 것이 중요하다. 피드백을 할 때마다 교사에게 피드백에 대한 반응을 요청한다(그리고 반영한다). "어떻게 생각하시나요?", "선생님의 관점과 맞나요?", "놀라신 것 같아요." 가능할 때마다 구체적인 숫자와 참고 자료를 인용한다. 반응할 기회 비율, 학습 참가 및 몰입 학생 백분율, 상호작용 비율, 산만한 행동 비율 등을 제공한다. 이 정보는 변화에 관한 아이디어에 대해 대화를 하도록 기반이 되어준다. 예를 들어, 전문가는 연구 결과가 제안하는 적정 비율과 비교하여 현재 상호작용 비율이 어떠한지 말한다. 다음의 예를 보자.

"기록지에서 선생님의 상호작용 비율이 오렌지색 범위에 있는 것을 봅니다. 이것은 학급 관찰 동안에 칭찬의 수와 훈계의 수를 기록하고 긍정 대 부정 비율을 계산한 것입니다. 선생님의 비율은 1 : 2로, 칭찬에 대비하여 훈계가 두 배임을 말합니다. 이상적으로는 선생님의 비율은 부정적인 것보다 긍정적인 것이 더 많아야 합니다. 선생님의 의견은 어떠하십니까?"

충분히 요약하기

피드백 기록지에서 각 영역마다 요약하기를 확실히 하고, 교사가 피드백에 대해 생각할 기회를 충분히 주며, 결과에 대해 교사가 어떻게 설명하는지 듣는다. 중간 중간에 요약하기를 하면 세부적인 피드백을 모두 받아들이는 시간과 여지를 제공한다.

피드백 회기 사례

다음은 5학년 교사와 학급 체크업 피드백 회기의 한 부분을 예제로 간략하게 제공한다. 이 회기는 45분간 일회기로 이루어졌고, 행동 계획하기에 대한 대화는 다음에 제시한다.

피드백 회기	코멘트
전문가 : 회의에 함께 해주셔서 대단히 감사합니다. 정말로 선생님의 학급을 관찰하는 것이 즐거웠습니다. 선생님이 아주 많은 긍정적인 것들을 해왔다는 것을 알고 있습니다. 수업 준비에 얼마나 많은 노력을 쏟아 부었는지, 학생에게 다가가려고 얼마나 사려 깊은지를 알기에 정말로 기쁩니다. 선생님의 학급은 매우 긍정적인 분위기입니다. 그렇게 하기가 쉽지 않거든요.	인정하기
제가 수업을 관찰하고 함께 나누었던 자료들을 정리했고 그것에 대한 피드백 기록지를 보여드리려고 합니다. 이 표시들은 선생님이 어디에 계신지 나타내는 것입니다. 추측하는 것처럼, 빨간색 안에 표시는 관심을 필요로 하고 있다는 것입니다. 노란색 안에 표시는 변화에 대해 생각해봐야 할지 모르는 것입니다. 그리고 초록색은 선생님이 하고 있는 것은 무엇이든지 계속해서 하라는 것을 의미합니다. 이해가 되시나요?	요약하기와 미리보기 확인 질문
교사 : 물론이죠, 색깔 시스템과 비슷한 것을 수업에서 사용합니다.	
전문가 : 맞습니다. 여기부터 시작하겠습니다. 학생들의 정확한 학습 반응 백분율이 초록색 안에 있는 것을 볼 수 있습니다. 학생들은 약 91% 정확도를 보입니다. 85% 이상이면 좋다는 의미입니다.	개별화된 피드백 　인정하기 전략적으로 긍정적인 　피드백부터 시작하기
교사 : 제가 학생들에게 너무 쉬운 질문을 하는 건가요?	
전문가 : 글쎄요. 선생님의 의도는 학생들이 확실한 성공 수준을 가지기를 원하십니다. 그렇지 않을 경우 학생들이 실망할 수 있으니까요. 새로운 학습일 경우 85%로 좀 낮은 수치지만 복습일 경우 약 90%가 되기를 정말 원하실 겁니다.	요청된 조언 제공하기

교사 : 그것을 알아두는 것이 좋겠네요.

전문가 : 반응할 기회 비율은 노란색 안에 있군요. 선생님께서 자신 | 개별화된 피드백
　　　의 속도가 약간 느리다고 말씀하셨던 것으로 압니다. 선생님의 | 지속적인 교사 참여를
　　　속도가 어느 정도라고 추측하셨나요? | 　위한 열린 질문
　　　 | 피드백 하기

교사 : 분당 4개 정도요.

전문가 : 평균적으로, 선생님은 분당 2개군요.

교사 : 아, 그래서 느리군요.

전문가 : 놀라신 것 같아요. | 감정 반영하기

교사 : 예, 어려운 점은 학생들이 잘 따라오지 못하고 뒤쳐지는 것 같
　　　아서요.

전문가 : 맞습니다. 그래도 이 수치보다는 빠를 거라고 생각하신 것 | 속도가 중요하다는 점에
　　　같아요. | 　반대하려는 논쟁
　　　 | 　피하기
　　　 | 교사의 놀람에 초점
　　　 | 　맞추기
　　　 | 변화대화 이끌어내기

교사 : 예, 그랬던 것 같아요. 속도를 내야겠어요. 학생들이 교과 내
　　　용을 잘 알아야 하니까요.

전문가 : 연구 결과에서 보면 새로운 학습의 경우 4개 내지 6개, 복습 | 미래 변화를 예상하도록
　　　의 경우 9개 내지 12개가 적절하다고 합니다. 수치를 올리게 되 | 　열린질문 하기
　　　면 어떤 일이 벌어질지 궁금합니다.

교사 : 그 수치에 피드백을 받고 싶은데요. 추측만 해서는 수치를 알
　　　기 어려우니까요.

전문가 : 그러니까 계속해서 피드백이 도움이 되겠군요. | 반영하기

교사 : 예. 그리고 질문이 있는데요. 학생들에게 반응할 기회를 더 많은
　　　주기 위해서 수학 과목의 경우, 직접적인 설명을 하는 것이 더
　　　나을 거라고 생각하는데 전문가 선생님은 어떻게 생각하시나요?

전문가 : 좋은 생각입니다. 많은 선생님들은 그것이 도움이 된다고 | 인정하기
　　　합니다. 하지만 지금은 우선 이것을 대안 메뉴에 추가하는 것이 | 피드백 과정이 지속될 수
　　　어떨까요? 그때가지 선생님이 원하시면 함께 구체적인 계획을 | 　있도록 우선 메뉴에

대화	기법
생각해낼 수 있을 겁니다.	추가하기
교사 : 그렇게 하면 매우 도움이 될 것 같아요.	
전문가 : 여기 노란색인 영역이 있습니다. 학생 학습 참여 영역이군요. 선생님이 좀 전에 말한 것처럼, 두 가지 영역이 관련 있습니다. 느린 속도로 가면 학업 일탈 행동이나 산만한 행동으로 이끌 수 있습니다. 선생님의 경우 학생 참여율이 81%입니다. 선생님이 원하는 것은 90% 정도여서 그리 나쁘다고 볼 수 없지요.	개별화된 피드백
교사 : 점심시간 끝나고 바로 평가를 하셨으니까 그런대로 좋게 나왔군요.	
전문가 : 개선하기를 원했던 시간대이기도 합니다만.	이전 내용과 목표들과 연결하기
교사 : 예.	
전문가 : 그것도 메뉴에 추가해서 다음에 더 이야기 할까요?	협동을 강조하고자 허락 구하기
교사 : 물론입니다.	
전문가 : 좋아요. 이번에는 여기 칭찬 범주를 봅시다. 노란색 안에 있군요. 지금 노란색이라고 해서 선생님이 칭찬을 사용하지 않은 때문이 아닙니다. 하지만 학생이 칭찬을 받고 있을 때 선생님이 "잘했어."라고 말하는 것처럼, 일반적 칭찬을, "손을 올리는 것은 좋았어."와 같이 이유를 포함하는, 특정 행동 칭찬보다 훨씬 더 많이 사용하십니다. 그것에 대하여 어떻게 생각하시나요?	개별화된 피드백 / 인정하기 / 이해와 반응을 명확하게 하기 위한 열린질문
교사 : 아, 예. 제가 그렇게 바꿔야 하는 것을 알고 있습니다. 그것이 제가 개선하고 싶은 것입니다.	변화대화
전문가 : 여기 칭찬 대 훈계 비율이 있습니다. 빨간색 안에 있는 것을 볼 수 있습니다. 선생님의 비율은 대략 1 : 2 입니다.	개별화된 피드백
교사 : 이크.	
전문가 : 선생님께 정말로 충격이신 것 같아요.	반영하기
교사 : 예. 낮을 거라고는 생각했는데 제가 칭찬보다 훈계를 그렇게 많이 하리라고는 생각 못했어요.	
전문가 : 그것에 선생님은 매우 염려하는 것으로 보이는데 어떻게 생각하시나요?	변화대화를 이끌어내기 위한 열린질문

교사 : 그 비율이 얼마나 중요한지 알고 있습니다. 그래서 그것에 마음을 쓰려고 정말 노력합니다. 어떤 날은 그렇게 하기가 어려운 걸 압니다. 정말로 그 차이를 느낄 수 있어요.

전문가 : 선생님이 학생들에게 칭찬을 적게 할 때 그것이 다르게 느껴지는군요.   반영하기

교사 : 물론이죠. 저는 다르게 느낍니다. 그리고 학생들도 그 차이를 느낄 수 있다는 걸 저도 알고 있습니다.

전문가 : 더 많이 긍정적이 되는 것이 얼마나 도움이 되는지 선생님이 아시고 계시고 또 항상 열심히 노력해 왔기에, 이 수치가 선생님에게 충격적인 거군요.   변화대화를 강조하여 요약하기

교사 : 맞습니다. 누군가 이것에 대해서 저에게 구체적이고 자세하게 피드백을 해주니까 매우 큰 도움이 됩니다.

전문가 : 여기 긍정적인 면이 있는데 훈계를 하실 때 명확하고 능숙하게 하신다는 점에서 초록색 안에 있는 것을 봅니다. 선생님은 정말로 침착한 상태에서 학생들이 잘못하고 있었던 것이 무엇인지 분명하게 하는 것에 능숙합니다. 그 모든 것들이 맞나요?   개별화된 피드백과 인정하기 / 확인 질문

교사 : 예. 그런 것에 관심을 가지려고 합니다.

전문가 : 모니터링 면에서, 선생님은 그들을 잘 지켜보십니다. 그리고 학급의 수업 이동도 순조롭습니다.

교사 : 그것은 제가 매우 몰두해서 하는 부분이지요. 저는 학생들이 이동하기 전에 많이 준비시킵니다.

전문가 : 예. 그 부분이 선생님의 기대 수준과 연결됩니다. 학생들로부터 기대하는 바를 매우 분명하게 가르치고 계십니다. 학생들은 선생님이 원하는 것이 무엇이고, 그렇게 하지 않으면 무슨 일이 일어날지를 알고 있습니다. 학생들의 이동이 매우 순조롭고 좋습니다. 많은 시간을 전혀 낭비하지 않습니다. 선생님의 학급 분위기는 훌륭하며 매우 긍정적입니다. 학생들이 선생님을 무서워한다거나 하지는 않는다고 봅니다. (웃음)   개별화된 피드백 인정하기 / 유머

교사 : 아직은요. (웃음)

전문가 : 완전 반대지요. 학생들이 편안해 보이며 선생님과 서로를 존중하는 것으로 보입니다. 매우 긍정적이고 안전한 장소처럼 느   인정하기

껴집니다. 선생님의 조직과 구조가 그것과 잘 맞습니다. 학생들

이 따라오도록 선생님이 경로를 잘 설정하셔서 학생들이 그것을

제대로 따라가고 있더군요. 그러한 예측 가능 수준은 모든 학생

이 안전하고 좋다고 느끼도록 도와주고 오래도록 유지됩니다. 교

우 관계도 매우 좋아 보입니다. 아이들이 서로 헐뜯거나 놀리는

것을 보지 못했습니다. 그 모두가 맞습니까?　　　　　　　확인 질문

교사 : 예. 제가 학급에 대해 생각하고 있는 것과 모두 일치합니다.

행동 계획하기로 전환하기

계획하기로 이동하기

학급 체크업 피드백 기록지를 살펴본 후, 요약하기를 하고 나서 다음 단계에 관한 이야기로 넘어
간다. 피드백에 대해 교사가 생각한 바를 요약하여 말해줄 것을 요청하는 것이 도움이 된다. 예를
들어, "지금까지의 모든 정보 중에서 가장 눈에 두드러진 것은 무엇일까요?" 또는 "지금까지 나누
었던 내용 중에서 가장 중요한 것이 무엇이라고 보시나요?"

다음 단계로 가기에 앞서, 교사가 우선 작업하고 싶은 주제의 영역이나 관심 영역을 말해달라고
요청한다. "어느 영역에서 시작하기를 원하나요?" 또는 "지금 선생님의 가장 큰 걱정은 무엇입니
까?" 이런 질문들 모두 변화대화로 이끌어줄 것이므로 교사가 답한 내용을 반영한다.

대안 메뉴

피드백 회기에서 교사가 관심 주제나 중요한 요점들을 언급했을 때 기록하는 것은 도움이 된다.
다음은, 대안 메뉴 목록을 만드는 것이 중요하다. 이 과정을 돕기 위하여 학급 체크업 대안 메뉴
기록지를 사용한다(완성본 예제는 그림 7.3; 빈칸 기록지는 부록 C.4 참조). 기록지 상단을 보면,
교사가 작업하고 싶은 영역이 무엇인지 질문하도록 되어 있다. 더불어 전문가가 교사와 함께 수집
한 아이디어들을 적을 수 있는 칼럼이 있다. 기록지에 또한 유용한 아이디어 목록이 들어 있다.
이 과정은 매우 협동적이며 잠재적인 해결책을 알아내기 위한 브레인스토밍을 해야 한다. 교사에
게 문제를 다루기 위한 제안을 하도록 요청한다.

전문가는 메뉴 개발에 적극적으로 기여해야 한다. (이 회의에 앞서) 개념화 단계에서 전문가가
주요 이슈들에 대한 생각과 개입 아이디어들을 준비하는 것은 도움이 된다. 그러나 전문가가 계획
을 교사에게 부여해서는 안 되며, 교사가 가장 중요한 것으로 보는 영역들을 목표로 하여, 협동적

학급 체크업 대안 메뉴 기록지

교사 :   날짜 :

개선을 위한 목표 영역 : *피드백을 토대로 하여, 담임교사로서 어떤 영역에 초점을 맞추기 원하는가?*
1. 수업 속도 – 수학
2. 특정 행동 칭찬의 사용을 늘리고 긍정 대 부정 비율을 늘린다.
3.

효과적인 학급 운영 전략을 늘리기 위한 대안 메뉴 :

협동적 아이디어	초기 전략	지속적인 지원
기대 수준에 부응하는 학생을 칭찬하기 위한 신호물을 준비하기	긍정 대 부정 비율(목표＝3 : 1) 증가를 위해, 칭찬을 많이 하고 훈계를 줄이기	매주 확인하기
목표 행동을 정하고(예, 손 들기), 특정 행동 칭찬하기	학급 분위기를 향상시키기 : 비유관적인 긍정적 보상을 많이 하기	학급에서 전략들을 모델링하기
수학 과목에서 반복과 연습하기 타이머 사용하기 개별 학생과 그룹에게 질문하기	수업의 속도를 향상시키기 : 복잡한 것을 작은 단위로 나누는 전략들을 알아내기, 많은 학생에게 많은 질문을 할 수 있는 아이디어 모으기	관찰 후 수행에 대한 피드백 하기
2분간 수학 문제를 풀도록 하고, 모든 학급이 답하도록 하기	훈계의 사용을 향상시키기 : 훈계를 언제 하고 하지 말아야 할지 알아내는 전략 확인하기, 훈계를 할 경우, 명확하고 능숙하게 하는 아이디어들을 알아내기	다른 교사가 전략을 사용하는 것을 관찰하도록 방문 일정 정하기
	정확한 학습 반응 향상시키기 : 현재 학생들 수준에 비해 학습 목표가 적절한지 학습 내용을 검토하기, 완전 정복하도록 가르치기	녹음 촬영하고 함께 검토하기
	문제 행동을 확인하고 위계적인 대가 목록을 개발하여 일관성 높이기	참고 교재 :
	학급 기대 수준에 맞도록 교안 개발하기, 학생들에게 기대하는 바를 규칙적으로 가르치기	자원 :
	기타 :	기타 :

다음 단계 : 위의 메뉴에서 한 가지 이상의 전략을 선택한다. 행동계획 기록지를 작성하여 구체적인 목표를 확인한다.(예, 매 수업, 5개 내지 10개 특정 행동 칭찬하기)

그림 7.3 ● 학급 체크업 대안 메뉴 기록지 – 완성본 예제

다음 단계로 이동할 때 확실히 해야 하는 것은, 전문가가 계획을 교사에게 부여해서는 안 되며, 교사가 가장 중요한 것으로 보는 영역들을 목표로 하여, 협동적으로 가능한 대안들의 메뉴를 만들어야 한다는 점이다.

으로 가능한 대안들의 메뉴를 만들어야 한다. 이제 모든 아이디어들을 학급 체크업 대안 메뉴 기록지에 적어 넣는다. 몇 가지 표준 대안들을 제공하면 행동 계획하기에 도움이 된다.

대안들을 모두 수집한 후, 학급 체크업 행동계획 기록지(부록 C.5)로 이동한다. 다음의 예를 보자.

"자, 이제까지 다음 단계를 위해 여러 가지 아이디어를 모았습니다. 그중에서 한두 가지 아이디어를 골라서 실천 계획을 만들고자 합니다. 행동계획 기록지를 사용해서 다음 단계를 정하기로 합니다. 마치고 나면 행동계획 기록지 복사본을 하나씩 가지도록 하겠습니다. 다음 회의까지 무엇을 하기로 계획했는지 알기 위해서입니다."

학급 체크업 행동계획 기록지

학급 체크업 대안 메뉴 기록지를 작성한 후, 교사에게 학급 체크업 행동계획 기록지를 보여준다. 기록지 작성은 전문가가 한다. 그래야 대화를 계속하면서 유용한 정보를 적는 데 도움이 된다. 전문가는 행동 실천 계획이 구체적이고 실천 가능하도록 안내하며 대화를 진행한다. 바꾸어 말하면 구체적이고 성공 가능한 계획이 되도록 해야 한다. 예를 들어, 교사가 특정 행동 칭찬을 사용하지 않는다면, 교사의 특정 행동 칭찬을 얼마나 자주 사용할 것인지, 어떻게 그것을 측정할 것이고 얼마나 오랫동안 할 것인지를 구체적으로 목표로 정한다. 목표는 현실적이어야 한다. 현실적인 목표를 설정하는 데 참고가 될 자료를 사용하는 것이 도움이 된다. 학급 체크업 행동계획 기록지의 완성본 예제는 그림 7.4를 참조한다. 다음의 예를 보자.

- "자, 다음 단계로 갑시다. 이 기록지를 보면서 우선, 선생님과 학급이 어떤 점에서 잘되어 가고 있는지, 강점이 무엇인지 다시 생각해봅시다. 행동 실천 계획은 이런 강점들을 사용해야 성공할 수 있습니다."
- "개선해야 할 영역들에 대해 생각해보았습니다. 지금 목표로 삼아야 할 가장 중요한 영역이 무엇이라고 생각하나요?"
- "이번 주에 실천할 구체적인 목표를 생각해봅시다."

교사로부터 구체적이고 관찰 가능하고 현실적인 목표들을 이끌어내도록 유의한다. 이것을 하는 방법은 누구, 무엇, 어느 곳, 얼마나 자주 등을 포함하는 질문들을 분명하게 물어보는 것이다. 예를 들어, 만약 교사가 '더 많은 기회들'이라고 말하면, 교사에게 그것이 어떤지를 구체적으로

학급 체크업 행동 계획 기록지

교사 :　　　　　　　　　　　　학년 : 5학년　　　　　　　　　　날짜 : 20 . . . .

학급에서 잘되고 있는 것 : 매우 긍정적인 것 : 학생들이 기대하는 바와 일과를 알고 있다.	개선하고 싶은 영역 : 수학을 하는 동안에 설명이 속도를 높이고, 훈계보다 더 많은 특정 행동 칭찬을 한다.

구체적인 나의 목표 : 수학 과목 수업에서, 분당 반응할 기회를 네 번 제공한다. 특정 행동 칭찬은 2:1 비율로 유지한다.

목표 달성을 위한 실천 행동은 무엇인가?

과제 : 무엇을 해야 하나?	계획 내용	자원 : 무엇이 필요한가?	시간표
수학 문제를 반복하고 연습하기	수학을 설명하는 동안 기회 비율을 분당 네 번까지 높이기 위해서, 다음의 것을 진행한다.	선생님은 수학문제들을 복습하기 위해 플래시 카드를 만드는 것이다.	16/03/10까지 완성하기
수학 문제를 복습하는 동안 타이머 사용하기	1. 2~5분 안에 수학 문제를 복습하는 연습과 수행에 대한 설명을 시작할 것이다.	선생님은 타이머 전략을 사용하기 위해서 사용할 수 있는 타이머를 가진다.	완성하기
특정한 행동 칭찬을 도구로 사용하시오.	2. 수학 문제를 완성하기 위하여 학생들에게 2분을 주며, 타이머를 울릴 것이다. 그런 다음 전체 모둠과 상호작용을 가진다.	각 선생님은 노란색 스마일 얼굴 표시를 만들 것이고 그것을 벽시계 아래에 테이프로 고정한다.	16/03/10까지 완성하기
내가 더 많이 보기 원하는 행동에 초점을 맞춘다.(손을 올린다 등)	3. 전체 상호작용 다음에, 나는 개별적으로 학생에게 개개 문제에 대한 답을 하라고 요구할 것이다.	수학 수업을 하는 동안에 전문가는 관찰할 것이며, 피드백을 줄 것이다.	16/03
떠드는 것을 무시한다.	특정한 행동 칭찬의 사용 증가율을 2:1의 비율로 증가시키기 위하여, 다음의 순서대로 한다.	각 선생님은 전략을 사용하는 것을 자기 모니터링을 할 것이다.	16/05 계속하기
	1. 내가 칭찬하는 것을 상기하도록 시계 아래에 히트를 놓는다. 2. 예화된 칭찬을 하기 위해서 질문에 답을 하기 전에 그들의 손을 올리는 것을 목표로 하시오. "손을 들어줘서 고맙구나." 3. 소리 지르는 학생들을 무시한다-질식하지 않는다.	각 선생님과 전문가는 계획의 효과적인 것을 보기 위해 만나는 것이다.	16/11

그림 7.4 • 학급 체크업 행동 계획 기록지-완성본 예제

학급에서 이 목표의 달성이 얼마나 중요한가?

| 0 | 1 | 2 | 3 | 4 | 5 | 6 | 7 | 8 | ⑨ | 10 |

전혀 중요하지 않음   매우 중요함

이 변화와 목표 달성을 해야 하는 가장 중요한 이유 :

나는 학생들이 참여하고 싶을 때, 그들이 배우고 있는 것을 알 수 있다.

내가 긍정적이고 그들이 참여할 때 모두가 행복하다.

학급에서 이 목표의 달성에 대해 얼마나 확신하는가?

| 0 | 1 | 2 | 3 | 4 | 5 | 6 | 7 | ⑧ | ⑨ | 10 |

전혀 중요하지 않음   매우 중요함

내가 확신하는 이유 :

그것을 이전에 해봤다.

나는 그것을 할 수 있는 것을 알고 있다.

전문가은 나에게 피드백과 지지를 줄 것이다.

이 목표 달성에 방해가 되는 것이 있는가?

만약 반복과 연습을 하는데 너무 많은 시간을 보낸다면 나는 수업진행 목표에서 뒤쳐질 수 있다.

나는 떠드는 것에 무시하는 것을 할 수 있다.

이것이 방해가 되지 않도록 하려면 내가 무엇을 할 수 있는가?

우리들이 뒤쳐지기 않기 위해서 나는 단지 5분 동안 반복과 연습하는 동안에 타이머를 둘 수 있다.

만약 전문가가 내가 학생이 떠드는 것에 대해 훈계를 사용하기와 그들이 순응 올린 채로 새로 누군가를 섣부을 수 있다. 부르는 것을 무시하지 못하는 것을 본다면, 전문가는 나에게 그것을 생각나게 할 수 있다.

그림 7.4 • 학급 체크업 행동 계획 기록지 - 완성된 예제(계속)

묻는다. 어떻게 알 수 있는지, 어떤 차이를 볼 수 있는지, 얼마나 자주 볼 수 있을지 등이다.

> 행동 계획을 만들 때, 교사로부터 구체적이고 관찰 가능하고 현실적인 목표들을 이끌어내도록 유의한다.

다음은 위 사례(5학년 교사 피드백 회기)의 후반부다. 대화 초기에 피드백 후 요약을 하고 나서 행동 계획하기로 이동하는 것에 주목하라.

행동 계획하기(앞 사례에서 계속)	코멘트
전문가 : 그러니까 선생님의 학급에서 잘 되어 가고 있는 감이 듭니다. 명확한 기대 수준들과 긍정적인 분위기가 있습니다. 예측 가능한 분위기입니다. 학생들은 규칙들을 알고 있고, 규칙을 어겼을 때 어떤 일이 있게 되는지도 잘 알고 있습니다. 개선 영역으로는 두 가지고, 선생님의 수업 속도와 칭찬 횟수를 증가시키는 것입니다. 우리가 다음에 무엇을 할지 계획하도록 하겠습니다. 이 메뉴에서 어떤 영역들이 눈에 띕니까?	요약하기 행동 계획하기로 이동 다음 단계 질문하기
교사 : 반응 기회와 칭찬이요. 아이디어가 있으신가요? 아니면, 브레인스토밍하기를 원하시나요?	
전문가 : 브레인스토밍을 하지요. 기회를 더 주는 것에 대해서는 이미 조금 이야기를 나누었습니다. 수업을 시작할 때 학습 반복과 연습 기회를 줄 수 있다고 하셨습니다. 그 밖에 어떤 생각을 하고 계신가요?	구조화하기 해결책을 위한 열린질문
교사 : 오늘처럼 우리는 비교적 쉬운 많은 문제를 연습합니다. 처음에는 학생들이 혼자서 하는 것으로 시작했었는데 연습 문제로 모두 힘들어했습니다. ppt로 칠판에 띄우는 경우도 저와 함께 문제를 푸는 것은 아니고요. 만일 제가 학생들 모두랑 문제를 푼다면 몇 명 학생들만 답을 하기 때문에 많은 아이들이 함께 하지 못합니다. 무작위로 지적을 하면 몰라도요. 그래서 어떻게 해야 할지 모르겠습니다.	
전문가 : 만약 학생들에게 반응할 기회를 주는 것을 목표로 한다면, 아마도 모두 학생이 한 번에 문제 하나씩 풀기를 선생님이 원하실 것 같은데요. 2분 시간을 주고 나서, "좋아요, 여러분, 답이 무엇이죠?"라고 하면 어떨까요?	교사 자신의 해결책을 상세하게 요약하기

교사 : 그게 좋겠어요. 타이머가 있으니까 사용하면 되겠어요.

전문가 : 그런 다음 개별로 그룹으로 번갈아가며 할 수 있겠네요. 첫 | 해결책을 상세하게
번째 문제는 학생들과 함께 풀고요. "여러분, 92 더하기 3은 얼 | 말하기
마죠?" 그리고 나서 무작위로 개별 학생을 불러서 질문합니다.
"영철아, 91 더하기 5는 얼마일까?"

교사 : 맞아요. 무작위로 물어보면 아이들이 학업에 집중하니까요. | 기대하는 바를
    명료화하기

전문가 : 이 방법이 좋으신 거군요. 현실적인 방법인가요? | 열린질문

교사 : 물론이죠.

전문가 : 이 방법을 적어 놓겠습니다. 그 밖에 어떤 것을 하실 수 있
을까요?

교사 : 5분간 반복과 연습을 하면서 학생들이 반응할 기회를 주는 것
입니다. 예전에 쪽지를 활용하곤 했는데 이번에도 그것을 할 수
있겠어요. 쪽지를 활용하거나 구구단 암기 연습을 하게 할 수 있
고요. 반응 기회를 주고 보상물을 주어서 참여를 유도할까 합
니다.

전문가 : 그것은 어떻게 하나요? | 명료화하는 질문

교사 : 주머니 속에 스티커를 가지고 있다가, 정시에 시작하는 학생
들에게 스티커를 주는 겁니다. 참여를 잘하는 학생들에게도 주고
요. 반응 기회를 더 많이 주기 위해서 시간을 잘 사용해야겠어
요. 차례를 기억을 하기 위해 막대기를 돌릴 수 있겠어요.

전문가 : 그러니까 시간이 되면 선생님이 딩동 벨을 울릴 거군요. 그 | 요약하기
러면 누구나 주의 집중하지요. 그다음에 차례대로 시키면 되겠
네요.

교사 : 그러면 시간을 덜 사용하게 되겠지요. 저도 그것이 좋아요.

전문가 : 그럼, 걱정되는 다른 영역은 무엇이었지요? 아, 칭찬하기군
요. 이 두 가지는 함께 갑니다. 반응 기회가 늘어나면 학생들의 | 인정하기
참여가 늘고, 그러면 학생들에게 칭찬할 기회를 또 많이 느끼니까
요. 선생님은 칭찬을 잘 사용하십니다. 그런데 많은 선생님들이
칭찬하기를 기억하기 위해서 신호물을 필요로 하더군요. 선생님 | 열린질문
에게는 어떤 것이 효과적일까요?

교사 : 저는 작은 스마일 얼굴을 만들어서 제가 잘 볼 수 있는 곳에
　　　붙여놓을 수 있지 않나 생각해요.

전문가 : 그거 좋습니다. 대개 눈에 띄는 벽면 위쪽인 경우가 많더군요.

교사 : 아, 알겠어요. 저는 그것을 벽시계 위쪽에 붙일 거예요. 시계
　　　를 볼 때마다 스마일을 볼 것이고, 칭찬하기를 기억하게 될 거니   아이디어를 만들어내기
　　　까요.

전문가 : 좋은 생각이네요! 그럼 여기 기록지에 선생님의 계획하기가   인정하기
　　　있습니다. (행동 계획 기록지를 검토한다.) 이 계획들은 지난번   이전 자료와 연결하기
　　　에 선생님이 말씀하신 기준, 즉 실용적이고 효과가 있어야 하는
　　　기준에 부합하나요?

교사 : 물론이죠. 그 기준에 부합합니다.

전문가 : 좋습니다. 그럼 재검토를 위해서 여기 척도를 사용합시다.
　　　이 척도를 사용하여(기록지를 가리키며) 이번 주에 반응 기회와
　　　칭찬 늘리는 것이 얼마를 중요할까요?

교사 : 9점이라고 하고 싶어요. 정말로 기대가 되요.

전문가 : 좋습니다. 7이나 8이 아니고 9점이라고 하신 이유는 무엇인   열린질문
　　　가요?

교사 : 그렇게 실천하는 것이 수업에 얼마나 도움이 될 수 있는지 제
　　　가 잘 알기 때문입니다. 전에 나누었던 이야기이기도 하지요. 내
　　　가 긍정적이고 수업에 몰두하면, 모든 학생들이 행복합니다.

전문가 : 그러면서 학생들이 배우기도 하구요.   이전의 가치관 내용

교사 : 맞습니다.

전문가 : 자, 이번에는 선생님이 그것을 할 수 있다고 얼마나 확신합   열린질문
　　　니까?

교사 : 8점이나 9점이라고 말하고 싶습니다.

전문가 : 정말로 확신하고 계시네요. 그것은 기회 주기와 칭찬하기에   명료화하기
　　　대해서도 같은 겁니까?

교사 : 음, 그렇게 생각합니다. 예.

전문가 : 어떻게 그렇게 확신할 수 있나요?

교사 : 음 그건, 전에 그렇게 해본 적이 있습니다. 특히 선생님의 피
　　　드백과 격려가 있다면, 제가 잘할 수 있고 생각합니다. 이전에

스스로 해보았고, 그래서 이번엔 전문가의 도움으로 좀 더 쉬워
질 것 같아요.

전문가 : 선생님은 이 일에 정말 헌신적이시군요.

교사 : 예, 물론입니다.

> 결단대화를 이끌어내는
> 진술

중요성 척도와 자신감 척도

학급 체크업 행동계획 기록지의 2쪽을 보면, 변화 계획이 얼마나 중요한지 그리고 계획을 실천하는 데 얼마나 자신감이 있는지에 대해 질문과 척도가 실려 있다. 일단 구체적인 계획이 세워지면, 교사에게 중요성과 자신감에 대해 질문을 한다. 이러한 척도 질문은 동기면담의 핵심 전략이다. 저자들은 회기 끝부분에 이러한 질문을 하는데 왜냐하면 연구 결과에서 밝히는 바로는, 가장 중요한 변화대화 유형(사람들이 실제로 변화를 실천할지에 대해 가장 잘 예측하는 결단대화)이 회기의 끝부분에 나오기 때문이다. 즉 결단대화(예, "저는 이것을 할 것입니다.")가 많을수록 사람들은 자기가 말한 것을 실천할 가능성도 더 높아진다.

기록지에 중요성 질문부터 시작한다. "0점에서 10점까지 척도로, 매우 중요함은 10점으로, 전혀 중요하지 않음은 0점이라면, 선생님의 수업에서 이 목표를 달성하는 것이 얼마나 중요합니까?" 이어서 선택한 점수보다 1점 작은 숫자가 아니라 왜 그 점수인지 묻는다. 다음 예를 보자.

교사 : 6점이라고 생각합니다.

전문가 : 좋습니다. 상당히 중요한 거군요. 그런데 5점이 아니라 왜 6점이라고 하셨나요? [또는 더 낮은 점수 "… 3점이 아니고…"라고도 할 수 있다.]

여기서 교사의 반응을 반영해야 한다. 왜냐하면 교사의 반응이 거의 대부분 변화대화이기 때문이다. 만약에 교사가 0점이라 말하면, "그러면 이것은 지금 당장은 세상에서 가장 중요하지 않다는 것이군요."라고 확장 또는 과장하여 반영할 수 있다. 0점이라면 전문가가 다시 시작하고 새로운 목표를 고르도록 해야 할 신호가 된다.

다음 질문으로, "어떻게 하면 6점에서 7점으로 갈수 있을까요? 무엇이 필요할까요?"라고 묻는다. 이런 방식으로 10점에 이르기까지 진행할 수 있다. 전문가는 교사의 답들을 점수 위에 적는다. 만약 교사가 7점이 되기 위해 "교장선생님의 지시를 받는다면"이라고 답했다면, 기록지에 점수 7 위에 교장선생님의 지시라고 적는다. 처음부터 끝까지 적극적인 경청과 반영하기를 지속한다. 변화를 하고 목표를 달성하는

> 학급에서 새로운 전략을 사용하는 것이 왜 중요한지에 대해 교사가 많이 이야기할수록 교사는 실제로 그 전략을 실천하려는 결단이 더욱 강해진다.

것이 교사에게 왜 중요한지 이유를 모두 말하도록 요청한다. 기록지에 중요성 척도 옆 빈칸 안에 교사의 답을 적는다. 학급에서 새로운 전략을 사용하는 것이 왜 중요한지에 대해 교사가 많이 이 야기할수록 교사는 실제로 그 전략을 실천하려는 결단이 더욱 강해진다.

자신감 척도를 사용하여 같은 과정을 반복한다. "수업에서 이러한 변화를 만들고 목표를 달성하는 것에 대해 얼마나 확신합니까?" 추가로 왜 '1점 많은지' 묻는다. 마지막으로 목표 달성에 잠재적인 걸림돌에 대해 이야기를 나누고, 이런 장애물을 극복하거나 피하기 위한 아이디어들을 브레인스토밍한다. 그런 다음 교사에게 학급 체크업 행동계획 기록지의 복사본을 준다.

교사의 자기 모니터링

마지막 단계는 교사가 행동 계획을 실천하는 데 자기 모니터링할 수 있는 신속하고 쉬운 도구를 개발하는 것이다. 자기 모니터링은 두 가지 이유 때문에 실천 과정에서 도움이 된다. 첫째, 자기 모니터링을 하는 행위 자체가 개입이다. 자기 모니터링을 하면서 교사는 자신의 행동에 대해 더 잘 인식하게 되고, 계획을 잘 따르도록 기억하게 돕는다. 둘째, 자기 모니터링은 계획이 효과가 있는지 기록하는 데 사용 가능하며, 필요 시 계획을 수정하도록 돕는다. 교사가 계획을 따라 실제로 적용하면서, 이 정보는 문제 해결 과정을 안내할 수 있다. 예를 들어,

> 계획은 그것이 학급에서 실제로 실천되어야만 효과가 발생한다.

교사는 계획의 일부가 자신의 학급과 잘 맞지 않는다거나 실천이 가능하지 않다는 것을 발견할지 모른다. 그리고 교사는 계획대로 하지 않는다. 교사의 자기 모니터링 기록지(부록 C.6)는 이런 정보를 제공하고, 교사가 계획대로 하려면 무엇이 필요한지, 또는 더 실행 가능한 새로운 개입을 선택해서 계획할지에 대해 전문가와 대화를 시도하게 된다. 계획은 그것이 학급에서 실제로 실천되어야만 효과가 발생하는 것이다. 만약 계획 중 어떤 부분이 실천되고 있지 않다면, 전문가는 교사와 이 문제를 풀기 위해 브레인스토밍할 수 있고, 또 다른 계획이나 해결책을 함께 모색할 수 있다. 그림 7.5는 교사의 자기 모니터링 기록지의 완성본 예제다.

학급 체크업 모델의 제6단계 : 지속적인 모니터링

모니터링하기, 검토하기, 보완하기

이 지점까지, 전문가와 교사는 이미 많은 작업을 하여 계획을 만들었고, 계획을 학급에서 실천하기 위한 준비와 수고를 하였다. 여기에서 멈추면 안 된다. 가끔 어떤 사람들은 보기에 좋은 계획을 만들고 나서, 이미 모든 작업을 완료한 것으로 느끼곤 한다. 그러나 이 경우는 다르다. 이것은

교사 자기 모니터링 기록지

1. 날짜를 적으시오. 2. 사용 전략들을 적으시오 3. 매일 사용한 전략들을 표시하시오. 4. 어려움이 있었다면 아래 칸에 코멘트를 적으시오.					
전략 :	날짜 : /	날짜 : /	날짜 : /	날짜 : /	날짜 : /
수학 수업 시작에 2~5분 동안 반복 연습 문제 주기	☑	☑	☑	☑	☐
수학 복습을 (2분) 하는 동안 타이머를 사용하여 학급 전체가 답하도록 하기	☑	☐	☑	☐	☐
특정 행동 칭찬을 기억나도록 돕는 신호물 사용하기	☑	☑	☑	☑	☐
떠드는 것을 무시하고 손을 들어 표시한 학생에게 특정 행동 칭찬하기	☑	☑	☐	☑	☐
	☐	☐	☐	☐	☐
코멘트 : 11/06 금요일 – 월요일부터 새로운 기록지를 사용할 것임. 2일간 타이머 맞출 시간은 없었음			여러 차례 무시하는 것을 잊었음		

그림 7.5 ● 교사 자기 모니터링 기록지–완성본 예제

단지 시작에 불과하다. 일단 교사가 학급으로 돌아가서 새로운 전략을 실천하기 시작하면, 자문 관계를 지속하는 것이 중요하다.

일단 개입 방법이 개발되었고 교사가 자기 모니터링을 실천하는 경우, 전문가는 학급 체크업 관찰 기록지를 사용하여 몇 차례에 걸쳐 수업 관찰을 수행해야 한다. 여기서 전문가가 모은 정보는 전문가와 교사가 원하는 대로 새로운 전략들이 효과를 내고 있는지 여부를 평가하도록 돕는다. 바꾸어 말하면 '그것이 효과가 있는가?' 하는 것이다. 만약 전문가가 몇 차례 학급 관찰을 한 후, 데이터가 올바른 방향으로 가고 있지 않다고 생각되면(예, 산만한 행동의 증가, 학생 수업 참여의 저하), 계획을 재평가하고 보완해야 할 때다. 위에서 언급한 바와 같이 자기 모니터링 정보는 유용한데, 교사가 새로운 전략을 충분히 활용하지 못하기 때문에 변화가 실패한 것인지 여부를 밝힐 수 있기 때문이다. 만약 전략들이 수행되고 있는데도 어떤 변화도 발생하지 않는다면, 이때 역시 계획을 보완해야 하는 시간이다.

지속적인 수행 피드백

학급 관찰을 통하여 추후 정보를 수집하는 것은 전문가가 교사에게 지속적인 피드백을 하는 데 도움이 된다. 예를 들어, 만약 교사가 특정 행동 칭찬을 증가시키기 위해 노력하는 경우, 전문가는 학급에서 관찰할 수 있고, 실제로 교사가 특정 행동 칭찬을 더 많이 사용하고 있는지 여부를 알려줄 수 있다. 앞에서 언급한 대로 이것을 수행 피드백이라고 부르며, 매우 영향력 있는 자문 도구가 된다. 연구 결과 교사와 행동 변화에 대한 수행 피드백의 효과가 입증되었다(Noel et al., 2000; Reinke et al., 2007). 지속적인 수행 피드백을 제공하는 몇 가지 방법이 있다. 저자들이 유용하게 사용하는 것은, 교사가 증진시키려 노력한 목표에 따라 학생의 산만한 행동의 수를 그래프로 만드는 것이다(예, 특정 행동 칭찬). 그래프는 엑셀처럼 컴퓨터 그래프 프로그램으로 만들거나 수작업으로 할 수 있다. 학생과 교사 행동 모두를 보여주는 그래프는, 교사 자신의 행동이 학생 행동에 직접적으로 어떠한 영향을 주는지 보여준다. 그림 7.6은 교사의 수행 피드백 예제다. 수행 피드백이 효과적이 되려면, (1) 사전에 교사에게 자료를 그래프로 만들 것임을 설명하고 그래프의 내용을 교사에게 설명하며, (2) 관찰을 마치면 교사에게 그래프를 제공한다(이상적으로는 관찰 당일). 가능한 신속하게 교사에게 정보를 주는 이유는 데이터 수집을 했던 순간을 교사가 쉽게 기억하고 개선 방법을 생각하기 때문이다. 만약 교사가 한두 주일 후에 수행 피드백을 받게 되면, 교사는 관찰 당일에 대해 회상하기 어려울 수 있다. 만약 칭찬을 늘리거나 반응할 기회를 제공하는 것에 애쓰는 교사와 전문가가 작업한다면, 수행 피드백이 교사에게 지지가 되는 대안이 될 수 있다. 비록 지속적인 수행 피드백이 모든 상황에서 가능하지 않을지라도, 매일 매일 수업에서 새로운 전략을 수행하려고 힘쓰는 교사에게는 수행 피드백이 훌륭한 도구다.

1단계 : 관찰을 수행하고 자료를 그래프로 만드시오. 평가하기 위한 그래프를 교사에게 주시오.

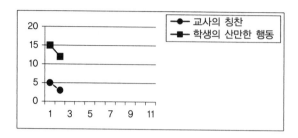

2단계 : 또 다른 관찰과 그래프를 수행하고, 교사의 평가를 위해 남기시오.

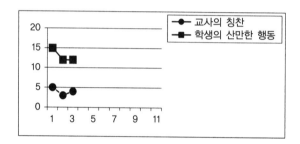

3단계 : 교사가 성공할 때까지 수행 피드백을 제공하는 것을 계속하시오.

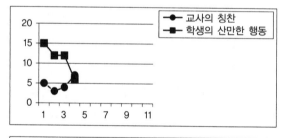

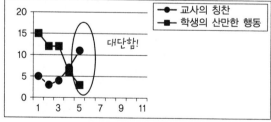

그림 7.6 칭찬을 증가시키기 위한 교사의 수행 피드백 예제

현장에서의 유의점 : 유용한 팁, 문제 해결 방법, 사례들

다음 내용의 목적은 전문가로서 모델을 처음 사용할 때 발생하는 일반적인 이슈나 질문들을 생각하는 데 있다. 더불어 변화에 대해 양가감정을 가지고 있는 교사 사례를 제시하였다.

유용한 팁

요청하지 않은 조언하기는 피하기

지금 즈음은 요청하지 않은 조언을 할 때 사실상 저항을 유발할 수 있다는 것을 독자도 알 것이다. 저자들은 이 점을 반복해서 강조하고자 한다. 왜냐하면 이것은 성급히 하기라는 함정과 같은 것이기 때문이다. 동기면담과 학급 체크업 모델에 대해 오랫동안 집중 훈련을 했는데도, 피훈련가들이 반사적으로 요청하지 않은 조언하기를 반복적으로 하는 것을 본다. 저항대화에 대한 반응으로 조언이나 정보 제공하기의 함정에 빠지기가 쉽다(예, "연구 결과에 의하면 …라고 합니다."). 이렇게 반응할 때 생기는 문제는, 한쪽 편을 두둔하기 라는 함정에 빠지는 것이다. 본질적으로, 이 메시지는 "만약 선생님이 조금 더 알고만 있어도, 다르게 느끼셨을 것입니다." 즉 잘난 체는 아니더라도 존중하지 않는 태도다. 요청하지 않았는데 조언이나 정보를 제공할 경우 가장 많이 나오는 반응은 더 많은 저항대화다("예, 그렇지만…"). 전문가는 "예, 그렇지만…"이라고 말한다 해도 교사가 이렇게 말하는 것을 원치는 않을 것이다. 한편 조언이나 정보를 요청했거나 적절하게 때를 맞추어 조언 및 정보를 제공하는 경우 도움이 된다.

피드백을 할 때 확인 질문을 하기

전문가가 처음 피드백을 하는 경우, 피드백을 모두 하고 나서 쉬지 않고 조언이나 제안들을 하는 경향이 있다. 때로 시간적인 제약 때문에 그렇게 할 수도 있다. 그러나 가끔은 전문가가 피드백하는 것에 불편하게 느끼기 때문일 수 있다. 어떻든 간에 교사가 받는 느낌을 얻기 위해서는 피드백을 한 후 잠시 멈추어서 확인 질문을 해야 한다. "선생님은 그것에 대하여 어떻게 생각합니까?"라는 질문이 도움이 된다. 전문가는 이런 방법으로 모든 피드백 항목에 오랜 시간을 머물 수는 없다. 그러나 전문가는 강조하기를 원하는 것, 최소한 몇 개의 항목은 그렇게 한다.

마찬가지로 전문가가 기록지에 작성한 내용에 대해 교사가 동의하는 확인해야 한다. 만약 학급 규칙과 기대 수준들이 잘 정의되어 있어서 장점이라고 전문가가 적었다면, 교사와 이것에 대해 재확인한다. "저는 선생님이 …을 훌륭하게 하신다고 생각해요. 선생님도 그렇게 생각하시나요?" 또는 "맞게 들리는 말인가요?"

교사가 전문가의 피드백에 동의하면, 전문가는 교사가 잘 하고 있는 것의 구체적인 예제들에 대해 질문하거나 어떤 것이 왜 중요하다고 생각하는지 묻는다. 교사가 계획을 만들도록 함으로써 교사를 더 참여시켜야 한다.

자주 요약하는 것을 기억하기

인터뷰를 하거나 피드백을 제공할 때 규칙적으로 요약하기를 해야 한다. 그렇게 해야 할 몇 군데가 있다. 예를 들어, 행동 계획 기록지에 각 영역마다 요약하기를 하고, 대안 메뉴로 이동할 때 요약하기를 하고, 행동 계획 기록지로 이동할 때도 요약하기를 한다. 그러나 많은 정보를 나누었다고 생각할 때마다 요약하기를 하는 것이 좋다. 교사가 참여하는 전략으로 요약하기를 사용해도 도움이 된다. 지금까지 들었던 것을 요약하도록 교사에게 요청하는 것도 좋다. 이렇게 하면 전문가가 제공한 피드백 내용을 교사가 얼마나 잘 이해하고 있는지 확인할 수 있다.

자료를 무시하지 않도록 주의하기

잠정적으로 정보를 주는 것과 데이터가 중요하지 않다고 무심코 전달하는 것은 분명히 다르다. 부정적인 피드백을 주는 것이 불편하게 느껴져서 때로 전문가는 부정적인 평가 결과 뒤로 물러서거나 이를 최소화하는 경향이 있다. 전문가는 자신이 부정적 피드백 주는 것을 피하는지 스스로 인식하고 이 점에 유의해야 한다. 부정적 데이터를 '피하는' 한 가지 흔한 방식이, 전문가가 자료가 정확하지 않을 수 있다는 메시지를 보내는 것이다(예, "이것은 하나의 관찰이고, 하루에 해당하는 결과에 지나지 않습니다."). 이런 방법으로 관련된 자료를 무시하는 것은 전체적인 피드백 효과를 감소시키고, 정보를 심각하게 받아들일 가능성을 약화시킨다.

유연한 계획을 가지고 피드백하기

> 전문가가 제안하는 계획은 무엇이나 융통성이 있어야 한다. 교사가 무엇을 하기 원하는가는 교사의 결정이기 때문이다.

데이터와 수업 관찰에 대해 반영하기를 할 때, 변화를 만들 수 있는 영역 한 가지를 골라서, 피드백할 때 의도적으로 그 영역을 강조하라. 이렇게 하려면 피드백 회기 전에 전문가가 미리 생각을 해야 하며, 시간적인 제한이 있을 경우에는 더욱 그렇게 해야 한다. 전문가가 정말로 교사가 알기를 원하는 것 한두 개 영역에 초점을 맞추면, 그다음에는 나머지 구성요소들이 빠르게 진행될 수 있다. 개념화 과정 모든 부분에서 그러하다. 그러나 기억할 것은, 전문가의 계획과 영향력은 유연해야 할 필요가 있다는 점이다. 궁극적으로 교사가 무엇을 하기 원하는가는 교사의 결정이다.

교사의 자기효능감 세우기 전략을 시도하기

완전 정복의 경험을 갖게 하는 것은 자기효능감을 세우는 데 최상의 기법이다. 3장에서 저자들이 언급했듯이, 교사들을 지지하여 좋은 실천 행동들을 효과적으로 수행하도록 하고, 이런 실천이 수업을 어떻게 증진시키는지 교사가 보도록 할 때 이것은 자기효능감을 세우는 열쇠다. 더불어 교사가 그것을 시도하기 전에 훈련이 성공할 수 있다는 믿음을 세우는 사회적 전략들이 있다. 예를 들어, 교사가 과거에 성공적으로 어떤 것을 했거나 긍정적인 경험을 가지고 있을 때, 훌륭한 문제 해결사라고 언급하는 것이 도움이 된다. "어떻게 그렇게 하셨나요?"라는 질문을 많이 하라. 추가로 교사가 그런 변화들이 학급에 영향을 준다는 연결점을 찾도록 돕는다. 예를 들어, 교사가 사용한 전략과 학생들의 학습 과제 수행 수준이 관련되어 있음을 구체적인 관찰 피드백을 통해 보여준다.

교사들이 자신의 척도 평가를 상세하게 말하도록 요청하기

저자들이 척도 질문의 활용에서 보는 흔한 실수 하나는, 전문가가 교사의 척도 점수에 대해 인정하기를 하고 이후 상세히 설명하도록 함으로써 변화대화를 이끌어내는 데 실패한다는 사실이다. 예를 들어, 교사가 척도에 9점이나 10점과 같이 높은 점수를 주었다면, 긍정적으로 인정하기를 해야 한다. "와, 이것은 선생님에게 대단히 중요하군요!" 그리고 나서 전문가가 추가 질문을 할 때("그런데 8점이 아니고 9점인 이유는 무엇인가요?"), 점수가 그렇게 높은 이유를 모두 이끌어내야 한다. "그 밖에 어떤 이유가 있나요?", "어떤 다른 이유들이 이것을 그렇게 중요하게 생각하게 하나요?" 전문가는 교사에게 더 상세하게 말하도록 요청을 할 수도 있다. "어느 부분들이 가장 중요하게 보이나요?" 이런 질문들을 하면서 교사의 변화 이유들을 상세하게 말하도록 한다. 더불어 교사가 답한 이유들과 이전에 교사가 표현했던 목표, 그리고 가치관을 연결하여 반영한다. 예를 들어, 이전에 교사가 말하기를 "그렇게 하면 평화로운 환경을 만드는 데 도움이 될 거예요."라고 했다면, 전문가는 다음과 같이 반영할 수 있다. "그러니까 긍정적이고 평온한 학급을 만드는 것이 교사로서 가장 높게 생각하는 가치관이시네요. 선생님이 원하는 이런 변화들이 그런 환경을 지속적으로 만들도록 도울 것이라고 생각하고 계시고요." 또는 "이렇게 하는 것이 선생님의 학급에서 선생님이 촉진하려고 노력하는 핵심 가치들과 정말로 일치됩니다."

저자들이 보는 또 하나의 흔한 실수는 척도 질문과 추가 질문을 한 후, 교사들이 자신의 척도 점수를 치부하게 내버려둘 때다. 예를 들어, 교사가 말하기를 "음, 도전적인 한 해였기 때문에 그것이 중요합니다. 그러나 지금 이것에 초점을 맞추기란 정말 어렵습니다." 이 경우 교사는 현재 상황(변화대화가 아님)을 유지하겠다는 진술로 끝낸 것이다. 이때 척도 질문으로 돌아가서 그것이 어떤 이유로 중요한지 물어봐야 한다. 왜냐하면 교사가 척도 질문에 제대로 답을 하지 않았기 때문이다.

> 전문가 : 그러니까 지금은 많은 일들이 벌어지고 있다는 말씀이군요. 제가 잘 이해했는지 확인해주세요. 선생님은 중요성 척도에서 5점이라고 하셨는데 그렇게 느껴지시는지요?
>
> 교사 : 예.
>
> 전문가 : 그렇게 중요한 이유를 말해주세요. 1점이 아니고 왜 5점일까요?

끝으로 자신감 척도에 대한 추가 질문을 할 때, 교사가 변화할 자신감이 가진 이유가 단순히 정황적인 것이 아니라 자기 동기화된 진술을 하도록 이끌어야 한다. 예를 들어, 어떤 교사들은 외부의 요인으로 인해 그 계획이 효과적일 거라고 확신한다고 말할 수 있다. "이번 학기 학생들은 정말로 훌륭합니다. 그 나이에 비해 매우 인상적인 아이들이죠." 또는 "교장선생님께서 이것이 정말 중요하다고 생각하십니다."라고 말할 수 있다. 자신감에 관한 추가 질문을 할 때 전문가가 이끌어내기를 원하는 핵심 언어는 자기효능감 언어다. 즉 교사는 스스로 "내가 왜 이것을 할 수 있을까?"다. 이 방향으로 대화를 옮기려면 다음과 같은 질문이 도움이 된다. "그러니까 선생님 생각에 이것이 학생들에게 영향을 줄 거라는 이유군요. 매우 좋습니다. 계획을 실천하는 데 선생님의 자신감에 관해 알고 싶습니다. 이 계획을 끝까지 잘할 수 있는 선생님의 능력에 자신감을 가지게 되는 이유들은 무엇입니까?"

흔히 있는 동기 관련 문제들을 해결하기

부록 C.7은 자문 과정에서 흔히 발생하는 동기 관련 영역들을 언급하는 데 특히 도움이 될 수 있는 효과적인 동기면담 전략들과 개별화된 피드백 유형을 제시한다. 이 제안들은 모두 이전 장들에서 소개한 중요한 아이디어들을 기반으로 한다.

규율을 꺼리는 교사

다음 사례는 중요한 행동 변화에 대해 처음부터 동기화되지 않은 교사와 가진 피드백 회기다. 이 회기에서 전문가는 교사가 행동 계획하기로 움직여가도록 도와주는 몇 가지 원리들을 드러내 보인다. 이 교사는 저소득층 가정의 아이들이 많이 거주하는 도시 학교에서 근무하고 있었고, 이 아이들의 삶 속에 주로 양육적인 영향을 미치는 것을 자신의 역할이라고 보았으며, 수업에서 필요한 구조와 규율 전략들을 적용하는 것은 꺼렸다. 다음 대화 전체에서 주목할 점은, 교사가 언급한 자신의 가치관들을 전문가가 능숙하게 어떻게 반영하기를 하여, 이러한 가치관과 일치하는 구조화된 학급에 대한 비전을 만들어가는 점이다. 또한 주목할 점은 초기에 교사가 인터뷰의 흐름을 어떻게 흩뜨러 놓는지, 그리고 전문가는 어떻게 정중하게 구조화하면서 피드백 회기를 진행하는지 보는 것이다.

피드백 회기 사례	코멘트
전문가 : 기본적으로 제가 하려는 것은 지금까지 수집한 모든 정보를 함께 검토하는 것입니다. 피드백 기록지를 보시면 중요한 범주와 하위 범주로 나누어져 있습니다. 초록색 안의 표시는 선생님께서 훌륭하게 하고 계시므로 지속하라는 의미입니다. 노란색 안에 있으면, 뭔가 다르게 하는 것이 좋다는 뜻입니다. 그리고 빨간색 안에 있다면, 그것은 멈추라는 표시입니다. 무언가 확실히 다르게 할 것을 생각하라는 의미합니다.	요약하기와 미리 검토하기
교사 : 좋아요. (기록지를 보면서) 그러니까 이것들이 그 범주군요.	교사가 앞서 가다
전문가 : 예.	
교사 : 반응할 기회 영역에서 노란색 안에 표시가 있군요. 약간의 개선은 필요하군요.	
전문가 : 맞습니다. 어떻게 생각하세요?	확인 질문
교사 : 이 아이들한테는 그래요. 다른 학급에 비해서 제가 답을 더 많이 하지요. 아이들한테 반응할 기회를 더 주어야 할지는 아직 결정하지 못했어요. 아이들한테서 답을 끄집어내고 싶어요. 제가 노란색 안에 머물러 있는 것을 알 수 있습니다.	
전문가 : 그러니까 선생님께서 작업해야 할 영역으로 나타난 것이 놀라운 것은 아니군요.	변화대화에 초점 맞추어 반영하기
교사 : 예. 짐작하고 있었습니다.	
전문가 : 평균 분당 두 번의 기회를 주셔서 노란색 안에 표시되었습니다. 보통 새로운 학습의 경우 네 번 내지 여섯 번, 연습과 복습의 경우 아홉 번 내지 열두 번으로 보고 있습니다.	개별화된 피드백
교사 : 그러면 전문가 선생님께서 어떻게 개선해야 하는지 피드백을 주시나요?	
전문가 : 이 점에 관해서 시간을 보내고 싶으세요?	개인의 책임을 강조하는 질문
교사 : 예. 낮은 것 같아서요. 특히 이 아이들과는 제가 변화하는 데	

도움이 필요합니다.

전문가 : 좋아요. 이것을 대안 메뉴에 넣으면 어떨까요? 다른 영역들   향후 토의를 위한 주제
도 살펴보고 나서 최종 목록을 보고 선생님께서 어느 것을 개선   따로 설정하기
하고 싶은지 결정하시면 됩니다.   개인의 책임 강조하기

교사 : 좋습니다.

전문가 : 정확한 수업 반응 영역에서 선생님은 초록색 안에 있습니   인정하기
다. 정확하게 85%군요. 선생님이 원하는 곳에 학생들이 있습   개별화된 피드백
니다.

교사 : 사실 저는 그 정도가 되지 않는다고 생각해서 걱정이 되었는
데, 그 말을 들으니 좋습니다. 그러면 85%는 안전지대인가요?

전문가 : 85%는 대부분의 학생들이 이해를 하고 있음을 나타내니까   요청된 정보 제공하기
아이들이 내용의 대부분을 이해하고 있다는 거네요. 새로운 학습
을 할 때는 그렇고요. 복습하는 경우나 숙제의 경우에는 90% 이
상이어야 하는데, 그래야 아이들 스스로 할 수 있고 좌절하지 않
지요.

교사 : 좋아요.

전문가 : 수업 참여 면에서, 학급 전체 학생의 참여도 측정을 합니다.

교사 : (기록지를 보면서) 그것은 제가 생각한 것보다 실제로 더 높   교사가 앞서 가다
네요.

전문가 : 더 낮을 거라고 생각하셨군요.   반영하기

교사 : 이 학급 아이들이 특히 자주 학습에서 일탈하는 것 같아서요.

전문가 : 제가 관찰했을 때는 대부분 선생님에게 주목하고 있었습니
다. 최적 범위에 약간 못 미치기 때문에 노란색 안에 표시했습니   개별화된 피드백
다. 수치가 84%인데, 적정 수준은 90% 이상이지요. 선생님 학
급의 경우, 범위가 76%에서 90% 사이입니다. 그리고 여기, 칭
찬 대 훈계 비율이 있습니다.

교사 : 이것은 노란색 안에 있네요.

전문가 : 예. 우리가 기대하는 칭찬은 매우 특정적 칭찬입니다. 학생
들이 무엇을 아주 잘했는지 정확하게 말씀하시는 거지요. 노란색   개별화된 피드백
안에 있는 이유는, 선생님께서 많은 칭찬을 하시는데 대부분 일
반적인 칭찬이셔서요. 예를 들면, "잘 했어요", "좋아요"와 같은

칭찬이 일반적 칭찬이 됩니다.

교사 : 예. 제가 그렇게 하는 것 알고 있습니다. 안 하려고 하는데도 습관인 것 같습니다.

전문가 : 데이터를 보면, 특정 행동 칭찬 수의 10배 이상 일반적 칭찬 을 주시는 것으로 나왔습니다. | 개별화된 피드백

교사 : 예. 제 생각에 수학 시간에 수업 내용을 이해시키는 데 초점을 맞추다보니까 칭찬을 많이 하지 않게 됩니다. 하지만 모두 칭찬 이 가장 필요하지요. | 변화대화

전문가 : 더 말씀해주세요. 칭찬이 왜 이 아동들에게 특히 중요하다 고 생각하시나요? | 열린질문

교사 : 음. 이 아동들은 집에서 많은 긍정적인 관심을 얻지 못합니다.

전문가 : 그러니까 여기서 아이들이 긍정적인 관심을 받을 수 있도록 선생님께서 신경을 쓰시는 거군요. | 사전 내용에 연결하여 반영하기

교사 : 제가 이 아이들에게 주기를 늘 원하는 것이지요. 안전하고 긍 정적인 장소요. 아이들이 지각을 하더라도, 저는 아이들이 여기 에 오기를 원한다고 아이들에게 말합니다. | 변화대화

전문가 : 그 마음이 진심으로 전달됩니다. | 인정하기

교사 : 이해해주시니 기쁘네요.

전문가 : 한편 특정 행동 칭찬 대 일반적 칭찬 면에서는 나쁜 습관이 라고 말씀하셨어요. | 변화대화 이끌어내기

교사 : 그러니까, 일반적 칭찬은 단조롭게 들려서 진정성이 없게 들 릴 수 있으니까요. 그냥 "잘했어요."라고 말하는 것으로는요.

전문가 : 특정 행동 칭찬을 더 많이 하는 것이 학생들에게 선생님이 진심으로 그들을 돌보고 있다는 것을 알게 하는 또 다른 방법이 겠군요. | 가치관 반영하기

교사 : 예. 그렇게 생각합니다.

전문가 : 특정 행동 칭찬이 학생에게 또 어떻게 도움이 될 수 있을 까요? | 열린질문

교사 : 제가 아이들에게 무엇을 기대하는지를 정확하게 전달할 수 있 겠지요. 제가 말하고자 하는 것을 아이들이 이해하면 긍정적인 칭찬에 반응을 잘합니다.

전문가 : 어떤 의미입니까? | 열린질문

교사 : 제가 특정한 칭찬을 하면, 아이들이 주목하는 것이 달라지는 것을 제가 압니다.

전문가 : 그것이 중요하지요. 제가 노란색 안에 표시한 또 하나의 영역은 산만한 행동입니다. (기록지를 가리키며) 분당 대략 세 번 정도 있었습니다. | 개별화된 피드백

교사 : 별로 놀랍지는 않아요.

전문가 : 놀랍지 않으세요?

교사 : 수학 시간에 아이들이 말을 많이 합니다. 과제에서 다음 과제로 넘어가는 데 정말 어려움이 많습니다.

전문가 : 그러니까 산만한 행동에 대해 잘 알고 계시군요. 자주 발생하는 것에 대해서는 어떻게 생각하시나요? | 변화 이유를 이끌어내는 열린질문

교사 : 좋지 않지요. 분명히 줄어들기를 원합니다.

전문가 : 산만한 행동이 줄어든다면 어떤 도움이 될 것이라고 생각하시나요? | 열린질문

교사 : 전문가 선생님도 아시다시피, 저나 모든 아이들이 집중하기 히들지요. 많은 산만한 행동들 때문에 가르치고 배우는 것이 더 어렵습니다.

전문가 : 학생들에게 '안전하고 긍정적인 장소'가 되기를 원하시는데 이 점은 어떻게 관련이 되는 건가요? | 가치관을 다시 언급하는 열린 질문

교사 : 잘 맞는 거겠지요. 제 말은, 안전하고 긍정적인 장소란 존중하는 것이니까요.

전문가 : 산만한 행동이 많을 때, 학생들이 무엇을 배운다고 생각하나요? | 학생의 관점에 대한 열린 질문
 가치관과 연결하기

교사 : 글쎄요. 수업 시간이 적어지니까 많이 배우지 못하겠지요.

전문가 : 예. 만약 산만한 행동이 줄어든다면, 학생들에게 어떤 메시지가 될까요? 이 학급에서 가치 있게…

교사 : 서로 서로의 시간을 가치 있게 여깁니다. 공부하는 시간이 있어야 하고, 노는 시간도 있어야 하고요.

전문가 : 그러니까, 산만한 행동을 줄이는 것이 선생님의 일을 쉽게 | 가치관에 연결하여

해주면서, 여기가 안전하고 긍정적인 장소라는 강한 메시지를 아이들에게 보내는 것이 되는군요.	요약하기

교사 : 맞아요.

전문가 : 좋아요. 마지막 피드백입니다. 선생님의 수업 기대 수준과 학급 규칙 영역이 어떻게 표시될 것 같은지 추측해보세요. 초록색에서 빨간색까지 선생님은 이 부분을 어디에 놓고 싶으신가요?   *참여를 이끌어내는 열린질문*

교사 : 음, 확신하지는 않지만 괜찮은 편이라고 생각해요.

전문가 : 이것에 대해 생각하는 또 다른 방법은, "아이들이 수업 시간이나 이동 시간에 그날 동안 무엇이 기대되는지 학생 모두가 얼마나 정확하게 잘 알고 있을까?"라고 스스로 물어보시면 됩니다.   *정보 제공하기*

교사 : 예. 아마도, 이 부분(기록지를 가리키며), 노란색이라고 말할 것같습니다. 제가 아이들에게 학급 규칙을 말합니다만 더 자주 말할 수 있어야 하고 더 많이 실천하게 할 수 있어야겠지요. 그리고 수업 이동할 때 힘이 들어서요.

전문가 : 제가 표시한 부분과 비슷합니다. 선생님은 학급 규칙을 게시하셨는데 복습하고 실천하는 것이 문제로 보입니다.   *개별화된 피드백*

교사 : 더 자주 그것을 할 필요가 있겠어요. 옆반 선생님은 잘하시더라고요. 그 반 아이들은 줄을 잘 서고 말을 잘 들어요. 저도 그것이 중요하다고 봅니다. 실천할 필요가 있어요.   *변화대화*

전문가 : 옆반 선생님을 보시고 어떻게 학급 규칙을 가르치고 어떻게 실천하는지 표본을 하시면 되겠어요.   *변화대화를 상세히 반영하기*

교사 : 예. 그 선생님이 학생들을 한 줄로 세우는 것이랑 그 밖에 것들을 보고 있어요. 차이가 분명하게 보입니다.

전문가 : 이 모두를 종합해서, 이 피드백에서 선생님이 얻고자 하는 큰 목표는 무엇인가요(기록지를 가리키며)?   *교사로부터 요약을 이끌어내기*

교사 : 제 눈에 두드러지는 것은, 산만한 행동과 칭찬, 그리고 규칙이군요.

전문가 : 그 모두가 어떻게 관련되는지 알 수 있습니까?   *열린질문*

교사 : 예. 만약 규칙을 더 분명하게 하고 그것을 실천하면, 산만한 행동이 줄어들 것입니다.

전문가 : 그리고 특정 행동 칭찬이 그것을 어떻게 지지할 수 있을까요?   *열린질문*

교사 : 만약 규칙을 가르치고 칭찬을 하면서 다시 규칙을 아이들에게 말해주면 실천을 견고히 할 겁니다.	요약하기
전문가 : 모두 훌륭한 점들이십니다. 선생님의 학급에서 잘 되어가는 것이 많다는 것을 알고 있습니다. 선생님은 정말로 양육과 지지적인 스타일이시고, 아이들은 그것을 느낄 수 있습니다. 선생님이 아이들에게 주고자 하는 것 중에서 아주 큰 부분이지요. 그리고 안전하고 긍정적인 환경의 또 다른 중요한 점은, 규칙들을 가르치고 실천하면서 아이들에게 특정 행동을 칭찬할 때, 아이들이 선생님과 서로에 대해 존중하는 것을 가르치는 것이 되는 것이죠.	인정하기 가치관에 변화 연결하기

위 사례에서, 전문가는 학급 환경을 개선하는 데 잠재적인 목표가 되는 세 가지 상호 관련 영역(특정 행동 칭찬 늘리기, 산만한 행동 줄이기, 기대 수준을 명확하게 하고 반복해서 가르치기)을 강조했다. 전문가는 이 학급에서 변화를 가져오는 중대한 영향력 있는 관점들로서 이 영역들을 개념화하였다. 이전 대화에서 전문가가 알게 된 것은, 이 교사가 스스로를 규율자의 역할로 보기를 꺼린다는 것이었다. 그리고 학급에서 많은 구조화를 갖는 것에 저항했다. 전문가는 처음에 긍정적인 전략(특정 행동 칭찬)이 사실 구조화된 환경을 만드는 데 중요한 요소임을 보이고자 했는데, 이러한 환경은 교사가 제공하기를 원했던 수업 환경과 완전하게 일치하는 것이었다. 그러한 통찰을 가지고 전문가는, 학생들의 산만한 행동과 기대 수준을 더 분명하게 가르쳐주어야 할 필요성 사이에 관련성이 있음을 교사로 하여금 이끌어내도록 도왔다. 이 과정의 마무리에서, 교사는 이 영역들을 개선하고자 실천 행동을 세우는 데 개방적이 되었다.

요약

이 장에서 저자들은 변화 과정에 교사가 몰입하도록 도움이 될 수 있는 피드백하기와 행동 계획 과정을 살펴보았다. 피드백을 하고 특정 목표를 향해 교사의 동기를 향상시킨 후, 전문가는 교사가 이런 목표 행동을 성취하기 위해 계획을 만들도록 하는 위치에 와 있다. 이 시점에서, 교사가 변화를 위한 계획하기 준비가 되어 있다면, 전문가는 학급에서 활용할 행동 변화 기술들에 대한 방대한 문헌 자료를 참고하면 된다. 다음 장은 효과적인 학급 운영 개입에 대한 입문서를 제공하고, 개입들을 학급 체크업의 한 부분으로 제공된 피드백과 연결한다.

효과적인 학급 변화 전략의 개발

제8장

앞서 6장과 7장에서 개요를 제시했던 학급 체크업 절차는 생산적인 자문 과정을 지지해줌으로써 교사들이 지지를 받는 느낌을 가지고 새로운 전략들을 수행하여 학급에 변화를 만들어낸다. 이 장의 목적은 학급 체크업 과정에서 주의를 요하는 몇 가지 영역을 개선하는 데 효과적인 개입 방법들을 설명하는 데 있다. 2장에서 기술한 바 있는 중요한 특성을 토대로 수업 운영 방법들의 사용을 증대하기 위해서 연구 기반 기법들에 초점을 맞추고 있다. 그러나 다음에 설명하는 기법들은 경직된 것이 아니

> 교사들과 행동 계획을 나눌 때 사용할 수 있는 이동 가능한 도구 상자의 도구들로 이 전략들을 간주하자.

어서 수업 중에 전략을 수행하는 교사의 욕구와 기술 수준에 맞게 적용할 필요가 있다. 모든 학습이 독특하므로 효과적인 개입이 되려면 학급과 학교 장면에 민감해야 한다. 이 장에 모든 개입 방법들을 실은 것은 아니다. 교사들에게 가장 흔한 염려들을 다루는 데 효과적인 것으로 연구 결과 나타난 전략들을 모았다. 교사들과 행동 계획을 나눌 때 사용할 수 있는 이동 가능한 도구 상자의 도구들로 이 전략들을 간주하자. 기억할 점은 효과적인 전문가들은 지식이 많고, 자원이 풍부하고, 융통성이 있다. 따라서 교사들과 공동 창조하는 개입방법들이야말로 수업에서 효과를 낼 가능성이 가장 높다. 전문가는 견고한 이론과 연구로 정의된 효과적인 기법들의 원칙에 주의를 기울이면 된다.

효과적인 개입 방법들의 특징

효과적인 개입 방법들은 몇 가지 독특한 성격을 갖고 있다. 교사와 협동하여 전략들을 선별하고 적용할 때 개입 방법들은 다음과 같아야 한다. (1) 경험적 근거에 토대를 두었다. (2) 행태학적 관점에서 일관적이다. (3) 사회적으로 타당하고 측정 가능한 성과를 산출할 가능성이 있다. (4) 선제적이다. (5) 학급 내에서 실행 가능하고 방해요소가 거의 없다.

첫째, 효과적인 수업 개입 방법을 설계할 때는 수업 행동에 의미 있는 변화를 가져온다는 근거가 있어야 한다(2장 참조; 수업 행동을 개선하고 학생들의 학업 성과를 증진하는 것으로 평가된 수업 개입 방법들). 효과적인 것으로 연구된 개입 방법들로 시작할 때 영향력 있을 가능성을 높일 수 있다. 이와 같이 효과가 없는 것으로 검증된 개입들을 피할 때, 좌절의 가능성을 최소화하고 자문의 실패를 피할 수 있다.

둘째, 학생의 내적 결함을 행동 문제의 원인으로 보는 것은 수업 개입을 어떻게 설계하느냐에 대한 정보를 거의 주지 못한다. 대신 문제 행동을 행태학적 관점에서 보거나, 행동 문제를 현재의 학급 환경과 그 학생(들)의 능력 사이에 불일치로 볼 때, 수업 기반 개입을 보다 폭넓고 유용하게 이끌 수 있다. 개입 방법을 설계할 때는 학생의 성공적인 행동을 가져오도록 변형 가능한 환경적인 요인에 초점을 두어야 함을 강조해야 한다.

셋째, 개입 방법은 측정 가능하고 사회적으로 타당한 결과를 가져오도록 설계되어야 한다. 사회적으로 타당한 결과란 학생들이 존중과 존엄성으로 대우되어야 함을 말하며 이로 인해서 이득을 얻어야 함을 말한다. 학생에게 이득이 없이 행동만을 컨트롤하는 것이 유일한 목적으로 설계된 개입 방법이라면 사회적으로 타당한 것이 아니다. 극단적인 예를 들면, 1학년 담임교사가 학생들이 장시간 조용히 앉아 있기를 기대하며 그렇지 않을 경우 교실 밖으로 내보는 경우다. 이 예제에서 학생들은 이득을 얻지 못하는데, 왜냐하면 매우 사소한 행동으로 수업에서 내몰리는 것이기 때문이다. 교사로 하여금 아이들이 움직일 기회를 유도하게 하고, 아이들이 조용히 앉아 있을 시간을 더 짧게 하고, 앉아 있을 때 무엇을 기대하는지 가르치고, 그 기대 수준에 부응하는 아이들을 칭찬하도록 전문가가 도와준다면 사회적으로 보다 타당한 결과를 성취할 수 있다. 이러한 개입 방법들은 학습을 최적화하고, 교사-학생 관계를 긍정적으로 도모하며, 학생의 자기 조절을 지지하고, 사회적으로 타당한 변화를 가져올 가능성이 매우 높다. 이와 같이 개입 방법이 구체적이고 관찰 가능한 행동에 표적을 두어 시간이 감에 따라 객관적으로 측정할 수 있다면 가장 유용하다. 측정 가능한 목표들이 필요한데, 이유는 개입 방법이 효과적인지 또는 수정해야 하는지 또는 중단해야 하는지 결정해야 하기 때문이다.

넷째, 선제적인 개입 방법이 유용한데 이유는 행동 문제가 나타나기를 기다리다가 반응하거나 행동문제를 벌하기보다는 문제 행동의 예방을 강조하기 때문이다. 문제를 방지하는 학습 환경을 만들도록 교사를 돕는 전략들을 우선순위로 정하면, 행동 문제를 고치는 데 보내는 시간을 절약하기 때문에 학습 시간을 증가시킬 수 있다. 선제적인 전략들은 교사로 하여금 수업에 더 많은 시간을 들이고, 불을 끄는 데 시간을 덜 들이도록 해준다.

다섯째, 효과적인 개입 방법들은 실행 가능하고 방해가 되지 않는다. 학급에 이미 갖추어져 있는 자원들을 극대화하거나 최소한의 비용과 노력으로 준비할 수 있는 자원들을 사용해야 한다. 실행가능하고 비용효율적인(시간과 지출 모두) 방법들을 사용하고 유지한다(Witt, Noell, LaFleur, & Mortenson, 1997). 방해가 되는 개입들은—교사와 학생들의 정규 수업 일정의 흐름을 산만한 개입들—오랫동안 사용될 가능성이 없다. 예를 들어, 교실에서 나가게 하는 것은 매우 방해가 되는데, 수업 일정을 변경하고, 기대 수준에 대해 가르치고, 기대 수준에 부응한 학생들을 칭찬하는데 초점을 둔 보다 선제적인 전략들과 비교하면 그렇다.

한 예제를 들어보자. 어떤 고등학교 교사의 수업에 남을 존중하지 않는 돌발 행동 패턴을 보이는 학생이 있다고 하자. 어찌할 바를 모를 때까지 아무것도 하지 않던 교사가 학생이 산만해질 때마다 교실 밖으로 나가게 한다면 이것은 방해가 되는 개입이다. 덜 방해가 되는 개입으로는, 한두 번의 산만한 행동 후에 학생과 만나서, 수업에서 기대하는 바를 알려주고, 수업 중에 언제 어떻게 유머를 사용하는지 안내를 해주는 것이다. 만약 이 접근이 효과적이지 않다면, 교사는 학생의 비존중적인 돌발 행동의 빈도를 세어서 학생과 학부모에게 정기적으로 정보를 제공하면서, 동시에 다른 학생들에게 수업에 방해되는 행동을 하지 않도록 교육한다. 이 방법도 비효과적이라면, 돌발 행동의 빈도를 학교 전문가와 행정인에게 정기적으로 알려주고 학생이 성공적으로 수업에 참여하는 데 도움이 되는 추가적인 지원이 있어야 함을 요청한다. 위의 접근법들은 학생의 행동을 바꿀 가능성이 있으며, 학생을 교실에서 내쫓는 방법에 비해 학생의 교육면에서 덜 강요적이다.

개입 위계와 메뉴 지침

이 장에서 저자들은 위계에 따라 개입 방법들을 정리했는데, 선제적이고 덜 강요적인 개입들을 토대나 머릿돌로 하고, 점차 더 반응적이고 강요적인 개입들을 차례로 정리하였다. 그림 8.1에서 보면, 위계에서 바닥에 놓은 개입들은 자유롭게 반복적으로 사용해야 하는 것이고, 위로 올라갈수록 덜 빈번하게 사용해야 하는 개입들로서 토대가 되는 전략들을 사용하고 난 후에 사용해야 하는 개입들이다. 이 장에서 위계의 각 수준별로 아이디어들을 검토하였다.

관찰과 피드백을 통해서 모아진 염려되는 영역들을 토대로 한 학급 체크업 대안 메뉴(Classroom

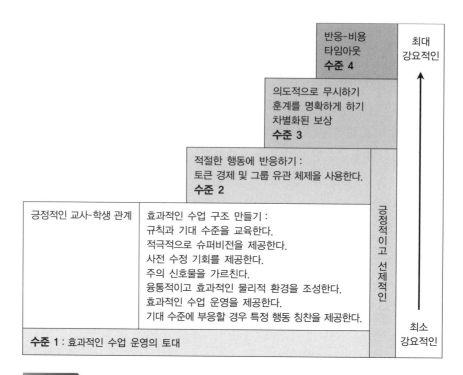

그림 8.1 ▶ 학급에서의 개입 위계

Check-Up Menu of Options)를 위해서 포함될 수 있는 개입들을 한 가지씩 아래에 설명하였다. 표 8.1은 주의가 요구되는 영역 내에서 시작점을 위한 유용한 지침서를 제공하고 있다. 그러나 표의 내용이 모든 개입들은 아니며, 학급에서 긍정적인 변화를 가져오는 데 종종 도움이 되는 중요한 수위에 있는 개입 목록일 뿐이다. 중요한 것은 학생 행동을 운영하는 데 애쓰는 교사들의 경우, 학생의 적절한 행동을 증가시키고 부적절한 행동을 감소시키기 위하여 연속적인 지지가 필요하다. 따라서 교사와 자문을 할 때, 어떤 전략들을 이미 사용하고 있는지 그리고 어떤 전략들을 견고히 할 수 있는지 결정하라. 그런 다음 효과적인 전략들을 열거하여, 긍정적이고 선제적인 수업 운영을 위해 견고한 토대를 이루도록 교사를 지원해야 한다. 이 장 끝에는 학급에서의 효과적인 개입들을 참조하는 데 도움이 될 만한 기타 자원들을 목록으로 만들었다.

교실 구조를 개선하기 위한 개입 아이디어

교실 구조가 주의를 요하는 영역인지 결정할 수 있는 방법들이 있다. 예를 들면, 관찰을 하러 교실에 들어가서, 시간표나 규칙이 벽에 붙어 있지 않거나, 학생들이 한 가지 활동에서 다음 활동으

∴ 표 8.1 개입 방법 메뉴 지침

주의가 요구되는 중요 영역	상응하는 개입 전략 메뉴
학습 수준 – 적정 수위인가?	1. 학생 능력에 따른 교과물 2. 근거 기반 교수법
수업 시간 몰입(학습 참여) – 적절한가?	1. 수업 규칙과 기대 수준을 적극적으로 교육 2. 적극적인 슈퍼비전 및 근접성 유지 3. 주의를 주는 신호물 사용 4. 사전에 수정할 기회 제공 5. 반응할 기회를 더 많이 제공 6. 전략으로 반응할 기회를 사용 7. 과제 몰입 행동에 대한 특정 행동 칭찬을 더 많이 함
반응할 기회가 충분한가?	1. 반응할 기회를 더 많이 제공
대화가 긍정적인가, 부정적인가? 비율은?	1. 규칙과 기대 수준을 교육한다. 2. 행동 일정을 교육한다. 3. 교사-학생 관계를 증진한다. 4. 특정 행동 칭찬을 더 많이 한다. 5. 계획된 무시 6. 훈계는 명확하게
특정 행동 칭찬은 적절한가?	1. 특정 행동 칭찬을 더 많이 한다. 2. 규칙과 기대 수준을 교육한다. 3. 행동 일정을 교육한다. 4. 교사-학생 관계를 증진한다.
주의 산만한 수위는 어떠한가?	중요한 영역에 모두 사용할 수 있는 전략이다. 다음 전략들로 시작하고 많이 의존해야 하는 전략들이다. 　1. 교사-학생 관계를 증진한다. 　2. 교실 구조를 개선한다. 　3. 적절한 행동에 주의를 기울인다. 긍정적이고 선제적인 전략들이 일단 적용되었다면 부적절한 행동에 반응하기를 위한 개입들로 옮겨간다.

로 옮겨 가는 데 시간이 많이 걸리거나, 교실이 지저분하고 통로가 막혀 있는지 볼 수 있다. 숨길 수 없는 지표는, 교사가 학생들로부터 매 순간 무엇을 기대하는지 알 수가 없는 경우다. 이러한 예들을 보는 경우라면, 교실 구조를 주의가 요구되는 영역으로 제기하여 교사와 개입 방법들에 대해 논의해야 한다.

> 숨길 수 없는 지표는, 교사가 학생들로부터 매 순간 무엇을 기대하는지 알 수가 없는 경우다.

수업 규칙과 기대 수준

학생들의 산만한 행동 수준이 높고 교사의 훈계 역시 높은 수위라면, 수업 규칙과 행동 기대 수준에 초점을 맞춘 개입들이 긍정적인 성과를 가져온다. 수업 중에 규칙이 부족하다거나 아예 없다면, 교사와 함께 수업에서의 학생 행동에 대한 기대 수준이 무엇인지 결정하고 효과적인 수업 규칙을 만들도록 한다. 규칙은 적절하나 학생의 순응도가 낮다면, 최선의 시작점은 그 규칙들을 교육하고 검토하고, 기대되는 행동을 연습시키고, 적절한 행동에 대해서 자주 보상하는 것이다. 아래에 저자들은 효과적인 수업 규칙과 기대 수준의 개발을 검토하였고 이러한 규칙들을 학생들에게 교육하는 절차를 설명하였다.

> 학생들의 산만한 행동 수준이 높고 교사의 훈계 역시 높은 수위라면, 수업 규칙과 행동 기대 수준에 초점을 맞춘 개입들이 긍정적인 성과를 가져온다.

기대 수준과 규칙의 차이에 대해서 교사와 논의하는 것이 중요하다. 기대 수준은 학생과 성인들이 지켜야 할 전 세계적인 특성들이다. 예를 들어, 학생들은 책임감이 있어야 한다. 한편 규칙이란 구체적이고 관찰 가능한 것이다. 예를 들어, 숙제를 완성해서 수업에 오기라고 하는 규칙은 책임감의 구체적이고 관찰 가능한 형태다. 이상적으로는, 학교들이 공통적인 기대 수준을 가지고 있어서 교사가 수업 규칙과 용이하게 연결 짓는 것이다. 예를 들어, 많은 학교에서 긍정적 행동 개입 및 지원(Positive Behavior Interventions and Supports, PBIS)을 행동 프로그램으로 사용한다. PBIS를 사용하는 학교들은 종종 학교들이 기대하는 수준에 "안전하자, 존중하자, 책임감을 갖자."를 포함한다. 수업 규칙은 이러한 전 세계적인 학교 기대 수준과 직접적으로 관련되어 개발될 수 있다. 예를 들어, '손과 발을 차분하게 하기'는 '안전하자'라고 하는 것과 맥락을 같이 하는 수업 규칙인 것이다. 표 8.2에서 전반적인 학교 기대 수준과 이에 상응하는 수업 규칙들을 볼 수 있다. 수업 규칙들은 긍정적인 문장으로 진술되어 있고, 구체적이며, 관찰 가능하고, 간결하게 표현되고, 최소 단위로 만들어진다.

교사와 협동하여, 수업 중에 가장 흔한 문제 행동이 무엇인지 떠올린다. 학생들의 학력과 발달 수준을 고려한다. 긍정적으로 진술된 규칙 목록을 만든다. 규칙들을 알아낼 때 교사와 함께 작업하거나, 교사가 학생들과 함께 규칙을 만들 수도 있다. 규칙들이 어떻게 만들어지든지 간에 규칙들은 학생들이 하지 말아야 하는 것을 설명하기보다는 학생들이 할 것으로 기대되는 것을 설명한 것이어야 한다. 긍정적으로 진술된 규칙들을 만들려면, 우선 문제 행동을 생각하고(예, 때리기), 문제 행동의 반대 행동을 생각한다(예, 손과 발을 차분히 하기). 다음으로 교사와 함께 규칙들을 적어서 모든 학생들이 볼 수 있는 교실 내 공간에 붙인다. 글을 깨치지 못한 학생들과 초기 글쓰기 학생들이라면(즉, 유년기, 유치원, 1학년) 글씨 내용을 그림으로 그려서 규칙을 설명하는 것이 도움이 된다. 시각적인 힌트를 위해서 규칙과 관련된 행동을 시연하게 한다거나, 규칙 옆에 사진으

∷∴ **표 8.2** 기대 수준과 연결된 수업 규칙

	학교들이 기대하는 수준		
	안전하자	존중하자	책임감을 갖자
수업 규칙	손과 발을 차분하게 놓기	손을 들고 차례 기다리기 선생님 말씀 경청하기	정시에 수업에 오기

로 행동을 보여준다. 예를 들어, 학생들이 다리를 모으고 손을 무릎에 얹은 사진을 교사가 가지고 와서 '손과 발을 차분히 하기' 규칙과 함께 보여준다. 규칙들을 잘 게시해서 수업에 들어오는 누구든지 규칙들을 보고 이해하게 해야 한다.

수업 규칙들을 써서 붙이는 것만으로는 학생의 적절한 행동을 이끌어내고 유지하는 데 충분하지 않다. 규칙들을 학생들에게 적극적으로 교육하고 재교육하는 것이 중요하다. 수업 규칙들을 교육하는 것은 학생들에게 기대하는 바를 정확하게 소통하는 것이며, 동시에 규칙과 일관된 행동을 보상하는 기회를 교사들에게 제공한다. 읽기, 쓰기 등의 학습 과정을 교육하는 것처럼, 수업 규칙을 하나의 수업으로 교육하는 것은 선제적 개입의 예가 된다. 일단 규칙들을 찾아서 게시하면, 수업 규칙을 교육할 교안을 교사와 함께 개발하라. 교안에는 규칙과 규칙의 중요성을 교육하고, 긍정적·부정적 예제들을 모델링하도록 하고, 규칙을 따라 하는 연습을 하게 하고, 잘 따라한 학생들에게 칭찬이나 인정을 하는 것을 포함한다. 이러한 중요한 절차를 기억하는 다음 모토가 유용하다. "가르치고, 모델링하고, 연습하고 칭찬하라." 그림 8.2는 수업 규칙 중에서 "손을 들고 차례를 기다리기"라고 하는 규칙을 교육하는 절차들을 만들고자 교안 계획을 제시하였다. (수업 규칙 교육하기 빈칸 틀은 부록 D.1 참조).

행동 규칙

학생들의 산만한 행동을 감소시키면서 수업 시간을 늘리는 데 효과적인 전략은 수업 중에 학생 행동 기대 수준을 가르치는 것이다. 수업 규칙 교육하기에서처럼, 행동 일정 역시 적절한 행동을 가르치고, 모델링하고, 연습하고, 보상함으로써 적극적으로 교육 가능하다.

우선 하루 일과에서 발생하는 행동 일정들을 목록으로 만드는 것이 유용하다. 일반적으로 수업과 수업 사이에 학생들의 이동이 매우 많고 수업마다 기대하는 바가 다양하기 때문에 여기에 맞추는 것이 학생들로부터 기대된다. 교사와 협동하여 전문가가 만든 목록에 흔히 나타나는 규칙들로는 수업 시간에 맞추어 들어오고 나가기, 새로운 활동이나 장소로 움직이기, 개별 혹은 그룹으로 과제하기, 과제 분배하고 숙제

> 행동 일정은 학생들에게 적절한 행동을 가르치고, 모델링 하고, 연습하고, 보상함으로써 적극적으로 교육이 가능하다

학급 규칙 가르치기

규칙
손을 들고 차례를 기다린다.

가르치기
규칙을 설명하고 왜 중요한지 이야기한다. "말하기 전에 손을 들고 차례를 기다립니다. 이렇게 할 때 남을 존중하는 것이 됩니다. 왜냐하면 모두가 순서대로 할 수 있게 하고 무언가 필요하구나 하는 것을 알게 해주니까요."

모델링
학생들에게 행동으로 보여줌으로써 긍정적인 모델을 제공한다. 손을 위로 치켜들고 "이렇게 하고 기다리는 거예요." 잘못된 행동을 보여줌으로써 부정적인 모델을 제공한다. 손을 들고 소리 지르며 "저요, 저요?" 한다. 그러고 나서 학생들에게 묻는다. "선생님의 주의를 끄는 데 책임 있는 행동이었을까요?"

연습하기
학생(들)이 규칙을 시연하도록 한다. "영철아, 손을 들고 기다리는 것 보여줄래?"

칭찬/보상
규칙을 시연한 학생(들)에게 구체적으로 칭찬한다. "손을 높이 잘 들었어." 규칙을 따르는 학생들을 보상하는 계획을 만든다. 수업 중에, 특히 읽기 시간에, 손을 들고 차례를 기다리는 학생들을 찾아서 '바로' 시킨다. 구체적으로 칭찬한다. "손을 들어주어 고마워."

그림 8.2 학급 규칙 '손들고 차례를 기다리기' 가르치기 예제

거두기, 교사로부터 도움 요청하기, 노는 시간이나 다른 수업을 마치고 복귀하기, 화재 경보 훈련이나 대체 교사 등과 같이 갑자기 발생하는 일 경험하기 등이다.

다음으로는 정규 과목들 전체에서 기대되는 행동들을 명확하고 일관성 있게 정의해야 한다. 행동에 대한 기대 수준을 사용하여 각각 교안을 개발하는 데 가장 도전적인 일과나 활동으로 시작한다. 예를 들어, 소그룹 과제에서 학생들이 어떻게 교사로부터 도움을 얻을지 종종 혼란스러워 한다면, 이 일과에 대해 기대하는 바를 먼저 교육하는 기안을 만들어야 한다. 각각의 행동 일정에 대해 교안을 준비하면 마침내 교사는 학생들의 행동 실천에서 성공 가능성을 현저하게 높일 수 있다. 그림 8.3은 학생들이 줄을 서서 교실을 나가는 행동 일정에 대한 교안 예제다(빈칸 틀은 부록 D.2 참조).

적극적인 슈퍼비전

연구 결과에서 보면, 교사가 책상 앞에 앉아 있는 시간이 많을수록 수업에서 발생하는 학생들의 행동이 더 산만하고 덜 주의 집중하는 것으로 나타났다. 적극적인 슈퍼비전(또는 슈퍼비전)은 교사가 책상에서 일어나서 수업 중에 돌아다니며, 살펴보고(시각으로 청각으로 모두), 긍정적인 학생 행동을 지지할 수 있는 근접성을 유지하는 것이다. 적극적인 슈퍼비전이 수업 운영 전략으로 효과적이고 선제적인 이유는 몇 가지 있다. 첫째, 교사가 수업 중에 돌아다니면, 학생들이 과제를 마칠 즈음 그룹과 개별로 칭찬과 피드백을 줄 수 있다. 둘째, 학생의 수업 수행과 행동을 선제적으로 모니터링함으로써, 어떤 학생의 문제 행동이 과도하게 산만해지기 전에 조기에 문제를 파악하고 도움을 주거나 문제 행동을 다른 방향으로 돌릴 수 있다. 또한 학생들 중에서 누가 학습 지원이 더 필요한지 알아차릴 수 있으므로 학생은 덜 좌절하고, 더 이해가 증진되고, 덜 산만해진다. 마지막으로 근접해 있을 때, 또는 문제 행동을 보이는 학생이나 그룹에 더 가까이 움직이는 것만으로도 교사는 영향력 있는 수정 보완적 전략으로 기능할 수 있다. 고속도로에서 운전을 하는 자신을 떠올려보자. 가속탐지기가 설치되었음을 보면 첫 번째로 무엇을 하는가? 페달에서 발을 떼고 속도 미터기를 보지 않는가? 근접성 역시 이와 같은 원리다. 문제 행동을 하는 학생 그룹과 나란히 움직이거나 그들을 향해 감으로써 문제 행동 중단을 촉발하고 바람직한 행동을 시작하게 한다. 또한 학생들과 긍정적인 관계를 가지고 있는 교사는 돌아다닐 때 학생들이 최상의 행동을 보여주기 원하며, 교사의 기대 수준에 높게 부응하고자 한다는 것을 알게 된다.

교사가 적극적으로 슈퍼비전을 늘려갈 때, 기억할 것은 교실에서 쉽게 돌아다닐 수 있도록 구조를 만들어야 효과적으로 슈퍼비전을 할 수 있다. 그렇지 않을 경우 걸림돌이 될 수 있다. 교실 공간을 살펴보고 물리적 환경을 바꾸고 개선할 수 있는지 본다. 교사와 함께 언제 그리고 어떻게 적극적인 슈퍼비전을 할 것인지 브레인스토밍한다. 소그룹 과제나 개별 작업 시간을 교사가 채점

행동 규칙 가르치기

행동 규칙
줄 서서 교실 나가기
가르치기

행동 일정을 설명하고 왜 중요한지 이야기한다.

줄을 잘 서는 것은 원만한 이동을 위한 중요한 기술이다. 학생들에게 말한다. "모두 줄을 잘 서면, 즉 눈을 앞으로 두고, 목소리를 낮추고, 손발을 차분히 하면, 더 많이 배우고, 재미있는 활동을 하고, 노는 시간을 가질 수 있어요. 줄을 잘 설 때 모두 안전하게 지시사항을 따를 수 있지요. 줄 서야 하는 때가 오면, 내가 문 앞에 서서 말할 거예요. '줄 서는 시간이다'라고. 그룹별로 나오라고 할 거예요. 자기 그룹 순서가 되면 조용히 일어나서, 의자를 제자리에 넣고, 손발을 차분하게 한 채 줄을 서서 문 쪽으로 옵니다."

모델링

학생들에게 행동을 시연하여 긍정적인 모델이 되어준다.

"그룹 3번, 줄을 잘 서는 모습을 보여주세요." 학생들이 조용히 일어나서 의자를 제자리에 넣고 서로 밀치지 않고 문 쪽으로 온다. "아주 잘 했어요. 그렇게 하는 것이 바로 줄 잘 서는 행동입니다."

잘못된 행동을 시연하여 부정적인 모델이 되어준다.

교사가 책상으로 가서, 의자를 넣지 않고 일어나서 문 쪽으로 뛰어간다. "이것이 줄을 잘 서는 건가요?" 학생들이 답한다. 의자를 넣지 않은 것, 안전하게 걸어가지 않은 것 등. "만약 내가 어떤 그룹에게 줄을 서라고 할 때, 모두 일어나서 문 쪽으로 간다면 어떨까요? 줄을 잘 서는 걸까요?" 학생들이 답을 하도록 한다. "만약 내가 줄을 세웠는데, 모두들 서로 밀치거나 말을 한다면?" 학생들이 답하게 한다.

연습하기

학생(들)이 행동 일정을 시연하도록 한다.

각 그룹마다 순서대로 돌아가면서 줄을 잘 서는 연습을 하게 한다. 정확하게 할 경우 각 그룹마다 칭찬을 한다. "줄 잘 서기 게임." 학습은 줄 잘 서는 연습을 한다. 완벽하게 할 때마다 학급은 포인트를 얻는다. 연속으로 3포인트를 얻을 때까지 게임을 한다.

칭찬/보상

행동 일정을 정확하게 시연한 학생(들)에게 구체적으로 칭찬한다.

"천천히 걸어 나와서 줄을 서주어 고맙다, 영철아." 문제 행동보다는 적절한 행동에 더 많은 관심을 준다.

행동 일정을 정확하게 시연하여 학생들을 보상하는 계획을 만든다.

학생들이 줄을 설 때마다, 줄 서기를 바로 하는 학생들에게 특정 행동의 칭찬과 관심을 줄 것이다. 추가적으로 기회가 될 때마다 '줄 잘 서기 게임'을 할 것이다. 칠판에 포인트를 적을 것이다. 포인트 목표를 달성하면 바로 축하 행사를 할 것이다(학생들이 선호하는 활동, 노는 시간 더 주기, 스티커 등).

그림 8.3 ▶ 행동 규칙 '줄 서서 교실 나가기' 가르치기 예제

하거나 교안 작성하는 시간으로 사용하는 것이 일반적인데, 그럴 경우 많은 학생들이 과제에 몰입하지 않고 있음을 볼 수 있다. 이 시간은 학생들이 과제에 집중하는 행동과 관계 형성을 늘리기 위한 시간으로 적극적인 슈퍼비전을 하도록 제안해야 한다. 따라서 교사는 다른 시간에 교안 계획이나 채점을 해야 할 것인데, 적극적인 슈퍼비전은 학생과 교사 모두에게 혜택을 가져오고 가치가 있다.

사전 준비시키기

규칙과 기대 수준이 명확하지만 학생들이 여전히 이동이나 활동에서 어려움을 보이는 경우, 사전 수정하기가 유용한 전략이 된다. 첫 단계는 기대되는 행동에 대해 간략하게 기억을 도와주는 것이 학생들에게 이득이 될 때가 언제인지 알아본다. 사전 수정하기는 기대 수준을 달성할 가능성을 높여준다. 그다음, 교사는 사전 수정하기를 한 후 학생들이 무엇을 해야 하는지 명확하게 설명한다. 기대 수준에 부응하는 학생들에게는 그룹 또는 개별적인 특정 행동 칭찬을 해준다. 수업 중에 문제가 되는 행동 일정을 위하여 지원이 더 필요한 학생들이 누구인지 교사와 이야기하는 것이 유용하다. 교사는 이 학생들에게 개별적으로 특정 행동 칭찬을 해준다. 때로 사전 수정하기는 기대되는 행동에 특별히 어려움을 보이는 개별 학생들에게 제공할 수 있다. 이런 경우 그룹 사전 수정하기를 한 후에 개별화된 사전 수정하기를 신중하게(즉, 그 학생에게 다가가서 낮은 목소리로 말하는 것) 제공하도록 교사에게 제안해야 한다. 사전 수정하기 계획지는 그림 8.4에 완성본으로 제시되어 있다(빈칸 틀은 부록 D.3 참조).

주의 신호

학생들의 주의를 모으고 유지하는 것은 어느 교사에게든지 중요한 운영 도구가 된다. 주의 신호는 교실과 교실의 이동 시간에서 발생하는 문제의 빈도를 감소시키는 데 도움이 된다. 주의 신호는 많은 상황에서 이득이 된다. 예를 들어, 어떤 교사가 수업 중에 적극적으로 돌아다니며, 학생 과제를 모니터링하면서 과제를 완전히 이해하지 못하는 학생들을 보았다고 하자. 신호물을 잘 적용하면, 몇 초 만에 전체 학급의 주의를 모아서 지시사항을 명료화하고 새로운 질문에 답하도록 할 수 있다. 신호물이 없는 경우, 교사는 모든 학생들의 주의를 모으기 위해서 수업 중에 소음을 넘어 한참동안 소리를 지르게 된다.

교사가 성공적으로 주의 신호물을 사용하게 지원하기 위해서는, 교사가 신호물로 사용하고자 하는 것이 무엇인지 먼저 알아내야 한다. 청각적·시각적 요소를 가미하여 신호물을 만드는 것이 유용한데, 왜냐면 학생들이 하나의 단서를 놓치더라도 또 다른 단서를 알아차릴 수 있기 때문이다. 주의를 모으는 효과적인 방법 하나는 단호하고 큰 목소리로(소리를 지르는 것이 아니고) "얘

사전 준비시키기 계획 기록지

1단계 : 행동 규칙 중에서 학생들이 기억을 하지 않으면 하기 힘든 것을 고른다. 2단계 : 구체적으로 사전 준비시키기 방법과, 특정 행동적 칭찬을 작성한다. 3단계 : 사전 준비시키기 절차가 효과적이었는지 평가한다.	
행동 규칙 : 점심시간에 줄 서기	
사전 준비시키기 계획	오전 10 : 45에 5분간 경고를 한다. 주의 신호물을 사용한다. "이제 점심시간이라서 줄을 서려고 합니다. 의자를 넣고 조용하게 일어나세요. 그룹을 부르면 손을 차분히 하고 걸어 나와서 문 쪽으로 줄을 서세요."
그룹에게 특정 행동의 칭찬하기	"모두 의자를 조용하게 넣었군요. 잘했어요." "아주 잘했어요. 모두 의자 뒤에 조용히 서서 줄을 서려고 하네요."
개인에게 특정 행동의 칭찬하기	"영철아, 바로 서서 의자도 잘 넣었네. 아주 잘했어." "영희가 준비가 되어 있네. 조용하게 책상 옆에 서 있구나."
85% 학생들이 기대 수준에 부응했나요?　　　　　　　　　　**예**　　　　　　**아니요** **아닌 경우, 학급에 행동 규칙을 명확하게 교육할 계획을 개발한다.**	

그림 8.4 ▶ 사전 준비시키기 계획 기록지 예제

들아, 주목하자."라고 말하면서 동시에 오른팔을 크게 돌려 머리 위로 들고 있는 것인데 이때 학생들이 자기들의 손을 위로 올리고 교사를 바라보게 된다. 또 다른 방법은 리듬에 맞추어 손뼉을 치는 것이다. 교사는 하나의 리듬에 맞추어 손뼉을 치고, 학생들이 동일한 리듬으로 따라 하면서 조용하게 교사를 쳐다보게 된다. 두 가지 신호물 모두 효과가 있다. 예를 들어, 수업 중이든, 복도에서든, 소풍을 가서든지 모두 가능하다. 또 다른 신호물로는 전등 스위치를 켰다 껐다 하거나, 종소리를 내거나, 하모니카를 불거나, 음악을 트는 것 등이다. 신호물은 발달 단계에 적절해야 하는데, 손뼉 치는 것은 고등학생들에게 어린아이 같은 신호물로 간주될 수 있으며, 초등학교 학생들은 재미있고 효과적인 신호물로 보일 수 있다.

　어떤 신호물을 사용하든 간에, 교사는 5초 내로 전체 학습의 주의를 모을 수 있어야 한다. 이렇게 하려면, 신호물이 무엇인지 그리고 어떻게 반응해야 하는지 학생들에게 가르쳐 주어야 한다.

학생들에게 수업 규칙과 행동 일정을 교육하는 것처럼 신호물에 대해 교육하면 된다. 먼저 신호물을 소개하고 언제 사용할 건지 말해준다. 다음 신호를 들으면 무엇을 해야 하는지 말한다(예, 손을 들고 선생님을 바라보기 등). 마지막으로 학생들과 신호물을 연습하고, 필요 시 학생들에게 피드백과 칭찬을 한다. 신호물을 가지고 5초 내로 전체 학습이 주의를 모을 때까지 연습을 계속한다. 잘 연습된 신호물은 과제와 과제 사이에 학생들의 이동을 신속하게 하도록 교사가 도울 수 있으며, 학습 활동에 시간을 더 만들 수 있다.

물리적 환경 배치

교사가 수업 운영을 증진하고자 교실에서 할 수 있는 한 가지 매우 간단한 변화는, 교실 공간의 물리적 환경 배치가 긍정적인 교사-학생 관계를 도모하는지 그리고 산만한 행동을 방지하는지 확실히 하는 것이다. 교실에서 몇 가지는 바꿀 수 없다(예, 교실 형태 자체, 전경을 막는 기둥, 창문 크기와 위치 등). 그리고 모든 교사들이 교실의 환경 배치에 대해 컨트롤할 수는 없다. 그러나 바꿀 수 없는 것을 최대한 활용하기 위해 무엇을 바꿀 수 있을지 교사와 브레인스토밍해야 한다. 다음의 목표를 향해 교사와 협동해야 한다.

1. 교사는 교실의 모든 공간을 활용해야 한다.
2. 학생들의 책상을 수업에서 필요한 구조로, 그리고 수업에서 진행하는 교과 활동을 극대화할 수 있게 배치해야 한다.
3. 학생들이 몰려 있는 공간에서는 산만함을 최소화해야 한다.
4. 학생들이 과제를 제출하고 새 과제를 받는 시스템이 있어야 한다.
5. 교실 내 모든 것이 제자리에 정돈 되어 있어야 한다.

적극적인 슈퍼비전은 수업 행동 운영에 중요한 요소가 된다. 따라서 교사가 교실 내 모든 공간에 충분히 그리고 쉽게 접근하도록 학생들의 책상을 배치하는 것이 중요하다. 교사가 쉽게 움직일 때, 교사는 과업에 주의하지 못하는 학생들에게 수정하도록 피드백을 제공할 수 있고, 잘하고 있는 학생들에게는 긍정적 피드백을 줄 수 있으며, 필요 시 질문에 답할 수 있다. 또한 물리적 접근성의 사용은 산만한 행동을 감소시키는 데 매우 효과적인 전략이다. 교사가 적극적으로 슈퍼비전을 하는 교실에서는 학생들이 교사의 접근성을 늘상 인식하고 있다. 학생 그룹에 더 가까이 다가가는 것만으로도 잔소리를 하거나 훈계를 할 필요도 없이 학생들로 하여금 과제에 집중하도록 돕는다.

효과적인 수업에서는 교실 내에서 발생하는 교과 활동과 구조 형태를 적정한 수준이 되도록 학생 책상을 배치한다. 예를 들어, 책상을 모아놓으면 협동적인 학습 활동을 하는 데 매우 좋고 모든 학생들에게도 쉽게 접근 가능하다. 한편 소그룹 학생들이 쉽게 산만해지고 과제와 관련 없는 대화를 더 많이 한다. 책상을 한 줄씩 배치하는 경우 전체 대상 수업에 좋은데 이유는 모든 학생들이 앞쪽을 향하게 되고 불필요한 대화를 하지 못하기 때문이다. 최상의 배치를 결정하려면, 가장 흔히 발생하는 활동 유형과 가장 많이 이득을 얻을 수 있는 수업 구조를 염두에 두고 각각의 배치에 대한 찬반을 상의해야 한다.

교실 배치에 대해 고려할 때, 학생들이 몰리는 곳이 어딘지 알아내야 하고, 학생들이 자주 움직이게 되는 공간이 어디인지 알아야 한다. 예를 들어, 학생들이 쓰레기를 버리는 장소, 연필을 깎는 장소, 소품을 얻는 장소, 숙제를 제출하는 장소, 소그룹 토의 장소에 정기적으로 접근할 필요가 있다. 교사를 도와서 이러한 영역들이 책상이나 걸림돌이 없어야 하며 물건을 옮기며(예, 연필깎기 앞에 수업 용품들을 쌓아두지 말 것) 지나가지 않도록 배치해야 한다. 교사와 함께 밀집된 공간들을 알아내고 함께 걸어 다니면서 이러한 공간들이 걸림돌이 없도록 해야 하며, 학생들로부터 멀리 떨어지도록 하여 산만하지 않게 해야 한다.

학생 과제 완성물이 만성적인 문제라면, 이 특정 공간을 마음에 두고 현재 수업 시스템을 살펴보는 것이 유용하다. 교사와 협동하여 학생 과제를 할당하고 모니터링하고 거두는 절차를 검토하고 개선해야 한다. 시스템을 만들어서 학생들이 과제 분담을 하고, 완성물을 보관하고, 채점된 결과물을 찾아가고, 필요한 소품을 가져가도록 해야 한다. 교사와 함께 교실 내에 고정된 공간을 찾아내어 학생들이 어디로 가서 무엇을 완수해야 하는지 알 수 있게 해야 한다. 만약 학생들이 자신의 과제를 보관하도록 도울 계획이 없는 경우라면, 전략을 떠올려서(예, 수첩에 숙제를 적기) 학생들이 그 전략을 사용하는 방법을 가르치는 교안을 생각해낸다. 시간과 노력을 바로 사용하여 간단하고 이해하기 쉬운 시스템으로 학생들이 과제를 제출하고, 과제를 다시 받고, 과제를 기억하고, 새로운 과제를 받고, 학습 용품에 접근하게 된다면 시간 소비를 막고 학생들이 학습에 몰두하도록 해준다.

마지막으로 잡동사니와 비구조화는 혼란을 야기한다. 이것을 피하려면 모든 것을 담을 공간을 만드는 것이 필요하다. 교실 책상이나 바닥에 자료가 쌓여 있다면, 시스템을 만들어서 누적된 서류들을 가지런히 정돈하여 파일로 만들어서 캐비닛에 넣고, 오래되고 불필요한 물품들은 보관 상자에 넣어서 교실 밖으로 내놓고, 책이나 기타 물품들은 선반에 내용 레벨을 달아서 올려놓는다. 다른 말로 하면 교사와 함께 물품과 정보를 신속하게 저장하고 정돈할 수 있도록 조직 시스템을 개발해야 한다.

일정표

일정표는 수업 구조화에서 중요한 요소다. 왜냐면 교사와 학생들에게 매일 교실에서 발생하는 활동 유형에 대해 알려주기 때문이다. 중요한 질문은, 학습 일정표가 교사 주도적 과제, 개별 과제, 그룹 과제로 균형 있게 짜여 있는가이다. 이것을 알기 위해서는 교사가 과목 목록과 각 과목 시간 배정표를 만들도록 해야 한다. 그러고 나서 각 과목마다 일반적으로 방생하는 활동 목록과 활동 시간 분량이 무엇인지 질문한다. 마지막으로 활동이 교사 주도적 과제인지, 개별 학생 과제인지, 그룹 작업인지 결정한다. 예를 들어, 이 목록을 만든 후에 교사 주도적 과제 시간이 60%, 개별 학생 과제 시간이 20%, 협동적 그룹 과제 시간이 20%라고 하자. 다음 단계는 교사와 함께 이 비율이 수업에 균형이 좋은지 아니면 조정이 필요한지 결정한다. 절대적인 규칙은 없으나, 일반적 인 규칙은 특정 활동마다 20분을 초과하지 말아야 하고, 활동이 다양할수록 더 좋다고 본다. 활동 유형별 적정 균형 비율을 결정하는 것에 더불어, 각기 다른 활동들이 서로 다른 요일과 시간에 어떻게 학생 행동에 영향을 주는지 참작하는 것이 또한 유용하다.

일정표를 보완하는 것이 종종 문제 행동 발생률이 높은 수업에서 긍정적인 영향을 가져온다. 예를 들어, 어떤 초등학교에서, 만약 교사가 주로 하루 일정 중 마지막에 개별 과제를 주었을 때 학생들이 이 시간에 주의 산만한 행동을 매우 많이 보인다면, 보다 상호교류적이거나 교사 지시적 인 과제로 옮기는 것이 이득이 있을 것이다. 중학교 수업이라면 교사가 영어 시간을 첫 교시와 마지막 교시에 배정할 수 있는데, 이 두 교시가 동일한 과목이기는 하나, 마지막 교시에 학생들을 몰입시키려면 보다 많이 적극적이고 구조화된 교시로 진행해야 한다. 학생들이 매우 몰입하는 교 시와 활동과 그렇지 않은 교시와 활동을 검토할 때 학생들 참여를 높일 수 있는 수업 형태와 활동 을 바꾸어 개입 아이디어를 이끌어낼 수 있다. 또한 활동 기대 수준을 학생들에게 신속하게 기억 나게 하는 사전 준비하기로 도움이 될 만한 교시가 언제인지, 그리고 문제 행동이 발생하기 전에 이러한 기대 수준을 학생들이 어떻게 달성할 수 있는지 찾는 것이 도움이 된다(차후에 사전 준비 하기 참고할 것).

교사-학생 관계 증진을 위한 개입 아이디어

교사와 학생의 긍정적인 관계는 필수적이다. 왜? 가장 명백한 이유는 긍정적인 교사-학생 관계는 신뢰와 이해와 돌봄을 토대로 하기 때문에 결과적으로 학교에서 배우고 달성하고자 하는 학생의 협동과 동기를 올린다. 교사가 자기를 가치 있게 여긴다고 느끼는 학생들은 교사가 가지고 있는 가치와 목표를 내면화한다(Connell & Wellborn, 1991). 학생들은 도전적인 과제를 해결하고자 더 동기화되고 더 열심히 노력한다. 더 나아가 연구 결과에서 보면, 열악한 환경에서 성장한 학생 들의 경우 교사나 전문가와 밀접한 관계를 맺을 때 그렇지 않은 학생들에 비해 훨씬 좋은 장기적 성과를 가져온다고 한다(Comer, 1993). 교실에서 교사와 학생들 사이에 긍정적인 관계를 맺어야 하는 중요한 이유들을 볼 때, 교사-학생 관계를 증진하는 개입들로부터 어느 학급이든지 혜택을 볼 가능성이 높다. 특히 문제 행동이 상당히 정기적으로 발생한다면 더욱 그렇다. 이 장에서 언급된 모든 전략들은 학생들이 교사를 신뢰하고 존중할 때 그 영향력이 증진된다.

효과적이고 긍정적인 수업 운영과 긍정적인 교사-학생 관계는 나란히 간다. 긍정적인 수업 운영 전략들은 학생들로 하여금 교사와 학교에 정서적으로 관련성을 느끼도록 돕는다(McNeely, Nonnemaker, & Blum, 2002). 따라서 교사를 지원하여 긍정적이고 선제적인 수업 운영 기법들을 사용하게 도울 때, 긍정적인 교사-학생 관계를 발전시킨다. 이것은 일리가 있다. 기대 수준이 명료하고, 일정과 절차가 이해되고, 학생들은 기대 수준에 부응하도록 보상되고, 부응하지 못한 경우 결과가 공정하고 일관적인 수업 환경은 효과적이다. 이러한 교실에서 학생들은 안전하게 느끼고 가치 있다고 느낀다. 규칙

> 이 장에서 언급된 모든 전략들은 학생들이 교사를 신뢰하고 존중할 때 그 영향력이 증진된다.

이 불분명하고 비일관적으로 보상되는 수업이라면, 학생들은 혼란스럽고, 부당하게 대우된다고 느끼고, 교사-학생 관계를 긴장된 것으로 느낀다. 다음에는 긍정적인 교사-학생 관계를 만들어낼 수 있는 전략들을 추가하였다. 많은 전략들이 쉽게 적용 가능하며, 수업 환경이 관계 증진으로부터 이득이 있다고 느끼는 교사라면 쉽게 적용할 수 있다.

비유관적 대화 증진하기

비유관적 대화 또는 비유관적 관심은 학생들과의 개별적인 관계를 발전시킨다. 본질적으로 비유관적 관심을 보이는 교사는 학생들의 삶과 행복에 적극적으로 관여하며, 긍정적인 방식으로 대화하고 학생의 행동에 의존하지 않는다. 예를 들어, 교실에서 학생들을 만나는 경우 인사하고, 주말은 어떠했는지, 어떤 활동을 즐겁게 했는지 묻고, 수업에서 학생들이 좋아하는 활동과 연계하고, 복도에서 지나칠 때 이름을 넣어 인사하는 것 등이다. 이처럼 간단한 전략들은 교사와 학생의 미래 상호작용에 중요하고 지속적인 영향력을 가진다. 교사가 비유관적인 관심을 더 많이 가지도록 도와야 한다. 그러기 위해서 교사에게 과거에 그들의 선생님 중에서 자신을 가치 있고 중요하게 느끼도록 했던 사람을 한 명 떠올리도록 청한다. 그 선생님이 무엇을 했기에 그렇게 느끼도록 했는지 찾아보도록 청한다. 과거에 경험했던 멋진 선생님에 대해 생각하고 나누어 봄으로써 아이디어와 대화를 찾아가는 데 도움이 된다. 가치 있고 중요하게 느끼도록 지원했던 행동들을 알아본 후에, 이러한 행동들을 발전시켜서 수업에 통합시키는 데 편안할 수 있는 전략들이 무엇인지 설명한다(예, 교실 문에 서서 학생 이름을 한 명씩 부르며 인사하기, 교사 자신의 경험을 학급에서 나누기 등).

학생들과 긍정적인 관계를 맺는 것이 효과적인 수업 운영의 초석이 되므로 관계 증진에 있어

발생할 수 있는 도전 과제와 이슈에 대해 논의하는 것이 유용할 수 있다. 교사들과 함께, 더 도전적인 학생들이 있을 수 있으며, 교사가 인정해줄 때 감사를 표현하지 않는 학생들이 있음을 이야기하는 것이 중요하다. 그러나 이러한 학생들이 있음에도 불구하고 끈기 있게 할 때 보상이 있게 마련이다. 때로 가장 다가가기 어려운 학생들이야말로 긍정적인 교사-학생 관계로부터 가장 많이 이득을 얻는다. 실제로 보면, 인사나 긍정적인 제스처를 잘 하지 않는 학생이 내면으로는 진정으로 감사하며 스스로 가치 있고 중요하게 느끼는 경우가 종종 있다. 이처럼 중요한 관심 표현을 이러한 도전적 학생들에게 해주는 것을 포기하지 말아야 한다. 대중적인 인사에 대해 이렇게 반응하는 학생이라면 덜 대중적인, 즉 개별적인 방식으로 교류를 하는 것이 필요할 수 있다.

더불어 교사가 모든 학생들의 인기 교사나 모든 학생들의 친구가 되어야 할 필요는 없음을 언급하는 것이 좋다. 교사는 학생들에게 호감이 있고 많이 알기를 원할 수 있으나, 학생들이 사용하는 속어를 사용하거나 학생들의 트렌드를 따라서 하는 것이 반드시 적절하지는 않다. 오히려 교사가 학생들에게 기대 수준을 명료하게 하고, 공정하고 일관성 있고, 학생들이 성공할 수 있는 기회를 만들고, 수업 중에 각 사람을 학생과 인간으로 지도하고 있음을 전달할 때 긍정적인 성과를 만든다. 비유관적인 관심은 수업에서 장소와 시간을 찾아 전달할 수 있음을 기억하는 것이 중요하다. 비유관적인 관심을 전달할 수 있는 기회는 학생들이 교실에 들어올 때, 나갈 때, 복도에 있을 때 가장 많다. 때로 비유관적인 관심은 수업에서도 이어질 수 있다(예, "영철아, 대답을 잘했어. 몸이 나아져서 수업에 올 수 있어서 좋다."). 그런데 이러한 멘트는 간결해야 한다. 교사 지시적 수업 중이거나 개별 과제를 모니터링할 때 교사들이 별로 관련 없는 주제에 대해 길게 이야기하는 것은 피해야 한다. 만약 이것이 습관이 되면, 학생들은 교사가 주제에 벗어나도록 이끌고 갈 수 있다.

학습 운영 증진을 위한 개입 아이디어

선제적인 수업 운영의 일차적 목적 중 하나가 관련 교과목에 열중하는 시간을 증가시키는 것이라고 할 때, 학생 행동과 수업의 관계를 검토하는 데 시간을 쓸 필요가 있다. 수업이 어떻게 진행되는가와, 그 수업에 학생 행동은 어떤가 하는 것 사이에 직접적인 연관성이 있다. 수업 과제가 너무 어려우면, 학생들은 좌절을 느끼고 탈 몰입된다. 한편 너무 쉬우면 학생들은 지루하게 느끼면서 탈 몰입된다. 활동이 너무 길어져서 학생들이 집중하기 어려워질 경우, 교사는 집중을 유지하려는 데 시간을 더 많이 소비하고 학생들은 학습에 쓰는 시간이 줄어든다. 수업에서 적절한 학생 행동을 유지하고 학업 효과를 견고히 하려면, 교사들은 학생들에게 완전 정복 경험을 제공할 필요가 있다. 과제가 너무 쉬우면 성공 자체가 학생들에게 가치가 없어진다. 한편 너무 어려운 과제라면, 학생들은 실패를 경험하고 학업 효과는 감소한다. 교과 수업의 속도를 잘 유지하면서 학습 교과물에 학생들의 집중을 유지하는 전략을 사용함으로써 학생들의 학습이 최대화되는 균형을 잡을 때 산만한 행동이 감소하게 돕는다. 다음 내용에는 학습 운영 증진을 위한 유용한 전략들을 설명하였다. 구조화된 학습 활동이나 반구조화된 학습 활동 중에 높은 수위의 산만한 행동이나 낮은 수위의 학업 몰입이 발생하는 수업이라면, 교사들로 하여금 이러한 전략들을 매 교시마다 어떻게 효과적으로 적용할지 안내함으로써 혜택을 얻게 돕는다.

반응할 기회를 높인다

> 교사 지시적 수업 중 교사가 가볍게 움직이며 돌아다니는 것은 학생들의 문제 행동을 감소시키고 학업 성취를 증가시키는 것으로 나타났다.

교사 주도적 수업 중 교사가 가볍게 움직이며 돌아다니는 것은 학생들의 문제 행동을 감소시키고 학업 성취를 증가시키는 것으로 나타난 가치 있는 전략이다. 학생들이 수업 내용에 몰입하지 못할 경우 산만한 행동이 발생할 수 있다(Lewis & Sugai, 1999). 수업 중에 적극적으로 학생들의 반응 기회를 높일 때 학습이 더 많이 발생하고, 교사에게 중요한 피드백이 제공되고, 과제 몰입 행동이 증가된다. 반응의 기회는 그룹이든 개별이든 학생들에게 학업 관련 질문을 제시하는 경우라면 언제든지 생기는 것이다(예, "49 제곱근은 얼마인가요?")

반응할 기회를 전략적으로 사용하기

수업 중에 교사가 학생들의 집중도가 떨어지는 것을 볼 경우, 반응할 기회를 더 많이 사용하는 것이 효과적이다. 여러 가지 기법들이 유용하다. 그중 하나는 다양성과 불예측성을 질문에 통합하는 것으로서 학생들은 언제든지 이름을 불릴 수 있다는 것을 알게 된다. 교사들은 학생들을 무작위로 질문해야 하는데, 때로는 같은 질문을 다시 하기도 하고, 다른 학생이 한 답에 대해 코멘트를 하도록 할 수도 있다(예, "영희야, 영철이가 한 답에 동의하니?"). 기억해야 할 중요한 점은 이 기법을 사용할 때 관심을 자극하고, 학급에 도전을 주고, 예측성을 피해야 한다는 것이다. 부주의한 학생들에게 벌주기 위해 잡으려고 사용하거나 그 학생들을 당황하게 하려고 사용해서는 안 된다. 이런 식으로 잘못 사용하는 경우, 학생들은 원망감을 가지게 되고, 교사-학생 관계에 피해가 온다.

학생들이 반응할 기회를 사용할 때 교사가 기억을 하도록 조언해야 한다. 기억을 하면서 (1) 모든 학생들이 반응 기회를 가지는지 확인하고, (2) 학생 반응의 정확성 수준을 알아보는 것이다. 총명하거나 자기주장적인 학생들은 종종 반응 기회를 더 많이 가지려는 경향이 있고, 교사들은 이 학생들이 정답을 말하기 때문에 더 자주 이 학생들의 이름을 부르게 된다. 이런 함정을 피하기 위해서 교사는 누가 답하고 안 했는지를 기억해야 하고, 그렇게 함으로써 시간이 흐름에 따라 골고루 기회를 분배할 수 있다. 교사가 반응 기회 추적을 위한 실행 가능한 시스템을 알아내도록 지지해야 한다. 예를 들면, 간단한 부호화 시스템이 있는 일지에 누가 답을 했고 다양한 난이도 질문에 대해 학생들의 성공률 등을 추적할 수 있다. 또한 학생들의 반응 정확도를 추적할 때 과목 내용의 적절성을 결정하는 데 유용하다. 예를 들어, 교사 지시적 수업에서 20회의 반응 기회를 주었는데 10개만 정확한 답이었거나 50% 정확성이었다면, 교사는 교과물을 재검토할 필요가 있다. 왜냐면 학급에서 반절은 이해하지 못했기 때문이다. 또는 20회의 반응 기회에서 100% 정확률을 보였다면 교과물이 너무 쉽거나 보다 도전적인 내용이 제시될 수 있음을 알 수 있다. 교사를 도와서 수업에 관한 훌륭한 결정을 하도록 돕는 방식으로 이러한 중요한 데이터를 수집하는 시스템을 만들어주는 것이 학생들의 수업 성취와 행동에 중요한 영향력을 준다.

수업의 속도 높이기

예외적인 아이들협회(1987)에서는 학생 반응의 적정 비율에 대해 지침서를 제시하였다 이 지침서에서는 새로운 학습물에 대해서 1분에 4개 내지 6개의 반응(최소 3.1)을 이끌어내야 하고, 80%의 정확성을 내야 한다고 하였고, 연습 활동에서는 9개 내지 12개의 반응(최소 8.2) 기회를 주어야 하고 90%의 정확성을 내야 한다고 하였다(Council for Exceptional Children, 1987; Gunter, Hummel, & Conroy, 1998). 반응 기회가 적정 비율보다 낮은 교사들에게 도움이 될 수 있는 상당히 단순한 전략들을 사용하도록 제안해야 한다. 다음은 교사들이 실천하는 데 통합 가능한 아이디어들이다. 그러나 이 목록은 전부가 아니다. 교사와 협동하여, 그 교사가 수업에서 보다 개별화되고 더 효과적일 수 있는 아이디어들을 추가해야 한다.

> 새로운 학습물에 대해서 1분에 4개 내지 6개의 반응(최소 3.1)을 이끌어내야 하고, 80%의 정확성을 내야 하고, 연습 활동에서는 9개 내지 12개의 반응(최소 8.2) 기회를 주어야 하고 90%의 정확성을 내야 한다.

　　교사 주도적 수업에서 반응 기회를 높이기 위해서 다음 접근 방법들이 유용함을 교사들이 알게 된다.

1. 복잡한 문제는 적은 분량으로 나누고, 학생들이 적은 분량의 문제에 대해 답하도록 한다.
2. 질문을 적은 카드들을 가지고 연습문제 질문을 하고, 학생들이 다 함께 간단하게 답을 하도록 하며 중간에 개별 학생이 답하는 기회를 준다.
3. 질문을 한 후 학생들이 앞에 놓은 작은 흰색 보드에 답을 신속하게 적도록 한 후 보드를 높이 쳐들도록 한다. 또 다른 아이디어로는 그룹에 질문을 한 후 두 사람씩 답을 맞히게 하거나, 양면으로 된 카드(예, 예-아니요, 진실-거짓, 찬성-반대 등)를 들어올리도록 하거나, 질문에 대해 엄지손가락을 위 또는 아래로 표시하게 하거나, 답이 맞으면 일어나게 하고 틀

리면 앉아 있게 하는 등이다.

4. 이전 수업에서 다룬 내용을 간략하고 빠른 속도로, 교사 주도적으로 복습하는 시간을 매 수업에 가미한다. 이때 개별 반응과 그룹 반응을 하도록 한다.

5. 좌석 배치표를 사용하여 개별 질문을 할 때 모든 학생들이 기회를 갖는지 확인한다.

6. 질문을 하고 나서 생각할 시간을 주고, 이후에 손을 들지 않게 하고서 한 학생 이름을 부른다.

7. 질문을 한 후, 항아리에서 학생 이름 스티커를 하나씩 꺼낸다. 모든 학생들이 한 가지 질문씩 답을 하고 나면, 이름 스티커들을 다시 항아리에 넣는다.

8. 이름이 불린 학생이 답을 알지 못하는 경우, 생각할 시간을 준 후에 학급 전체가 답을 하도록 하거나 그 학생이 다른 학생에게 도움을 청하도록 한다. 몇 분 후에 동일한 질문을 그 학생에게 한다.

반응 기회를 높이기 위해 교사가 어떤 전략을 사용하든지 간에, 중요한 것은 질문들이 적절해야 하는데, 즉 학생들이 경험하는 데 중요하고 적용 가능해야 하며 철저해야 한다.

학생들의 반응 기회를 높이는 것은 학생의 성취와 행동에 긍정적인 영향을 준다. 또한 교사가 학생들에게 더 많은 기회를 줄수록 교사는 칭찬과 긍정적인 피드백을 제공할 시간을 더 많이 갖게 된다(예, 교사 : "49의 제곱근이 얼마인가요?" 학급 : "7이요." 교사 : "잘 생각했어요. 맞습니다."). 따라서 효과적인 수업 실천 방법을 활용함으로써 선제적인 수업 관리를 수행하고 유지하는 것은, 학생들의 반응 기회를 높일 뿐 아니라 전체적인 학급 몰입을 증가시키게 되는 것이다.

근거 기반 수업 실천 방법의 사용

교사가 학생들의 몰입을 높이고 성취도를 극대화하기 위해 사용할 수 있는 몇 가지 근거 기반 수업 실천 방법들이 있다. 학생의 반응 기회를 높이는 것에 추가하여, 교사는 지시적인 수업 기법, 또래 교사, 컴퓨터 지원 수업, 유도된 일지 사용이 가능하다. 이러한 실천 방법들을 여기서 간략하게 설명하고자 한다(자세한 문헌 검토는 Simon et al., 2008 참조). 첫째, 지시적인 수업이란 신호물을 사용하여 교과 내용을 명료하게 제시하는 것이 특징인 교수법으로서, 신호물은 상세하게 순서를 정해서 깔끔하고 진보적인 기술 완전 정복을 하도록 돕는다. 수업에서는 학생들이 반응하는 기회를 높은 비율로 하고 있고, 내용 복습, 체계적인 피드백, 지속적인 발전 사항 모니터링을 사용한다. 그리고 학생들은 개념과 기술을 완전 정복한다(Engelman & Carnine, 1982). 둘째, 학급 전체의 또래 교사는 두 명씩 팀이 되어 교사와 학생 역할을 하는 것이다. 학생들은 서로에게 가르치고 서로에게 즉시적으로 오류 수정을 해준다(Delquadri, Greenwook, Stretton, & Hall, 1983; Fuchs, Fuchs, & Burish, 2000). 셋째, 컴퓨터 지원 수업이란 일대일로 빈번하게 반응 기회를 주고 즉각적인 교정 피드백을 제공하며, 학생의 학습 수준에 맞게 교과물을 사용하는 방법이다(Jerome & Barbetta, 2005; Silver-Pacuilla & Fleischman, 2006). 넷째, 유도된 일지는 교사가 학생들에게 제공하는 것인데, 일지에는 강의 내용이나 책의 내용이 정리되어 있고, 중요한 아이디어들이 담겨져 있는데, 학생들이 추가적으로 내용을 작성할 수 있도록 빈칸들이 있다(Lazarus, 1993). 전제는 학생들이 수동적인 학습자가 아니라 능동적인 학습자가 되도록 하는 데 있다. 이러한 실천 방법들은 교사가 학생들의 학업 성취와 학습 효과성, 학생 몰입도를 높이고 자신의 수업 효과를 높이기 원할 때 적용 가능하다.

적절한 행동에 반응하기 위한 개입 아이디어

교사는 누구나 학생들이 기대 수준에 부응하는 경우 어떻게 반응할지를 위한 전략 도구 상자가 필요하다. 수업 중에 긍정 대 부정 비율이 낮을 경우, 이 비율을 개선할 전략을 탐색하는 것이 중요하다. 1개 부정에 최소 3개 긍정 비율이 수업 중 적절하다고 본다(Sprick, Booher, & Garrison, 2009).

적절한 행동에 반응하기를 위한 전략을 교사가 많이 사용하는 것은 여러 모로 유용하다. 첫째, 기대되는 행동에 대해 보상을 받은 학생들은 미래에 그 행동을 반복할 가능성이 더 높다. 둘째, 적절한 행동에 반응할 때 학생들은 기대 수준이 교사에게 중요하고 가치 있다는 것을 알게 된다. 셋째, 적절한 행동으로 보상을 받는 학우를 보는 또래 학생들이 기대 수준과 긍정적 대가를 알게 되면서 미래에 그 행동을 보일 가능성이 높다. 마지막으로 기대 행동을

> 1개 부정에 최소 3개 긍정 비율이 수업 중 적절하다고 본다.

한 학생들에게 긍정적으로 반응하는 교사들은 효과적이고 긍정적인 교사-학생 관계를 지지하는 것이 된다. 학생들의 적절한 행동에 반응하는 연속적인 전략들을 개발하도록 교사들을 지지함으로써 교사가 긍정적이고 선제적인 수업 운영자로서의 기능을 하도록 돕는 것이다.

특정 행동 칭찬 늘리기

칭찬이 성공적인 보상물이 되도록 하는 세 가지 특성이 있다. 유관성, 구체성, 성실성이다(Brophy, 1981). 즉 효과적인 칭찬이란 기대하는 행동 수행에 유관하여 주어져야 하며, 칭찬하는 행동의 특성을 구체적으로 설명해야 하며, 칭찬받는 학생에게 신뢰성 있게 들려야 한다. 칭찬은 특정 행동적일 수 있는데, 기대 수준 행동에 관해서 확실한 피드백을 제공할 때다(예, "영철아, 조용하게

줄 서기를 잘했어.”). 특정 행동 칭찬은 개별 학생(“영희야, 손을 들어주어 고맙다.”)에게, 또는 그룹에게(“그룹 3 학생들이 자리에 조용히 앉아 있군요.”), 또는 전체 학급(“모두 나를 바라보고 학습할 준비를 하고 있군요.”)에게 할 수 있다. 특정 행동 칭찬은 비용이 들지 않고, 수행 시 힘이 들지 않고, 시간 효율적이며, 수업에 방해를 주지 않는다.

선제적으로 특정 행동 칭찬을 사용하는 경우, 많은 문제 행동을 해소할 수 있고 가장 도전적인 학생들에게까지 효과적이다. 이것은 두 가지 중요한 목표를 달성한다. 첫째, 기대 수준 행동을 말로 표현하기 때문에 학급 내 모든 학생들에게 기대 수준을 명백하게 할 수 있다. 둘째, 훈계의 필요성을 감소시키고, 학생들과의 긍정적 대화를 증가시킨다(Reinke et al., 2008). 예를 들어, 한 학생이 손을 들지 않고 답을 할 경우, 교사는 손을 든 학생에게 행동 특정 칭찬을 한다(예, “영철아, 손을 들어주어 고맙다. 답이 뭐지?”). 이때 손을 들지 않은 학생을 훈계하지 않고 또 문제 행동에 관심을 주지 않고, 모든 학생들에게 답하기 전 손을 들어야 하는 기대를 알려주게 된다. 이렇게 함으로써 문제 행동을 감소시키고, 건강하고 긍정적인 수업 환경을 증진시킬 수 있다.

특정 행동 칭찬을 교사가 더 많이 사용하도록 지지하기 위해 사용할 수 있는 몇 가지 전략들이 있다. 첫째, 간단하게 교사와 대화를 하여 특정 행동 칭찬이 현재 수업에 어떻게 통합 가능한지 알아보는 것으로 시작해야 한다. 이렇게 하는 데 도움이 되는 아이디어로는, 교사로 하여금 수업 중에 흔히 발생하여 수업에 방해가 되는 몇 가지 산만한 행동들을 찾아보도록 한다. 이 행동들을 적고, 그와 반대되는 바람직한 학생 행동을 찾도록 한다. 다음, 이러한 올바른 학생 행동이 나타났을 때 교사가 사용할 수 있는 특정 행동 칭찬 목록을 만든다. 교사는 그러고 나서 ‘잘하고 있는 학생들 잡기’를 위하여 하루 중 언제 할지 찾아야 한다(그림 8.5는 잘하는 학생 선별적으로 칭찬하기 완성본 예제며, 빈칸 틀은 부록 D.4 참조). 이 시간 동안 교사는 학생들이 적절한 행동을 할 경우, 전문가와 함께 개발해 놓은 특정 행동 칭찬을 사용한다. 이렇게 함으로써 교사는 초점을 맞추어 특정 행동 칭찬을 하는 데 더 유연해지도록 돕는다. 시간이 흐르면서, 전문가는 교사와 함께 학생들의 다른 행동들을 찾도록 하고 이 기술을 전반적으로 학기 중에 일반화할 수 있도록 하루 중의 시간들을 찾도록 한다.

> 교사로 하여금 수업 중에 특정 행동 칭찬을 사용하도록 기억하게 돕는 자극 촉진물을 개발하도록 돕는다.

또 다른 전략은 교사로 하여금 수업 중에 특정 행동 칭찬을 사용하도록 기억하게 돕는 자극 촉진물을 개발하도록 돕는 것이다. 예를 들어, 저자들이 도왔던 많은 교사들이 교실에 있는 빔 프로젝터 위에 “특정 행동 칭찬거리를 찾아 칭찬합시다.”라는 메모를 붙인다. 그 메모를 보면서 교사는 적절한 행동을 보이는 학생(들)을 찾아보게 되고 바로 칭찬을 한다(예, “모두들 나를 바라보는구나. 아주 좋아요!”). 또 한 교사는 맞은편 벽시계 밑에 웃는 얼굴 그림을 촉진물로 붙여 놓았는데 시계를 자주 보게 되기 때문이었

'잘하는 학생 선별적으로 칭찬하기' 기록지

단계 1 : 잘하는 학생들을 '선별적으로 칭찬하기' 위해서 하루 중에 시간을 정한다. 산만한 행동이 많을 때가 좋은 목표 시간이 된다.
단계 2 : 이 시간에 흔히 발생하는 산만한 행동들을 적는다.
단계 3 : 더 많이 보고 싶은 행동이 무엇인지 적는다.
단계 4 : 더 많이 보고 싶은 행동을 보이는 학생들을 '선별적으로 칭찬하기' 때 사용할 특정 행동 칭찬 목록을 적는다.

기억할 것 : 특정 행동 칭찬이란 어떤 올바른 행동을 했는지 정확하게 학생들에게 말하는 칭찬이다(예, "손을 들어주어 고맙다.").

학생들을 '선별하기' 시간 :

오전 읽기 수업 중 첫 20분

문제 행동	**'선별적으로 칭찬하기' 행동** *교사가 더 많이 보고 싶은 행동을 말한다. 문제 행동과는 반대된다.*	칭찬하기
예제 : 떠들기	손을 들고 차례 기다리기	"손을 들고 기다려주어 고맙다."
교실에서 돌아다니기	책상에 앉아 조용히 과제하기 소그룹 만들 때 조용하고 신속하게 움직이기	"[학생 이름]이 책상에서 열심히 하고 있구나." "[학생 이름]이 바로 책상에 가서 준비하고 있구나."
과제와 관련 없는 것에 대해 학우와 말하기	그룹 과제에 집중하기	"저 뒤에 그룹은 바로 과제를 하고 있구나. 또 다른 그룹[X]은 거의 다 했고."

그림 8.5 ● 잘하는 학생 선별적으로 칭찬하기-완성본 예제

다. 시계를 보면 웃는 얼굴이 보이고 특정 행동 칭찬을 하는 데 기억을 돕는다고 한다.

교사의 특정 행동 칭찬을 늘리는 데 지지가 되는 또 다른 전략은, 교실에 들어가서 교사를 관찰하고 수행 피드백을 제공하는 방법이다. 이 방법을 가장 효과적으로 하려면, 교사가 관찰 가능한 시간을 찾도록 하는 것이다. 다음, 전문가가 관찰하면서 교사가 특정 행동 칭찬을 몇 번 하는지 빈도를 측정한다. 또는 나누어서 일반적인 칭찬 수, 학생 행동을 구체적으로 말하지 않고 한 칭찬(예, "잘했어!"), 그리고 훈계의 수를 세는 것이 유용할 수 있다. 이 정보는 부정 대 긍정 비율뿐 아니라 특정 행동 대 일반적인 칭찬 비율에 대해서 전문가와 교사 모두에게 도움이 된다. 관찰 후에, 교사와 만나서 칭찬 사용에 대해 대화한다. 저자들이 권하는 것은, 관찰 후 즉시 피드백을 제공하라는 것이며 이렇게 함으로써 교사가 자신의 특정 행동 칭찬 사용에 대해 보다 정확하게 가름할 수 있게 해준다. 또는 피드백을 주기 직전에, 교사 스스로 자신의 특정 행동 칭찬 빈도에 대해 추정하도록 하는 것도 가치가 있다. 또한 서너 번의 관찰을 할 수 있다면, 교사의 특정 행동 칭찬 수를 그래프로 그려주는 것이 유용하다. 이런 방식으로 교사는 특정 행동 칭찬을 더 많이 또는 더 적게 사용하는 시간들을 비교할 수 있다. 궁극적으로 목적은 교사가 특정 행동 칭찬을 사용하는 것이 편안해지고 유능해지도록 하는 데 있다.

그룹 유관성과 토큰 경제 체제 사용

그룹 유관성과 토큰 경제 체제는 종종 조합하여 사용되며, 초등학교와 중학교에서 가장 빈번하게 사용한다. 토큰 경제 체제에서 학생들은 토큰(예, 스티커, 칩, 구슬 등)을 얻은 후 보상물과 교환한다. 그룹 유관성은 어떤 그룹이 적절한 행동을 했을 때 그 행동에 유관하여 보상물을 그룹에게 제공하는 것을 말한다. 수업에서 종종 효과가 좋은, 토큰 경제 사용 그룹 유관 프로그램의 예제는 '성공 행동 은행'이다. 이 프로그램을 설정하기 위해서 교사는 학생들에게 이렇게 공지한다. 학생들이 성공 행동을 하는 것을 교사가 볼 때마다 학급이 구슬이나 기타 토큰을 얻는다. 각자 얻은 토큰은 중간 크기의 통이나 투명 그릇에 넣고, 모두 얼마나 많은 토큰이 모여졌는지 추적하도록 한다. 그릇이 구슬로 가득 차면 전체 학급은 보상을 받는다(예, 노는 시간, 간식 등). 교사가 그릇에 구슬을 넣을 때마다 성공 행동이 무엇인지 말하고 간략하게 특정 행동 칭찬을 해준다(예, "그룹 2번에 모두 열심히 과제를 하는군요. 성공 행동입니다.") 그룹 유관 프로그램은 전체 학급이나, 소그룹이나 두 명 짝이 된 학생들을 보상하는 데 설정 가능하다.

일반적으로 그룹 유관성은 교사가 원하는 행동(예, 손을 들고 기다리기, 과제를 제때 제출하기 등)을 증가시키기 위해서 그 행동에 주의를 기울임으로써 긍정적인 행동을 높이고자 설정된다. 한편 문제 행동의 부재를 보상하는 데 사용되기도 한다. 이러한 유형의 그룹 유관성은 과제 몰입 행동을 증가시키면서 동시에 문제 행동을 자제하도록 돕는 데 효과적이다. 한 예로는 '좋은 행동 게임'이다. 이 게임은 1969년도에 어떤 교사에 의해 개발된 것으로서, 이후 집중 연구를 통해 이 게임이 과제 몰입 행동을 증가시키고 동시에 산만한 행동을 감소시킨다는 것을 보여주었다(참고 문헌 Embry, 2002). 좋은 행동 게임을 설정하려면, 교사는 학급을 소그룹이나 팀으로 나눈다. 예를 들어, 학생들이 책상을 붙여 앉아 있으면 그 무리를 팀으로 할 수 있다. 다음, 교사가 설명한다. 그룹에서 어떤 학생이 행동을 잘못할 때마다 그룹은 포인트를 얻는다. 물론 어떤 행동이 잘못된 행동인지(예, 떠들기, 과제 안 하고 있기, 돌아다니기 등) 교사는 명확하게 알려주는 것이 효과적인 게임을 하는 데 필요하다. 칠판이나 교실 어딘가에 학생들이 잘 볼 수 있고 교사가 쉽게 접근 가능한 곳에, 팀별 이름을 적고, 잘못된 행동 점수를 표시할 공간을 만든다. 주어진 시간에 5점 미만인 팀은 보상을 받는다고 학급 전체에게 말한다. 수업 중 평균적으로 발생하는 문제 행동 수에 대한 기저선 정보를 교사가 미리 아는 것이 필요하다. 따라서 게임에서 목표는 평균점보다 낮게 설정한다. 예를 들어, 교사가 10분 동안 20개 이상의 문제 행동을 관찰했다면, 목표 설정은 처음에 7점 이하로 하고, 시간이 흐르면서 목표 점수를 낮추는 것이 더 적당하다. 따라서 보상을 얻는 점수는 학급의 기술과 욕구를 반영하여 채택한다.

다음, 교사는 게임의 시작을 알리고, 얼마나 오래 지속하는지 알린다. 처음에는 짧은 시간(예, 5분)으로 시작하고 점차 시간을 늘리는 것이 가장 효과적이다. 게임 중에 학급 일정과 활동은 평소처럼 계속한다. 예를 들어, 교사가 학급 토의를 진행하거나 지시사항을 제공한다. 그러나 문제 행동을 발견하면, 교사는 평온하고 간략하게 알린다(예, "그룹 3번, 떠들기입니다."). 그리고 해당 팀 이름 밑에 표시를 해둔다. 정해진 시간이 끝난 후 각 팀은 점수를 세고, 목표 달성 팀(예, 5점 이하)은 보상적이고(즉, 학생들이 즐기는 것) 발달 단계에 적합한(예, 초등학생이라면 일어나서 춤추기, 중학생이라면 숙제 줄여주기 등) 간단하고 즉각적인 보상을 얻는다. 다른 팀들은(6점 이상) 보상을 받지 않는다. 잘한 행동에 대해 신속하게 상을 부여할 때, 수업을 멈추고 30초 내지 1분간 상을 수여한다. 다음은 저학년과 고학년을 위한 상품에 대한 아이디어다.

저학년
- 스티커
- 맨 앞줄에 서기
- 팀원 모두 종이 왕관 쓰기
- 교실에 돌아다니면 다른 학생들이 박수하기
- 학급 마스코트 갖기(헝겊 인형 등)
- 재미있는 노래 부르기

고학년

- 1분 먼저 교실 나가기
- 수업 중 쉬는 시간 갖기
- 부모님께 칭찬 노트 보내기
- 밖에 나가 놀기
- 수업 중 책상에 앉거나, 서거나, 바닥에 앉는 것 중에서 선택하기
- 숙제 줄여주기

토큰 경제 체제 활용하기

토큰 경제 체제를 활용하기 원하는 교사를 도울 때는 그룹이든 개별이든 간에 몇 가지 원칙을 준수할 때 체제가 성공할 가능성이 높아진다. 첫째, 체제는 가능한 단순해야 하며 즉시 사용 가능한 물건들을 사용해야 한다. 너무 복잡하고 물건을 구하기가 어려울 경우, 체제는 부담이 되어 비실용적이 되기 때문에 교사가 중단하게 된다. 둘째, 교사가 수업 중에 더 많이 보기 원하는 행동 한 가지 또는 두 가지를 찾도록 하는 것이 유용하다. 그리고 나서 그 행동들을 학생들 중에 보상하기 시작한다. 셋째, 어떤 행동이 토큰을 얻게 하는지 구체적이고 관찰 가능한 행동을 학생들이 이해하는지 확인해야 한다. 넷째, 보상 체제는 명료하고 정확해야 한다. 교사와 학생들이 차트를 만들어서 보상 물들이 어떤 것인지 그리고 각 보상에 필요한 토큰들은 어떤 것인지 표시할 수 있다. 누구나 볼 수 있는 곳에 차트를 붙여야 한다. 다음 예제는 애매모한 설명이어서 부적절하다. "내가 하라는 걸 할 때, 여러분은 포인트를 얻어서 상품을 받을 수 있어요." 이러한 설명은 몇 점을 얻어야 하고 상품이 무엇인지 알려주지 않고 있다. 다섯째, 보상물은 비싸지 않고 실용적이어야 하며, 학생들이 기꺼이 얻고자 원하는 것이어야 할 필요가 있다. 다른 말로 하면 보상적인 상품이어야 한다. 또한 보상을 위해서 다양한 대안품들이 있으면 도움이 되는데, 이는 같은 보상을 반복해서 얻을 경우 학생들은 마침내 지루해하기 때문이다. 선택 그 자체가 보상적일 수 있다. 마지막으로 체제는 모두에게 재미가 있어야 한다. 교사와 학생들은 포인트를 주고받으며 보상물을 즐길 수 있어야 한다.

> 토큰 경제 체제는 가능한 단순해야 하며, 즉시 사용 가능한 물건들을 사용해야 한다.

전문가와 교사가 모방할 수 있는 토큰 경제 체제의 많은 예제들이 있다. 위에서 언급한 포괄적인 원칙들에 준수하면서 동시에 교사들은 자기가 만들 수 있는 최상의 체제를 종종 만들어낸다. 어떤 학교에서는 학교 전체에 보상 체제를 적용하여 학생들이 티켓이나 '가짜 돈'을 얻어서 나중에 구내 상점에 가서 물품을 구매하는 데 사용한다. 만약 학교 전체 프로그램이 없다면, 교사는 스스로 가게를 만들고 교실 내에서 이 전략을 적용할 수 있다. 즉 교사가 더 많이 보기 원하는

행동들을 보상하고자 티켓을 사용하는 것이다. 성공적으로 사용되어 온 토큰들로는 색깔 있는 팔찌, 차트에 스티커, 차트에 × 표시나 스마일 딱지, 그릇에 포커 칩 담기, 한 번에 1센티미터씩 튜브 병에 물 채우기, 학생 책상에 붙인 표에 색칠하거나 표시하기 등이 있다. 토큰의 형태가 중요하지는 않다. 적절한 행동을 해서 토큰을 얻은 것임이 명확해야 한다. 그래야 교사의 적용이 실행 가능하다.

학생들을 보상하는 데 성공적인 보상물들을 찾는 것이 효과적인 토큰 경제 체제에서 열쇠다. 적절하고 보상적인 보상물 메뉴를 개발하는 것은 교사와 함께 아이디어를 브레인스토밍하고 나서 이 아이디어들을 학생들에게 가져가는 것이다. 학생들에게 이야기를 꺼내기 전에 교사가 사전에 준비한 아이디어들을 가지고 있는 것이 유용하다. 왜냐하면 학생들이 제안한 보상물이 실용적이지 않거나 교사의 가치에 맞지 않을 경우 그러한 보상물을 사용해야 한다는 압박감을 느낄 수 있기 때문이다. 보상물은 사회적 보상물도 포함되며(예, 인정하기), 활동 보상물(예, 특별한 혜택, 일자리, 컴퓨터 사용 시간), 또는 물질 보상물(예, 유형물)도 포함된다. 각 부류마다 아이디어들을 떠올리는 것이 유용하다. 부록 D.5 보상물 선택지를 사용할 수 있으며 다양한 영역에서 아이디어들을 브레인스토밍할 수 있다(그림 8.6 완성본 예제 참조). 보상물이 학생들의 발달 단계에 적절해야 하는 것이 중요하다. 교사와 브레인스토밍을 하는 것이 유용하기는 하나, 학생들의 제안에 개방적이 되도록 교사를 격려해야 한다. 왜냐하면 학생들은 전문가나 교사가 한 번도 고려하지 못했던 보상물로 간단하면서도 쉽게 전달할 수 있는 것들을 찾아내기 때문이다.

'보상물' 기록지

다음의 영역별로 몇 가지 보상물을 찾는다.

각 칸에 많고 다양한 보상물들을 추가하여 학습에서 긍정적인 학생 행동을 증가시킨다.

사회적 보상물	활동 보상물	물질 보상물
오늘의 모범생 상(특별 혜택으로는 맨 앞줄에 서기, 오전 일정 진행하기 등) 가정 통신문에 칭찬 편지 배지 달아주기 : "나는 훌륭한 학생이다." 오늘 선생님 도우미 되기 '교실 인형'(곰 인형 등) 하루 집에 가져가기	5분간 컴퓨터 사용 5분간 음악 감상 저학년 학생 도우미 되기 어른 컴퓨터 의자에 가서 앉기 선생님과 점심 먹기 디스코 타임	긁어서 향내 맡기 스티커 연필, 지우개, 마커 등 작은 노트지 야구선수 카드 비누거품 크래커 과자, 무설탕 껌, 젤리빈 등

그림 8.6 ▶ '보상물' 기록지 – 완성본 예제

부절절한 행동에 반응하기 위한 개입 아이디어

수업 방문을 하다 보면 교사가 학생들에게 행동 수정을 비일관적으로 하거나, 거친 말과 길게 훈계하거나, 매우 강압적인 개입들을(예, 교무실로 보내거나 타임아웃) 덜 적용하는 개입들(예, 의도된 무시하기나 융통성 있는 교정)에 비해 더 많이 사용하거나, 또는 동일한 문제 행동에 대해 두 학생에게 서로 다른 결과를 주는 것(예, 영철이는 교무실로 보내고, 영희는 말로 훈계하는 것)을 관찰할 수 있다. 또는 수업 중에 매우 산만한 행동이나 과제에 탈몰입한 행동을 하는데도 교사는 그 행동을 교정하려는 반응을 전혀 하지 않는 것을 본다. 이러한 일들에 대해서는 교사와 함께 대화를 하여 다양한 수위의 문제 행동에 맞는 각각의 연속적인 교사 반응들을 개발하도록 이끌어야 한다.

> 교사와 함께 수업 문제 행동 목록과 각각에 대한 대가 목록을 개발한다.

학생들의 부적절한 행동에 대해 일련의 반응을 계획할 때 효과적인 전략은 교사와 함께 수업 문제 행동 목록을 만들고 각각에 대한 대가 목록을 개발하는 것이다. 한 가지 방법은 훈계 계획지(그림 8.7에 완성본 예제가 있고, 부록 D.6은 빈칸 기록지)를 사용하는 것이다. 왼편 칸에는 흔한 문제 행동들을 나열하도록 하고, 오른편 칸에는 각각의 문제 행동에 적합한 교사 반응 목록을 만들어 적는다.

각각의 칸을 완성함으로써 교사는 수업 중에 흔히 발생하는 문제 행동들을 예측하고, 어떻게 그 행동에 반응하는 것이 좋을지 생각하게 된다. 결과, 특정 문제 행동이 수업 중에 발생하면 이미 계획이 되어 있으므로 교사가 반응할 수 있다. 구조화된 계획은 유용한데, 왜냐하면 교사가 학생의 문제 행동으로 인해 정서적으로 경악하여 반응하거나 학생들을 서로 다른 방법으로 다루지 않도록 돕기 때문이다. 기록지에 적어 놓은 대처 반응들을 교사가 실제로 사용할 때 편안함의 수준을 스스로 평가하도록 목록을 검토하는 것이 좋은 아이디어다. 또한 교사가 목록에서 잘할 수 있고 기꺼이 할 수 있는 전략들만 있는지 확인할 필요가 있다. 교사가 덜 편안해하거나 덜 유능하게 느끼는 전략들의 경우, 교사와 함께 기술을 연습할 수도 있고, 또는 수업 장면에서 수행하는 데 지원이 되는 추가 전략을 개발할 수도 있다.

의도적으로 무시하기

수업 중에 교사가 많은 훈계를 하는 것을 목격하는 경우, 특히 교사의 관심으로 인해 보상된 수업 문제 행동이 있을 경우, 의도적인 무시하기가 산만한 행동을 감소시키면서 또한 교사와 학생 사이에 부정적인 대화 수를 줄이는 데 효과적인 개입법이다. 이 방법은 교사들에게 긍정 대 부정 비율을 높이는 데 훌륭한 방법이 된다. 관심을 끌려는 행동을 무시하고 동시에 적절한 행동을 보이는

행동 대처 계획지

단계 1 : 수업 중 발생하는 문제 행동 목록을 만든다. 가장 덜 산만하고 덜 염려가 되는 행동에서부터 가장 산만하고 염려가 되는 행동 순서로 작성한다. 구체적이고 관찰가능하게 작성한다.

단계 2 : 각각의 문제 행동에 대한 대처 반응을 찾는다.

문제 행동	대처 반응
큰 소리로 떠들기	문제 행동을 무시하고, 손을 들거나 조용히 공부하는 학생을 칭찬한다 계속해서 떠들면 다음과 같이 한다. "지금 떠들고 있구나. 손을 들고 있어."
허락 없이 자리뜨기	다음과 같이 한다. "자리에 앉아라."
수업 중 장난치기	몰입하고 있는 다른 학생들을 칭찬한다. 해당 학생이 과제에 집중하도록 재수정한다.
욕하기	수정하면서 대가를 말한다. "그런 말은 좋지 않아. 1점 잃어버렸다."
지시사항에 반항하거나 협조 안하기	문제 행동을 무시하고, 적절하게 행동하는 학생을 칭찬한다. "영철이 조용히 숙제를 꺼내서 제출하는 게 보기 좋구나."
물건 던지기	수정하면서 대가를 말한다. "물건을 던지는 건 안전하지 않아. 노는 시간에서 5분 잃어버렸다."
학우 때리기	타임아웃을 한다. "때리는 것은 안전하지 않아. 안전한 곳으로 가서 타임아웃 하자."

그림 8.7 ◆ 문제 행동 대처 반응을 위한 행동 대처 계획지 예제

학생들을 칭찬함으로써 긍정적 대화 수는 높이고 부정적 대화 수는 줄일 수 있다.

　첫째, 교사와 함께 무시할 수 있는 문제 행동 목록을 만든다. 훈계 계획지(그림 8.7 완성본 예제 참조)를 사용하는 것이 각각의 행동에 대한 대처 반응을 결정하는 데 유용할 수 있다. 기억할 점은 학생들이 활동을 피하기 위해서 사용하는 행동들을 무시하는 것은(예, 앉아야 하는데 돌아다니는 행동, 개별 과제 시간에 옆 사람과 말하는 행동, 몰입하지 않는 행동) 효과적이지 않다. 또한 위험한 행동이나 매우 공격적인 행동들도 무시할 수는 없다. 무시할 행동들을 찾으면, 각 행동이 교사의 관심을 얻고자 하는 것인지 아니면 또래들의 관심을 얻고자 하는 것인지(예, 다른 학생들을 웃게 만드는 우스꽝스러운 코멘트 하기) 평가해야 한다. 전문가와 교사가 진정 무시할 수 있는 문제 행동들로 결정하고 나면, 실제로 수행할 계획을 개발해야 한다.

　의도적인 무시하기는 매우 간단하게 들릴 수 있으나 사실 해보면 그렇지만은 않다. 손을 들어야 하는데 그렇게 하지 않고 정답을 열심히 소리치는 학생을 인정할 때 바로 함정에 빠지기 쉬운 것

이다. 의도적인 무시하기는 소거 전략이다. 이 전략이 잘 활용되기 위해서는 행동 전체가 무시되어야 한다(예, 절대로 인정하지 않기). 의도적 무시하기는 도전적이다. 왜냐하면 처음에 적용할 때 목표 행동이 사실상 좋아지지 않고 악화될 수도 있기 때문이다. 다른 말로 하면 산만한 수준이 감소하기 전에 먼저 증가하곤 한다. 예를 들면, 떠드는 것으로 교사에게 관심을 끌었던 학생이 계속해서 떠들 수 있다. 무시하기가 지속되면 그 학생은 더 많이 떠들 수 있다. 그 학생은 과거에 효과가 있었던 전략이었기 때문에 관심을 끄는 규칙이 정말 바뀌었는지 확실히 하고자 새로운 유관성을 시험해볼 수 있다. 이와 같은 반응 폭발에 대해 교사들에게 교육을 하고, 의도된 무시하기 전략을 시작할 때 이러한 현상들을 예기할 수 있도록 돕는 것이 중요하다. 그렇지 않을 경우 교사들은 좌절하여 조기 포기할 수 있다. 이렇게 되면 이전에 관심을 끌고자 했던 문제 행동이 더욱 심하게 되도록 보상할 뿐이다. 이렇게 심각해진 행동에 교사가 관심을 주게 되면, 그 학생은 새로운 규칙을 배운다. 즉 교사의 관심을 얻으려면 더 자주, 더 크게, 또는 더 산만하게 떠들어야 한다는 규칙이다.

이 전략을 적용할 때, 교사는 학습에게 이 새로운 규칙에 대해 말해주어야 한다. 즉 문제 행동이 발생하는 경우(예, 떠들기), 교사는 이러한 반응을 무시할 것이라고 말한다. 그리고 떠드는 대신 무엇을 해야 하는지 학생들에게 말해주는 것이 중요하다(예, "손을 들고 차례를 기다리거라."). 교사는 적절한 행동을 한 학생들에게 특정 행동 칭찬을 할 계획을 해야 한다(예, "손을 들어주어 고맙구나."). 의도된 무시하기가 배우기에 어려운 기술일 수 있다는 점에서, 교사에게 수행에 대한 피드백을 제공하는 것이 교사의 학습을 지지하는 유용한 도구일 수 있다. 문제 행동이 발생하는 최고 시점으로 교사가 찾아낸 시간에 관찰을 수행할 계획을 해야 한다. 문제 행동이 나타나는 횟수와 그 행동이 얼마나 자주 무시되는지, 그리고 대안 행동에 대해 교사가 얼마나 자주 칭찬을 하는지에 대해 추적해야 한다. 가능한 한 빨리 교사와 검토하는 시간을 가져야 하며, 교사의 노력에 대해 칭찬을 하고 그 전략이 얼마나 잘되었는지에 대해 피드백을 제공해야 한다.

명확한 훈계

명확한 훈계는 학생들과 가까운 근접 반경에서(반대편에 멀리서가 아니라) 간략하게 존중하며, 명확하게 언어로 표현해야 하며, 부적절한 행동을 보인 학생이나 그룹에게 기대되는 바람직한 행동이 무엇인지를 전달해야 한다. 훈계는 문제 행동 대신에 어떤 것을 해야 하는지 말해주는 것이다. 예를 들어, "영철아, 책상에서 장난 그만해."라고 하기보다는, "영철아, 나를 바라보렴."이라고 말한다. 효과적인 수업 운영을 증진하는 데 있어서 훈계를 사용하는 것에 대해 교사들과 대화를 하는 것이 유용하다. 예를 들어, 관찰하는 가운데, 교사가 비효과적인 훈계를 사용하는 경우, 즉 너무 길고, 거칠고, 너무 자주 사용하고, 또는 선제적인 다른 전략들과 조합하지 않은 채 계속

하는 경우라면, 전문가는 피드백 중에 훈계 사용에 주의를 해야 한다고 말해야 한다. 수업 중에 관찰했던 비효과적인 훈계의 구체적인 예제들을 교사에게 고지하고 명확한 훈계를 어떻게 사용해야 하는지에 대해 말한다.

때로 어떤 교사는 선제적인 행동 운영 전략에 비해 훈계를 더 많이 사용하곤 한다. 수업에서 어떻게 훈계를 사용할지에 대해 잠시 생각하는 것이 유용하다. 전문가는 먼저 이 힘든 주제에 대해 말을 꺼내야 한다. 특히 수업에서 사용된 훈계의 어조에서 그 학생 행동 때문에 교사가 좌절하고 있다면, 학생 행동 운영이 도전적일 수 있다고 말을 꺼내야 한다. 이렇게 말하면서 수업에 대한 기대 수준 명료화하기, 규칙 정하기, 규칙 교육하기, 긍정적인 행동 보상하기 등으로 이어질 수 있다. 기억해야 할 사항은 때로 교사들이 명확한 훈계를 해야 할 필요가 있다는 점이다. 따라서 어떻게 효과적으로 훈계를 사용하는지에 대해 대화를 하는 것이 가치 있다.

훈계 계획지를 사용하여 명확한 훈계의 사용이 타당한 때들을 찾는 것이 도움이 된다. 예를 들어, 교사가 수업 중에 근접성(학생들 가까이 다가가는 전략)을 단서로 사용한 후에도 학생들이 떠들기를 멈추지 않는 상황에 있다고 하자. 이 상황에서 훈계를 사용하여 학생들의 주의를 다시 모을 수 있다(예, "영철이, 영희, 할 말을 있는 경우 손을 들고 차례를 기다리렴."). 교사와 함께 흔히 사용하는 훈계 목록을 개발하고, 각각의 훈계가 효과적이고 명확한 훈계인지 아닌지를 결정하고, 만약 효과적이고 명확한 훈계가 아니라면, 명확한 훈계가 되도록 재진술하도록 도와야 한다. 예를 들어, 만약 교사가 다음과 같이 말한다고 하자. "제발 떠들지 마라." 이것은 간략하고 명료하고 존중하는 훈계가 된다고 교사에게 말할 수 있는데, 학생에게서 기대하는 행동이 무엇인지 학생에게 말하는 훈계는 아니다. 교사와 함께, 이 훈계의 말을 솔직하게 재진술해야 한다. 즉 "손을 들으렴."

더불어 교사가 학생에게 간단히 훈계를 하기보다는 보다 자세하고 길게 문제 행동에 대해 대화를 나눌 필요가 있는 경우 이러한 상황을 다루는 데 도움이 되는 전략들을 설명하고자 한다. 예를 들어, 수업 중에서 한 학생이

> 수업 중에 관찰한 비효과적인 훈계들의 구체적인 예제들을 교사에게 제공하고, 대신 명확한 훈계를 어떻게 사용할지에 대해 교사와 이야기를 나눈다.

학우에게 비존중적으로 행동할 경우, 교사는 이 학생과 함께 다른 사람들을 존중하는 것의 중요성에 대해 이야기를 나누고자 할 수 있다. 그러나 수업을 멈추고 긴 시간 이야기를 한다는 것은 수업의 흐름을 방해하고 학생들의 학업에 방해가 된다. 대화를 하기 위해서 수업 활동 밖에서 시간을 갖는 것이 최상일 것이다. 문제 행동이 발생하자마자 즉시 대화를 갖는 것이 비효과적이라는 이유 몇 가지 있다. (1) 다른 학생들이 교실에 남겨져서 기다린다. (2) 문제 행동에 대해 학생에게 즉각적인 관심을 준다면 사실상 이 학생은 그러한 관심을 인정받는 것으로 생각할 수 있으므로 그 행동이 증가될 수 있다. (3) 다른 학생들이 다른 활동에 참여하고 있는 동안 대화를 개별적으로 나누

는 것이 훨씬 효과적이다. 이러한 이슈들의 중요성에 대해 교사와 대화해야 한다. 그리고 어떤 유형의 문제들이 학생과 개별적으로 만나서 대화함으로써 다루어질 수 있는지 찾아야 한다. 또한 미래에 이와 유사한 상황에서 학생이 더 나은 전략들을 어떻게 사용할 수 있는지 교사가 대화를 할 필요가 있다. 명확한 훈계에서처럼, 문제 행동에 대한 학생과의 대화는 문제 행동을 대체할 행동을 학생에게 가르칠 때 가장 도움이 된다.

차별적 보상

차별적 보상은 이미 언급된 이전의 전략들을 몇 가지 조합하는 것으로서, 의도적 무시하기, 칭찬, 토큰 경제 체제 또는 그룹 유관성 등을 때로 포함한다. 전문가와 교사가 차별적 보상을 적용하려고 하면, 이 부분들을 복습하는 것이 도움이 된다. 차별적 보상을 적용하는 첫 번째 단계는 문제 행동이 무엇이며 교사가 학생으로부터 대신 원하는 행동이 무엇인지 정확하게 규명하는 것이다. 다음 단계는 문제 행동이 얼마나 빈번하게 발생하는지 데이터를 수집하는 것이다. 이 데이터는 문제 행동을 감소하는 것과 관련하여 목표를 설정하는 데 필요한 정보를 제공한다. 다음, 적절한 행동에 대해 학생들을 보상하기 위해 보상물 메뉴를 개발해야 한다. 마지막으로 차별적 보상 절차가 일어날 시간 차를 결정해야 한다. 시간 차는 몇 초에서부터 몇 시간까지 다양하다. 그러나 시간 차는 짧게 시작하여 점차 늘려가는 것이 일반적으로 가장 효과적이다.

차별적 보상 절차는 전체 학급, 그룹, 또는 도전적인 문제를 가진 개별 학생에게 적용 가능하다. 표 8.3에서 학급 별 절차의 예제들을 제시하였다. 정확한 절차와 기준은 수업 중에 발생하는 문제 행동의 유형과 수준에 따라 달라진다. 교사와 차별적 보상 계획을 고안할 때는 몇 가지 잠재적 문제들에 대해 이야기를 나눌 필요가 있다. 첫째, 의도적 무시하기 절차처럼, 문제 행동이 호전되기 전에 악화될 수 있다. 문제를 무시하는 것이 차별적 보상의 일부분이기 때문에 학생들은 문제 행동이 소거되기 전에 사실상 증가할 수 있다. 이러한 증가를 가리켜 소거 폭발(extinction outburst)이라고 한다. 위에서 언급한 대로 소거 폭발 시 교사가 관심을 주면, 그 행동은 더 악화된다. 둘째, 대안 행동이나 양립 불가능한 행동을 선별할 때, 중요한 것은 적절하고 기능적인 행동을 선택해야 하는 점이다. 예를 들어, 학생이 돌아다니는 행동을 할 때, 대안으로 자리에 앉아서 기다리는 행동을 교육하는 것은 반기능적이다. 그것보다는 학생의 성장과 학습을 지지해주는 행동을 가르쳐야 한다. 예를 들어, 앉아서 기다리는 행동이 아니라, 제자리에 앉아서 과제를 계속하면서 질문을 할 필요가 있을 때 그것을 나타내는 신호를 보내는 행동이 양립 불가능한 대체 행동이 된다. 마지막으로 차별적 보상 절차는 효과를 내기까지 시간이 걸린다. 만약 어떤 행동이 특별히 산만하거나 위험하다면, 차별적 보상은 적절한 개입이 아니다.

⠿ 표 8.3 차별적 보상 전략

차별적 보상	예제
관련성 없는 다른 행동을 보상 : 문제 행동은 무시하고, 적당한 시간 내에 다른 적절한 행동을 보상한다.	짧은 시간 내에(예, 2분에서 20분 사이) 산만한 행동을 전혀 하지 않을 경우 학생 개별적으로 포인트를 준다. 정해진 포인트(예, 8점)를 받는 학생들은 모두 작은 선물로 교환 가능하다.
대안 행동을 보상 : 문제 행동은 무시하고, 대안적인 적절한 행동을 보상한다.	큰 소리로 답하는 것 대신에 조용히 손을 들어야 한다고 교육한다. 수업 중에 소리 지르는 학생은 무시하고 손을 드는 학생에 관심과 칭찬을 준다.
양립 불가한 행동을 보상 : 문제 행동은 무시하고, 물리적으로나 기능적으로 문제 행동을 사실상 산만한 적절한 행동을 찾아 보상한다.	개별 활동을 하는 중에 교실을 돌아다니는 학생들이 있는 경우, 30분 수업 중에 주어진 과제를 하면서 자리에 앉아 있는 학생들은 2점 더 준다고 알린다.
낮은 비율의 행동을 보상 : 사전에 정한 낮은 비율로 발생하는 목표 행동을 했을 때만 학생을 보상한다.	30분 수업 중에 부정적인 표현들(예, 별명 부르기, 약 올리기 등)이 열 번 발생하는 경우, 교사는 학생들이 그런 일이 다섯 번 이하로 발생하면 그룹 보상이 있다고 알린다. 30분 수업 중에 부정적 표현이 발생하여도 관심을 주지 않고 숫자만 표시한다. 30분 후 숫자가 5 이하면 보상을 해준다.
높은 비율의 행동을 보상 : 사전에 정한 높은 비율로 발생하는 목표 행동을 했을 때만 학생을 보상한다.	학생들의 참여가 낮은 수업에서, 교사는 20명 중에 8명이 자원해서 나와서 수학 문제를 푸는 경우 그룹 보상이 있다고 알린다.

반응 비용

반응 비용 체제는 문제 행동의 결과로 행동 운영 체제에서 포인트를 잃거나 토큰을 잃는 것을 말한다. 만약 어떤 교사가 현재 토큰 경제 체제를 사용하고 있다면, 반응 비용 절차는 학생의 문제 행동을 낮추도록 추가할 수 있다. 그러나 중요한 것은 적절한 행동에 대해 반응하는 전략들이 반응 비용 체제에 앞서서 적용되도록 확실히 해야 한다는 점이다. 왜냐하면 반응 비용 체제는 상당히 강요적인 처벌 전략이기 때문이다. 만약 그 교사가 이미 반응 비용 체제를 사용하고 있거나 또는 그러한 체제를 시도하고자 한다면, 그것이 성공하기 위해 확실히 해야 하는 중요한 원칙들이 다음과 같다. 첫째, 포인트를 얻고 잃는 것과 보상물을 얻기 위해서 기대하는 바가 무엇인지 뚜렷하고 정확해야 한다(위에서 토큰 경제 체제 설정하기 참고). 둘째, 학생들이 얻는 보상물은 학생들이 정확한 수만큼 포인트와 토큰을 얻었을 때 진정으로 보상적이 된다. 반응 비용과 함께 적용하는 토큰 경제가 효과적으로 작동하지 않는 중요한 이유 중 하나는, 학생들이 보상물을 얻는 것에 대해 별다른 관심이 없기 때문이다. 셋째, 학생(들)이 언제 포인트를 잃었는지 알려주는 체제가 필요한데 이것은 혼란이나 반발을 피하도록 고안되어야 한다. 예를 들어, 학생들이 손을 들고 답을 하는 것을 잊었을 때, 교사가 다음과 같이 말한다고 학생들에게 알려주어야 한다. "손을 들어야 하는 것 기억하세요. 그건 1점입니다." 그리고 나서 교사는 학급에게 잘 보이는 행동 운영 차트에서 1점을 깎는다.

문제들이 발생할 경우들을 예상하는 것이 도움이 된다. 예를 들어, 학생들이 자신의 행동에 대해 설명하려고 하거나, 문제 행동을 한 적이 없다고 말할 경우다. 수업 중에 이러한 이슈에 대해 길게 설명하다 보면 수업 활동에 방해가 되며, 교사가 그 전략을 계속하기 어려워진다. 이런 문제를 피하기 위해서, 교사는 1점을 깎은 후에 적절한 행동을 보상하기 위해서 적극적으로 교육하고 모델링하고, 연습하고, 보상하는 교안을 고안할 수 있다. 넷째, 학생들로 하여금 빚을 지게 하는 체제여서는 안 된다. 또한 반응 비용이 과다하게 사용되어서 학생들이 느끼기에 보상물을 도저히 얻을 방법이 없다고 느껴진다면, 학생들은 포기하고 점수를 잃어버리는 것에 대해 관심을 끌 수 있다. 사실 그러한 상황이 되면 산만한 행동이 증가하는데 왜냐하면 체제가 불공정하다고 간주하여 복수를 하기 때문이다. 이처럼 중요한 점들을 참작하여, 저자들은 제안하기를 반응 비용은 수업에서 조금씩만 사용하고, 긍정적이고 선제적인 수업 전략들이 견고하게 자리를 잡은 후에 사용하기를 권한다.

타임아웃

타임아웃의 목적은 학생을 혐오스러운 곳으로 보내는 것이 아니다. 그보다는 문제 행동을 보이는 학생을 긍정적인 보상을 얻는 기회에서 제외시키는 것이다. 전반적인 목표는 학생이 수업에서 산만해질 때 그 학생은 재미있고 생산적이며 즐거운 학습 활동에 참여하지 못한다는 것을 전달하는 데 있다. 여기서 한 가지 중요한 의미는, 수업 활동이 재미있고 생산적이며 즐거운 것이어야 한다. 타임아웃은 싫증을 느끼는 수업 활동에서 빠져나가고자 수단으로 문제 행동을 보이는 학생들에게 사용될 때 효과적이지 않다(예, 영희는 수업으로 좌절감을 느껴서 책상에 책을 던진다). 타임아웃은 초등학교와 중학교에서 사용되고 있다. 장면에 따라 많은 다른 이름들이 있기는 하지만('생각하는 의자', '조용한 공간'), 그것이 효과적이라면 타임아웃의 토대가 되는 원칙들은 동일하다. 다음은 학교에서 효과적으로 적용 가능한 두 가지 전략들을 제시하였다.

학급 내 타임아웃

교실에서 이 전략을 설정할 때, 교사와 함께 한적한 장소가 어딘지 찾아야 한다. 교실 한편에 의자나 책상을 간단히 놓는 것도 된다. 다음, 교실에서 교사가 타임아웃 사용에 대해 어떻게 설명할 것인지 계획해야 한다. 그 계획에 포함하는 것은, 타임아웃의 타당성, 얼마나 오랫동안 할 것인가, 타임아웃이 끝나고 무엇을 할 것인가 등이다. 성공적인 타임아웃은, 학생이 조용하게 그 장소

로 가서, 더 이상 산만하지 않고 시간을 채우고, 더 이상
의 대가 없이 학급에 합류하는 것이다. 저학년의 경우, 타
임아웃을 연습하는 것이 도움이 된다. 한편 고학년들은
타임아웃이 너무 어린아이 같다고 본다. 교사는 스포츠

타임아웃은 싫증을 느끼는 수업 활동에서
빠져나가고자 수단으로 문제 행동을 보이
는 학생들에게 사용될 때 효과적이지 않다.

게임을 예제로 하여 어른들이 어떻게 타임아웃을 사용하는지 보여줄 수 있다. 예를 들어, 학키
게임에서 선수들이 규칙을 어겼을 때 **처벌 박스**(penalty box)로 보내진다. 또 다른 스포츠에서는,
코치가 타임아웃을 사용하여 선수들이 재정비하고, 평온해지고, 새로운 계획을 떠올리도록 한다.
학생들에게 타임아웃에 대해 교육할 때 중요한 것은, 만약 계속해서 산만하거나 타임아웃을 거부
하는 경우 무슨 일이 일어나는지 학생들에게 설명하는 것이다(예, 교실 밖으로 보내지며 정학
처분).

다른 교실에서의 타임아웃

교사들의 보고에 의하면, 어떤 학생들은 교실 내에서 타임아웃 동안에도 문제 행동을 보인다고
한다(예, 다른 학우들의 관심을 끌거나 웃게 만들기). 따라서 다른 교실에 가서 타임아웃을 하도
록 하는 계획이 유용할 수 있다. 교사는 성숙한 학생들이 있는 다른 교실을 찾아보아야 한다. 그
런 다음 그 교실의 교사와 팀을 이루어 타임아웃 장소를 찾아야 한다. 그 교실의 교사는 그 반
학생들에게 다른 반 아이가 타임아웃으로 들어오더라도 무시해야 한다고 말해주어야 한다. 이 절
차의 배후 아이디어는, 자기에게 익숙하지 않은 교실에서는 허풍을 떨거나 문제 행동을 할 가능성
이 낮다는 것이다.

참고 자료

도전적인 행동을 보이는 학생들을 대하는 교사들을 지원해주는 근거 기반 수업 운영 실천 방법들
에 대해서 지식과 목록을 확장하는 데 도움이 되는 참고 자료들이 있다. 다음은 자문이 될 수 있는
자료들을 추가하여 제시하였다.

Crone, D., Hawken, L., & Horner, R. (2010). *Responding to problem behavior in schools: The Behavior Education Program* (2nd ed.). New York: Guilford Press.

Crone, D., & Horner, R. (2003). *Building positive behavior support systems in schools: Functional behavioral assessment.* New York: Guilford Press.

Doll, B., Zucker, S., & Brehm, K. (2004). *Resilient classrooms: Creating healthy environments for learning.* New York: Guilford Press.

Good, T., & Brophy, J. (2003). *Looking in classrooms* (9th ed.). New York: Allyn & Bacon.

Rathvon, N. (2008). *Effective school interventions: Evidence-based strategies for improving student outcomes* (2nd ed.). New York: Guilford Press.

Sprick, R. (2006). *Discipline in the secondary classroom: A positive approach to behavior management* (2nd ed.). Eugene, OR: Pacific Northwest.

Sprick, R. (2008). *CHAMPS: A proactive and positive approach to classroom management* (2nd ed.). Eugene, OR: Pacific Northwest.

Sprick, R., Booher, M., & Garrison, M. (2009). *Behavioral response to intervention: Creating a continuum of problem-solving and support.* Eugene, OR: Pacific Northwest.

Sprick, R., & Garrison, M. (2008). *Interventions: Evidence-based behavioral strategies for individual students* (2nd ed.). Eugene, OR: Pacific Northwest.

Sprick, R., Knight, J., Reinke, W., Skyles, T., & Barnes, L. (2010). *Coaching classroom management: Strategies and tools for administrators and coaches.* Eugene, OR: Pacific Northwest.

Webster-Stratton, C. (1999). *How to promote children's social and emotional competence.* Los Angeles: Sage.

요약

이 장에서는 수업 운영의 중요한 특성을 아우르는 근거 기반 수업 운영 전략들의 개요를 제공하였다. 효과적인 교사들은 각 영역에 연속성 있는 전략들을 사용하고 있다. 무엇보다도 긍정적인 교사-학생 관계와, 긍정적인 수업 운영 전략들을 견고한 토대로 삼은 수업에서 학생들은 가장 많은 혜택을 얻는다. 자문 전문가로서 해야 할 내용은, 전략들이 수업의 특정한 욕구에 맞추어진 것이지만 개입 방법들의 중요한 구성 요소들을 제외한 것이 아님을 확실히 하기 위해 이론 지식과 연구 결과를 사용하여 과정을 안내해야 한다. 그 과정은 협동적이어야 하며, 긍정적이고 예방적이며 실행 가능하고 사회적으로 타당한 개입 방법들을 강조해야 한다. 그러한 개입 방법들은 수업 환경을 바꾸어 학생들의 행동을 지지하는 데 목표를 두며 동시에 관찰 가능하고 측정 가능한 성과를 만드는 데 초점을 둔다.

개입 방법을 선택하는 것은 시작일 뿐이다. 교사들이 새로운 실천 방법들을 통합하도록 효과적으로 지원하기 위해서, 자문 전문가는 개입 방법이 높은 수준의 순수성으로 적용되는지 평가할 필요가 있다. 만약 개입 방법이 제대로 적용되지 않으면, 학급에 변화는 기대할 수 없다. 따라서 적용되는 것을 모니터링하고 적용 수준에 대해 교사들에게 피드백을 제공하고, 적용에서의 문제점들을 브레인스토밍하고, 높은 수준의 적용성을 축하하는 것이 중요하다. 또한 지속적인 데이터 수집과 모니터링은 개입 방법의 효과성을 결정짓는 데 도움이 되며, 이때 새로운 개입들이 적용될 수 있고, 현재의 개입 방법들이 제대로 효과가 나지 않거나 전혀 효과가 없을 경우 수정 보완할 필요가 있다.

기타 적용 및 미래 방향

제9장

저 자들은 효과적인 학급 운영 훈련을 촉진하기 위한 전체 학급 자문 모델로 학급 체크업을 설명하였다. 이 장에서는 이 모델의 기타 적용 방법들을 고려하고자 한다. 학급 체크업의 틀은 기타 기술 개발 분야 및 학교 자문 활동에 충분히 적용 가능하다. 학급 체크업의 지침 원리 (예, 기본 자문 기술, 동기면담, 수행 피드백)들은 많은 영역에서 자문 실천을 개선하는 데 사용될 수 있다. 학급 체크업 기록지들과 유인물들은 이러한 새로운 목적에 맞게 쉽게 맞춤형으로 변형 가능하다. 다음은 학급 체크업의 변형들이다.

특별한 근거 기반 프로그램이나 교과 과정에 적용하기

최근 몇 년 동안 학교 환경에서 근거에 기반을 둔 실천 행동을 포함해서 학교의 사회적 책임성이 강조되고 있다. 마찬가지로 연구자들과 정책 결정자들이 이러한 개입의 엄격한 평가의 맥락에서 교사(그리고 임상가)의 충실도를

> 연구자들은 교사들이 특별한 프로그램들을 실천하도록 도와줄 학급 체크업과 같은 방법을 사용하기 시작했다.

증가시킬 방법에 관심을 갖고 있다. 3장에서 언급한 바와 같이 교육자, 연구자, 정책 결정자들은 현재 교사들이 새로운 방법을 배우고 의도된 대로 실천하도록 돕는 필수적인 것으로서 자문 모델 들을 검토하고 있다. 학급 체크업의 틀은, 다양한 학업 영역에서 최상의 실천을 적용하고 성공적 으로 수행하도록 학교 교직원들을 지원하려는 이와 같은 노력과 일치한다.

이 책에 설명된 바와 같이, 학급 체크업은 효과적인 학급 증진을 위해 알려진 포괄적인 실천 (예, 특정 행동 칭찬 늘리기, 반응할 기회 늘리기, 명료하게 기대 수준 알려주기)에서 교사에게 기술들을 지원하고자 고안되었다. 연구자들은 교사들이 **특정 프로그램**을 수행하는 데 도와줄 학급 체크업와 같은 방법을 사용하기 시작했다. 교사들로 하여금 특정 프로그램이나 교과 과정을 사용하도록 고무하는 것이 독특한 어려움을 자아내는데, 원래 학급 체크업 모델은 그런 어려움들이 내재되어 있지 않다. 예를 들어, 겉으로 보기에는 교사가 특정 교과 과정이나 프로그램을 적용하는 것이 동기면담 정신과 협동적인 계획 과정에 부적합해보이지만, 동기면담 정신과 협동적 과정은 효과적인 자문에 매우 필수적이다. 밀러 박사는 효과적인 단기 개입(5장 참조)들을 검토하면서, 사람들은 변화를 달성하는 데 필요한 대안 메뉴가 있다고 믿는 경우, 새로운 행동 변화를 할 가능성이 높다고 하였다. 교사가 특정 프로그램을 적용하게 만드는 것은 이러한 주장에 역행하는 것으로 보인다.

한편 학급 체크업 모델을 사용하여 특정 프로그램의 사용이 이러한 지침 원리와 일치하도록 촉진하는 방법들이 있다. 문제는 의사가 환자로 하여금 특정 약물을 복용하도록 의료 자문을 할 때 발생하는 것과 다르지 않다. 전문가가 특정한 성과를 상상하면서 환자로 하여금 구체적인 개입 계획을 채택하도록 안내하곤 한다(예, 가족으로 하여금 ADHD 진단을 받은 자녀가 정신과약을 복용하도록 하는 것, 당뇨병 환자가 보다 일관성 있게 인슐린 주사를 모니터링하고 관리하도록 하는 것). 이러한 상황에서 중요한 것은, 어떤 특정 행동 변화를 지원하기 위해 대안 메뉴를 지속적으로 제공하는 것이다(예, 언제 시작하고 누가 도와줄 것인지에 대한 선택, 진료의 빈도, 변화에 필요한 추가 지원 요소). 언제나 그렇듯이 전문가가 자신의 의도를 솔직하게 하는 것이 중요하며("의료 전문가로서, 저는 환자분이 이 약을 복용하는 것이 좋다고 봅니다."), 동시에 궁극적인 결정은 환자/내담자에게 달려 있다는 것을 인정하는 것이다("결국 이 정보로 무엇을 할 것인지는 전적으로 환자분에게 달려 있습니다.").

지난 2년간 저자들은 존스 홉킨스 공중보건대학 내 예방 및 조기 개입센터와 협동 연구(대표 연구자는 닉 이아론고 박사임)를 하고 있는데, 교사들이 특정한 근거 기반 프로그램과 실천 행동들을 적용하도로고 돕는 맥락에서 이와 같은 이슈들을 다루어 왔다. 한 연구에서 저자들은 학급 체크업이 PAX 게임(훌륭한 행동 게임)과 PATHS(사회정서적 교과 과정)을 사용하는 교사들의 수행 충실도를 보강할 수 있는지 평가하고자 하였다.

이제까지 저자들은 이러한 개입들에 맞춤형 학급 체크업을 만드는 데 노력해 오고 있다. 저자들은 이 두 프로그램에 맞는 언어적 표현을 포함하고자 인터뷰, 관찰, 피드백 도구를 수정해야 했다. 인터뷰에서 저자들은 학급의 사회정서적 분위기와 연관된 질문들을 더 많이 하는 데 중점을 두고 있다(예, "선생님은 학급에서 아이들의 사회정서적 발달을 어떻게 촉진하시는지 말해주세요.”). 다음은 PAX 교육과정에 PATHS를 실행하도록 요청받은 유치원 교사와 사회정서적 분위기에 대한 인터뷰 예제다.

인터뷰	코멘트
전문가 : 선생님은 학급에서 사회정서적 학습을 어떻게 지원하시나요?	열린질문
교사 : 전 항상 행동 차트를 사용해요. 초록색, 빨간색, 노란색으로 신호등을 사용해서 학생들이 자신의 감정을 인식하도록 가르칩니다.	
전문가 : 친구 사귀기나 감정 조절과 같은 것은 어떤가요?	보다 자세한 내용을 위한 탐색 질문
교사 : 감정 조절 시스템은 없어요. 그래서 PATHS 교과 과정 안에 그것이 있어서 좋아요. 많은 상황들 속에서 그렇게 하는 것을 잊기 쉬운데 새로운 교과 과정의 일부로 되어 있어서 좋습니다.	
전문가 : 좋은데요. PATHS에 대해 기대하는 이유 중 하나는 학생의 감정에 초점을 주기 때문이군요.	인정하기 변화대화 반영하기
교사 : 예. 그것은 아주 중요하고 그래서 요즈음 그것이 종종 빛을 발해요.	
전문가 : 어린아이들이 1학년을 준비하는 데 얼마나 많은 부담이 있는지에 대한 걱정이신데 마침 이것이 우선순위라는 점이 좋으신 거네요.	핵심 가치에 연결하여 이전의 대화 내용 반영하기
교사 : 맞아요.	
전문가 : 아이들에게 사회정서적 기술을 가르치는 것이 얼마나 중요하다고 생각하시나요?	새로운 열린질문
교사 : 매우 중요하지요. 아이들은 정말로 그룹에서 어떻게 지내야 하는지, 그리고 좋든 싫든 다른 사람과 어떻게 함께 해야 하는지 방법을 알아야 해요.	
전문가 : 선생님은 학급을 넘어서서 이런 기술들이 중요한 인생 기술이라고 보시는군요.	변화대화 반영하기

PATHS에서 PAX에 맞게 보완된 학급 체크업 피드백 기록지(그림 9.1 참조)에는 개입의 주요 기능 평가를 포함한다. 예를 들면, 교사가 PAX 게임을 했고 PATHS 수업을 가르쳤는지의 여부, 교사가 산만한 행동을 얼마나 잘 계산했는지, 교사가 오늘의 학생을 정했고 그룹에게 보상물을 제공했는지 여부, 학생들이 얼마나 수업에 몰입했는지 등이 있다. 몇 가지 핵심 영역들은 기존의 학급 체크업의 영역들을 그대로 사용하기로 하였다(칭찬 비율, 상호작용의 질, 산만한 행동의 수준). 왜냐하면 이 영역들은 모든 학급 개입에서 통하는 중요한 운영 기술이기 때문이다.

행동 계획 단계에서, 저자들은 대안 메뉴를 재개념화할 필요가 있었으며 게임이나 교과 과정과 일치하는 선택을 포함할 필요가 있었다. 이전과 같이 이 모델은 교사가 무엇을 잘하고 있는지, 관심을 필요로 하는 영역들이 무엇인지에 대해 피드백을 주는 것에 중점을 둔다. 관심이 필요한 영역은 어디에서 시작할 것인지에 대한 대안들로 전환되며("어느 영역에 먼저 초점을 맞추겠습니까?"), 교사의 기술을 향상시키는 방법들로 전환된다(예, 지속적인 피드백, 시각적 기억 단서, 모델링, 역할 놀이). 볼티모어 시의 학교 시스템에서 수행한 보완 및 예비연구를 통해 저자들은 다른 교과 과정에서도 유사하게 적용하는 데 낙관적인 이유를 가지게 되었다.

저자들은 여러 동료들과 함께 학급 체크업 모델을 보완하여 다양한 영역에서 교사들이 효과적인 실천을 하도록 지원하고 있다. 예를 들면, 존스 홉킨스 공중보건대학에서 캐서린 브래드쇼 박사가 이끄는 동료 그룹이 있는데 이들은 학급 체크업을 보완하여 문화적 다양성을 가진 수업과 교양 과목 등 학급의 문화 변수에 더 많은 관심을 가지도록 계획하고 있다. 이 연구 사업의 궁극적인 목표는, 특수 교육과 규율 장면에서 문화적·언어적 다양성을 가진 학생들의 불균형적 대표성을 감소함으로써 모든 학생들의 교육 성과를 개선하는 데 있다.

학급 그리고 학급을 넘어서

저자들은 수년간 연구와 실무 경험을 통해서, 학급 체크업과 같은 모델의 광범위한 적용이 개개인 교사를 넘어선 지원이 요구된다는 점을 알게 되었다. 학교와 지역사회 차원의 행정가들의 역할이 중요한데, 자문 모델들을 대규모로 성공적으로 실행할 수 있는지 여부를 결정하기 때문이다. 학교 지도자들이 수업 환경에서 교사가 새로운 실천을 배우고 적용하는 데 필수적인 것으로 자문 모델을 보는 경우, 자문/코칭 프로그램들이 더 보편화된다. 변화의 리더로서 전문가는 행정가들과 학교 지도자들과 협의하여 전체 학교의 변화를 창출하는 중요한 역할을 할 수 있다. 예를 들어, 학생을 위한 학교 전체 행동 지원과 교사에게 현재의 자문 지원을 포함하여, 학교 전체 훈련을 위한 관심의 필요성에 힘입어, 전문가

> 학급 체크업 모델에서 사용되는 기술은 시스템의 서로 다른 수준의 효과뿐만 아니라 학급 운영보다 폭넓은 행동에 영향을 줄 수 있다.

교사 :   날짜 :

PATHS에서 PAX게임 구성요소

게임하기	
조용한 PAX	
문제 행동 수 계산	
문제 행동에 대한 반응	
상품 배달	
상품의 질	
기타 :	

강점 영역 ▬▬▬▬▬▬▬▬ 주의 필요

PATHS에서 PAX게임

수업하기	
수업 속도	
학생의 이해도	
학생의 참여	
오늘의 학생	
기타 :	

강점 영역 ▬▬▬▬▬▬▬▬ 주의 필요

학급 분위기

에너지 수준	
전체 문제 행동의 수	
상호작용의 비율	
칭찬의 유형	
학생들과 상호작용	
기타 :	

강점 영역 ▬▬▬▬▬▬▬▬ 주의 필요

그림 9.1 PATHS에서 PAX에 맞춘 피드백 기록지

는 강점의 영역들을 결정하고 평가하기 위해 학교 전체 수준에서 학급 체크업 모델을 사용하는 것을 고려할 수 있다. 교사들과 함께하는 작업에서 학급 체크업 모델에서 사용되는 기술은 시스템의 서로 다른 수준의 효과뿐만 아니라 학급 운영에서 보다 폭넓은 행동에 영향을 줄 수 있다.

이러한 목적을 위해 학급 체크업 모델을 보완하는 단계는 다음과 같다.

1. 전문가, 학교, 지역사회에서 적용하기 원하는 개입이나 실천 방법의 주요 특성을 알아낸다.
2. 구체적이고 명확하고 측정 가능한 용어로 주요 특성들을 어떻게 조작할지 결정한다.
3. 이러한 주요 특성에 따라 학급, 학교, 지역사회를 가장 잘 평가할 방법을 결정한다.
4. 확인된 주요 특성을 포함할 수 있도록 피드백 기록지를 보완한다.
5. 새로운 개입이나 실천의 사용을 증진시킬 방법들을 포함할 수 있도록 대안 메뉴를 보완한다.

대규모로 적용하기 전에 맞춤형 학급 체크업 도구를 시범적으로 하는 것은 좋다. 마지막으로 모델에서 의도하는 긍정적인 성과물을 확실하게 내기 위해 전문가는 맞춤형 학급 체크업 모델을 모니터링하고 검토하고 보완해야 한다.

결론

학교에서 많은 시간을 보내는 아이들과 성인들을 위해서 학교 환경을 긍정적이고 건강하게 만드는 데 필요한 학급 속성들에 대해서 수행되는 연구들이 많아지고 그 숫자가 늘어나고 있다. 최근 몇 년 동안 교사와 학교가 이러한 유형의 장소를 만들 수 있도록 돕는 데 심각한 격차가 있음을 인식하기 시작했다. 단순히 사람들에게 무엇을 해야 한다고 말하거나 필요한 변화를 설명하는 것으로는 충분하지 않다는 것을 우리 모두 알고 있다. 그럼에도 불구하고 종종 연구자들이 그렇게 기대하고 있다는 것은 이상하다. 최근까지 연구 결과에서 누락된 중요한 부분이 있다는 것이 명확해졌다. 즉 방대한 지식의 양을 어떻게 학급에서 실천하는가에 대한 설명

> 학급 자문 전문가는 지식의 틀과 계획을 현실세계에 맞게 만드는 기술자와 같다.

이다. 이것이 누락되는 것은, 마치 건축설계사의 비전을 건물로 만드는 데 기술자들이 존재하지 않는 것과 같다. 이와 같이 학교 자문 전문가는 지식의 틀과 계획을 현실세계에 맞게 만드는 기술자와 같다. 다행히도 우리의 과학은 보다 효과적인 학급 기술자가 되도록 전문가를 안내하는 데 도움을 줄 수 있다. 학급 체크업은 학급 기술자를 위한 로드맵을 제공한다. 행복한 여행이 되기를 바란다!

부록

동기면담 기록지

결정저울

현재 방식 : _____

이득 :
좋은 점 : _____

장벽 :
나쁜 점 : _____

새로운 방식 : _____

해본다면, 이득이 될 만한 것들 :

해본다면, 도전이 될 만한 것들 :

출처 : Wendy M. Reinke, Keith C. Herman, & Randy Sprick(2011)

학급 체크업-교사 인터뷰 기록지

교사 : _____ 날짜 : _____ 면담자 : _____

I. 교사와 함께 준비대화

"선생님의 학급 운영 스타일에 대한 아이디어를 제공하고자 몇 가지 질문을 하고 싶습니다. 선생님이 관리하는 학급 운영의 어려움에 대해 나누고 과거 자문을 받으셨던 경험이 있다면 나누고 싶습니다."

II. 교사의 경험

1. 교사가 된지 얼마나 되었나요? 지금 학년을 늘 가르치셨나요?

2. 교사가 되고 싶다고 생각하게 된 것은 어떤 점 때문인가요?

3. 교사로서 가장 좋은 점은 무엇인가요? 교사의 어떤 점이 흥미로웠나요?

4. 교사로서 가장 어렵거나 힘든 점이 무엇이라고 생각하나요?

진행하기 전에 지금까지 대화한 것을 간단하게 요약하고, 필요 시 경험을 공유하고, 교사의 어려움을 정상적인 것으로 설명하며 관계 맺기를 한다.

(계속)

출처 : Wendy M. Reinke, Keith C. Herman, & Randy Sprick(2011)

III. 학급 운영 스타일

"다음 몇 가지 질문은 선생님이 학급에서 학생들의 행동을 관리하는 방법에 대한 것입니다."

1. 학급 운영에 선생님께서 사용하는 유용한 전략들은 어떤 것인가요? 이 부분에서 도움이 조금 필요하다고 느끼는 것은 무엇인가요?

만약 교사가 학급규칙이나 보상 체제에 대해 언급하지 않는 경우, 다음 질문을 한다.
학급 규칙이 있나요? 어떤 규칙들이 있나요?

학급에서 보상 체제를 사용하고 있나요? 어떤 체제인가요?

2. 선생님은 학급에서 학생들의 잘못된 행동을 어떻게 다루나요?

3. 어떤 전략들이 가장 효과적인가요?

4. 어떤 전략들이 비효과적이었나요?

간단하게 요약하기를 한다. 개인적인 경험들을 공유하면서 도전 과제들이 정상적인 것임을 말하면서 관계 맺기를 한다.

(계속)

IV. 이상적인 학급

"지금까지 학급에서의 여러 측면에 대해 나누었습니다. 다음은 선생님이 생각하는 이상적인 학급이 무엇인지 궁금합니다."

1. 지금 학급은 어떤 모습인가요?

2. 선생님의 학생들이 어떤 중요한 점들을 학급에서 얻어가기 원하시나요?

3. 학년말에 선생님은 학생들에게 어떤 선생님으로 기억되기를 원하나요? 미래에는 어떻게 기억되기를 원하나요?

* 다음으로 이동하기 전에 간단히 요약한다.

V. 과거 자문 및 코칭 경험과 학급 체크업 모델에 대한 설명

1. 과거에 학급 운영에 관해 자문을 받은 경험이 있다면 어떤 것이었는지요? 도움이 되었던 점과 도움이 되지 않았던 점은 무엇이었나요?

* 학급 체크업 모델을 설명한다.

"우리가 앞으로 함께 노력할 것에 대해 간단히 설명하겠습니다. 저의 역할은 학급에서 선생님이 효과적인 학급 운영 전략을 추진하시도록 지원하는 것입니다. 제가 가장 먼저 할 일은 선생님의 학급을 몇 번 방문하여 관찰하는 것입니다. 방문을 하는 동안 몇 가지 구체적인 정보를 수집하고자 합니다. 예를 들어, 학생들의 산만한 행동의 빈도, 칭찬과 훈계의 사용, 수업하는 동안 질문의 사용, 그리고 수업 중에 학생들이 어떻게 참여하는지 등입니다. 이 모든 정보를 수집한 후 선생님과 함께 회의를 할 것입니다. 선생님과 함께 학급에서 새로운 전략을 시도하거나 향상되기 원하는 어떤 영역이 있는지 살펴볼 것입니다. 이후 정기적인 방문을 통해 상황이 어떻게 진행되는지 보고, 만약 잘되지 않는다면 어떤 다른 방법들이 있을지 브레인스토밍을 하고자 합니다. 혹시 질문이나 우려되는 것이 있으신가요?"

(계속)

* 첫 관찰 방문 일정을 정한다.

"학급 방문 일정을 정하지요. 학생 행동 관리 면에서 도전적인 시간대가 언제인가요?"

* 날짜와 시간을 정한다. 카드에 전문가 이름, 연락처, 방문일을 적어서 교사에게 건네준다.

"제가 교실을 방문할 때, 선생님이나 학생들에게 말을 걸지 않을 것입니다. 하지만 방해가 안 된다면 선생님이 어떻게 느끼시는지 수업 후에 잠시 확인할까 합니다."

VI. 구체적인 지원 영역 알아보기

1. 제가 방문 관찰하는 동안, 특별히 관찰하기를 원하는 것이 있나요?

2. 학급에서 혹시 학생들의 어떤 행동에 대해 지원받고 싶은 것이 있나요?

"좋습니다. 첫 번 방문일에 뵙겠습니다."

부록 B.2

수업 환경 체크리스트 – 전문가용

학급 관찰을 토대로 각 질문에 가장 잘 해당하는 답을 표시하시오.

A. 교실 구조			
1. 학급에서 이동 패턴을 학생들이 분명하게 알고 있고 다른 학생들을 방해하지 않고 움직일 수 있다.	아니요 ☐	약간 ☐	예 ☐	
2. 교사가 학생을 항상 관찰할 수 있고 교사가 학급의 모든 지역에 접근하기 쉽도록 책상과 가구가 정렬되어 있다.	아니요 ☐	약간 ☐	예 ☐	
3. 학급에 있는 물건들은 분명하게 레벨이 붙여져 있다. 접근하기 쉽게 그리고 산만함을 최소화하기 위하여 정리정돈이 되어 있다.	아니요 ☐	약간 ☐	예 ☐	
4. 학생들이 숙제를 제출하고, 확인받은 숙제를 가지고 가도록 시스템이 되어 있다.	아니요 ☐	약간 ☐	예 ☐	
B. 행동 규칙과 기대 수준				
1. 학급 일정과 기대하는 바가 분명하고, 긍정적으로, 그리고 시각적으로 볼 수 있도록 적혀 있다.	아니요 ☐	약간 ☐	예 ☐	
2. 수업을 관찰하는 동안 학급에서 기대하는 바를 쉽게 알 수 있다.	아니요 ☐	다소 ☐	예 ☐	
3. **관찰되지 않는 경우 교사에게 질문한다.** 교사는 1년 동안 학급 규칙과 기대들을 서너 차례 적극적으로 가르치고 있다.	아니요 ☐	오직 1년에 1번 ☐	예 ☐	
4. 교사가 주의 신호를 사용할 때, 학생의 85% 이상은 몇 초 내에 반응한다.	5분 이내에 결코 반응하지 않음 ☐	몇 분 이내로 ☐	예 ☐	관찰되지 않음 ☐
5. 하나의 활동에서 다음 활동으로 이동이 원만하고, 문제 행동 없이 진행된다.	아니요 ☐	약간 ☐	예 ☐	
C. 수업 운영				
1. 교사는 수업 시작 또는 이동할 때 모든 학생들의 주목을 받는다.	아니요 ☐	약간 ☐	예 ☐	
2. 학급 일정표와 관찰을 토대로, 수업시간의 70% 이상이 학업에 배분되어 있다.	50% 이하 ☐	50~69% ☐	예 ☐	
3. 수업 동안에 높은 비율의 학생들이 몰두하고 있다.	60% 이하 ☐	61~89% ☐	90% 이상 ☐	

(계속)

출처 : Wendy M. Reinke, Keith C. Herman, & Randy Sprick(2011)

	아니요 □	약간 □	예 □	
4. 교사는 복잡한 학습 내용에 대해 적절한 속도로, 학생 반응의 기회를 적절하게 제공한다. (새로운 내용에 매분 4~6번 반응 기회, 반복 연습은 매분 9~12번 반응 기회)	아니요 □	약간 □	예 □	
5. 교사는 대다수의 학생들에게 개별적으로 반응할 기회들을 제공하기 위해서 효과적으로 질문하며 그룹과 개별적인 반응 둘 다 이끌어내려고 한다. (매 질문을 똑같은 학생들에게 하지 않음)	아니요 □	약간 □	예 □	
6. 학생은 교사 주도 학습에서 일반적으로 높은 비율의 정확성으로 답한다.	60% 이하 □	61~84% □	85% 이상 □	
7. 교사는 "아니요" 또는 "틀리다"로 말하기보다는, 보여주면서 설명하거나 실례를 들어가며 이해하도록 돕는 효과적인 오류 수정을 사용한다.	아니요 □	때때로 □	예 □	관찰되지 않음 □
D. 긍정적인 상호작용				
1. 교사는 모든 학생에게 비유관적으로 관심을 준다. (예, 문에서 맞이하기, 방과 후 일과에 대해 관심 가지기 등)	관찰되지 않음 □	때때로 □	예 □	
2. 교사는 문제 행동보다는 학급에서 기대되는 행동들을 더 자주 칭찬한다. (긍정 대 부정 비율)	2 : 1 이하 □	3 : 1 이하 □	3 : 1 이상 □	
E. 적절한 행동에 반응하기				
1. 적절한 행동을 기록하고 보상하는 체제가 있다. (학급 전체와 개별 학생들)	아니요 □	약간/ 비공식적 □	예 □	
2. 특정 행동 칭찬으로 적절한 행동들을 격려한다.	아니요 □	때때로 □	대부분의 시간 □	
F. 부적절한 행동에 반응하기				
1. 학급에서 최소한의 문제행동이나 방해의 수는 일반적으로 매우 적다.	아니요 □	때때로 □	예 □	
2. 교사는 일련의 전략들를 사용하여 학급 규칙 위반을 억제한다. (예, 무시하기, 다른 학생들을 칭찬하기, 접근하기, 구체적으로 훈계하기 등)	아니요 □	약간 □	예 □	
3. 특정한 위반 행동을 다루기 위해 기록 체계가 있다.	아니요 □	때때로/ 비공식적 □	예 □	
4. 교사는 훈계하거나 학생의 위반 행동을 바로잡아줄 때 일관되게 한다.	아니요 □	때때로 □	예 □	
5. 훈계하거나 교정을 할 때 교사는 차분하고, 명쾌하고, 간결하게 한다.	아니요 □	때때로 □	예 □	

부록 B.3   # 수업 환경 체크리스트-교사용

현재 학급 운영을 토대로 각 질문에 대해 가장 잘 해당하는 답을 표시하시오.

A. 교실 구조			
1. 학급에서 이동 패턴을 분명하게 알고 있고 다른 사람을 방해하지 않고 움직일 수 있는가?	아니요 ☐	약간 ☐	예 ☐
2. 학생을 항상 관찰할 수 있고 선생님이 학급의 모든 지역에 접근하기 쉽도록 책상과 가구는 정렬되어 있는가?	아니요 ☐	약간 ☐	예 ☐
3. 학급에 있는 물건들은 분명하게 라벨이 붙여져 있고, 접근이 쉽고 산만함을 최소화하기 위하여 정리정돈이 잘되어 있는가?	아니요 ☐	약간 ☐	예 ☐
4. 학생들이 숙제를 제출하고 확인 받은 숙제를 가지고 가도록 시스템이 되어 있는가?	아니요 ☐	약간 ☐	예 ☐
B. 행동 규칙과 기대			
1. 학급 일상과 기대들은 분명하고, 긍정적으로, 시각적으로 볼 수 있도록 적혀 있는가?	아니요 ☐	약간 ☐	예 ☐
2. 선생님은 학급에서 기대하는 바를 규칙적으로 가르치고 훈련을 시키는가?	아니요 ☐	약간 ☐	예 ☐
3. 선생님은 직접 가르치고, 훈련하고, 긍정적으로 강화하는 데 필요한 주의를 끄는 신호를 사용하는가?	아니요 ☐	약간 ☐	예 ☐
4. 하나의 활동에서 다음 활동으로 이동이 원만하고, 문제 행동 없이 진행되는가?	아니요 ☐	약간 ☐	예 ☐
C. 수업 운영			
1. 교사는 수업의 시작 또는 이동할 때 모든 학생들의 주목을 받는가?	아니요 ☐	약간 ☐	예 ☐
2. 학업 교육을 위해 얼마나 많은 수업 시간이 배분되어 있는가?	50% 이하 ☐	50~69% ☐	70% 이상 ☐
3. 학생들은 선생님이 수업하는 동안에 몇 % 몰두해 있다고 예상하는가?	60% 미만 참여 ☐	61~80% 참여 ☐	90 이상 참여 ☐
4. 선생님은 복잡한 학습 내용에 대해 적절한 속도로, 학생 반응의 기회를 적절하게 제공하는가?(새로운 내용에 매분 4~6번 반응 기회, 반복 연습은 매분 9~12번 반응 기회)	아니요 ☐	약간 ☐	예 ☐

(계속)

출처 : Wendy M. Reinke, Keith C. Herman, & Randy Sprick(2011)

	아니요	약간	예
5. 선생님은 대다수의 학생들에게 개별적으로 반응 할 기회들을 제공하기 위해서 효과적으로 질문하며 그룹과 개별적인 반응 둘 다 이끌어내려고 하는가? (매 질문을 똑같은 학생들을에게 하지 않음)	아니요 ☐	약간 ☐	예 ☐
6. 교육을 제공할 때 학생들이 질문에 정확하게 답을 하는 비율은 얼마나 되는가?	60% 이하 ☐	61~84% ☐	85% 이상 ☐
7. 선생님은 "아니요" 또는 "틀리다"로 말하는 것보다는, 이야기하기나 보여주기나 또는 실례를 들어가며 이해를 돕는 효과적인 오류수정을 사용하는가?	아니요 ☐	때때로 ☐	예 ☐
D. 긍정적인 상호작용			
1. 학급에서 모든 학생에게 비유관적으로 관심을 제공하는가? (학생들이 학교의 외부에서 하는 것에 관심을 가지거나, 학급에서 그들을 맞이하기 등)	아니요 ☐	때때로 ☐	예 ☐
2. 선생님은 문제 행동보다는 학급에서 기대되는 행동들을 더 자주 칭찬하는가? (긍정에 대한 부정의 비율)	2 : 1미만 ☐	3 : 1미만 ☐	3 : 1이상 ☐
E. 적절한 행동에 반응하기			
1. 적절한 행동을 기록하고 보상하는 체제가 있는가? (학급 전체와 개별 학생들)	아니요 ☐	약간/ 비공식적인 ☐	예 ☐
2. 특정 행동 칭찬으로 적절한 행동들을 격려하는가?	아니요 ☐	때때로 ☐	대부분의 시간 ☐
F. 부적절한 행동에 반응하기			
1. 학급에서 일반적으로 최소한의 문제행동이나 방해의 수는 어느 정도인가?	없음 ☐	때때로 ☐	예 ☐
2. 규칙위반을 억제하기 위해서 일련의 대가를 사용하는가? (예, 무시하기, 다른 학생들을 칭찬하기, 접근하기, 구체적으로 훈계하기 등)	아니요 ☐	약간 ☐	예 ☐
3. 특정한 위반 행동을 다루기 위해 기록 체계가 있는가?	아니요 ☐	약간/ 비공식적 ☐	예 ☐
4. 선생님은 훈계하거나 위반 행동을 바르게 잡아줄 때 일관되게 하는가?	아니요 ☐	때때로 ☐	예 ☐
5. 훈계하거나 교정을 할 때, 선생님은 차분하고, 명쾌하고, 간결하게 하는가?	아니요 ☐	때때로 ☐	예 ☐

부록 B.4　학급 체크업-10분 수업 관찰 기록지

교사 :	날짜 :	주제 :
관찰자 :	시작 시간 :	활동 :

교육의 유형(동그라미로 표시하기) :

새로운 내용 / 반복 연습

10분 관찰 동안 다음 행동이 관찰 될 때마다 기록한다. 이후 매분 횟수(비율), 정확한 답 %, 상호작용 비율(긍정 : 부정)을 계산한다.

	10분 관찰 빈도	합계 #	비율 : #/분	CAR/OTR×100 = 정확성 %
반응할 기회(OTR)				(　　　)%
정확한 답(CAR)				
산만한 행동				부정 대 긍정 비율 = 훈계의 합/칭찬의 합 = 1 : (　　　)
특정 행동 칭찬				특정 + 일반 = 합계 : (　　　)
일반적인 칭찬				
명확하고/능숙한 훈계				명확한 + 비판적인 = 합계 : (　　　)
비판적/거친/감정적인 질책				

의견 :

_____

_____

_____

_____

_____

_____

출처 : Wendy M. Reinke, Keith C. Herman, & Randy Sprick(2011)

부록 B.5

학급 체크업－5분 수업 참여 관찰 기록지

교사 :	날짜 :	주제 :
관찰자 :	시작 시간 :	활동 :

다음 5분 동안, 매 5초마다 한 학생이 학업에 몰입하는지 아닌지를 표시한다. 각각의 칸은 두 가지를 나타낸다. (1) 학생을 보는 순간에 몇 초 동안 학생이 수업에 몰두하고 있는지(+) 또는 몰두하고 있지 않은지(○)를 적고, (2) 횟수를 적는다. 5분 동안 반복하면서 학생들을 관찰하는데, 60구간으로 나누어 기록한다. 이후 학급에서 학생들이 몰두했던 시간을 %로 산출한다.

+ 수업 몰입 중. (참여)
○ 수업 몰입하지 않음. (참여하지 않음)

5초	10초	15초	20초	25초	30초	35초	40초	45초	50초
1	2	3	4	5	6	7	8	9	10
55초	1분	1분 05초	1초 10분	1분 15초	1분 20초	1분 25초	1분 30초	1분 35초	1분 40초
11	12	13	14	15	16	17	18	19	20
1분 45초	1분 50초	1분 55초	2분	2분 5초	2분 10초	2분 15초	2분 20초	2분 25초	2분 30초
21	22	23	24	25	26	27	28	29	30
2분 35초	2분 40초	2분 45초	2분 50초	2분 55초	3분	3분 5초	3분 10초	3분 15초	3분 20초
31	32	33	34	35	36	37	38	39	40
3분 25초	3분 30초	3분 35초	3분 40초	3분 45초	3분 50초	3분 55초	4분	4분 05초	4분 10초
41	42	43	44	45	46	47	48	49	50
4분 15초	4분 20초	4분 25초	4분 30초	4분 35초	4분 40초	4분 45초	4분 50초	4분 55초	5분
51	52	53	54	55	56	57	58	59	60

수업 몰두 % = 몰두 중(+) 칸의 수 / 부호화된 칸들의 합 × 100%
  1. 수업 몰두(+)로 부호화된 칸들의 총합계 = (_____)
  2. 수업 몰두(+) + 수업 몰두 아님(○)으로 부호화된 칸들의 총합계 = (_____)
  3. 1/2 × 100% = (_____)%

의견 :

_____

_____

출처 : Wendy M. Reinke, Keith C. Herman, & Randy Sprick(2011)

부록 B.6   학급 체크업 – 전체 수업 평가 기록지

교사 :	날짜 :	관찰자 :

방문 관찰이 완료되면, 관찰 학급을 다음 문항마다 1점에서 3점으로 평가한다. 우수 5, 평균 3, 부족 1로 평가한다. 평균 이하 항목의 경우(1 또는 2), 낮은 점수에 대한 이유를 적는다. 평균 이상 항목에 대해서도 이유를 작성한다.

▶ 다음 척도를 사용하여 각 항목에 대해 가장 적합한 점수에 표시한다.

5 = 우수   4 = 평균상   3 = 평균   2 = 평균하   1 = 부족   NO = 관찰되지 않음

항목	점수	의견
적극적인 슈퍼비전의 사용	5 4 3 2 1 NO	
주의 신호물 사용	5 4 3 2 1 NO	
수업 일정표대로 따라 하였음	5 4 3 2 1 NO	
유관적 보상물 사용하였음	5 4 3 2 1 NO	
사용된 보상물의 다양성	5 4 3 2 1 NO	
수업에서 기대되는 바를 검토하였음	5 4 3 2 1 NO	
사회적/행동적 기대 수준을 검토하였음	5 4 3 2 1 NO	
수업 이동이 원만했음	5 4 3 2 1 NO	
전체적인 분위기는 긍정적이었음	5 4 3 2 1 NO	
전반적인 평가	5 4 3 2 1 NO	

의견 :

_____

_____

_____

_____

_____

_____

출처 : Wendy M. Reinke, Keith C. Herman, & Randy Sprick(2011)

학급 체크업 지표

지표와 기록지	계산 방법 :
정확한 학습 반응 % 정의 : 학생들이 정확하게 답하도록 반응의 기회를 준비율 기록지 : 학급 체크업−10분 관찰 기록지	1단계 : 기록지마다 오른편에 %를 정확히 계산한다. 그러기 위해서 CAR의 합계를 OTR 합계로 나누고, 100을 곱한다. 2단계 : 각 기록지에서 정확한 %를 더한다. 3단계 : 2단계에서 나온 합계를 관찰 수로 나눈다. 4단계 : 결과는 관찰을 통해 나온 정확한 학습 반응 %의 평균이다. 표 7.1 학급 체크업−피드백 지표를 토대로 피드백을 할 때 이 결과를 사용한다.
학업 몰입 시간 % (학습 참여) 정의 : 학생들이 몰두했던 구간의 % 기록지 : 학급 체크업−5분 수업 참여 관찰 기록지	1단계 : 기록지마다 하단에 있는 학업 몰입 %를 계산한다. 그러기 위해서 학업 몰입(+)으로 표시된 총계를 구간의 합으로 나누고(즉, 60) 100을 곱한다. 2단계 : 각 기록지에서 학업 몰입 %를 더한다. 3단계 : 2단계에서 나온 합계를 관찰 수로 나눈다. 4단계 : 결과는 관찰을 통해 나온 학업 몰입 시간의 평균%다. 표 7.1에서 학급 체크업−피드백 지표를 토대로 피드백을 할 때 이 결과를 사용한다.
반응할 기회 % 정의 : 반응할 기회의 수를 총 시간으로 나눈다. 기록지 : 학급 체크업−10분 관찰 기록지	1단계 : 기록지마다 OTR 합계를 낸다. 2단계 : 1단계에서 나온 합계를 관찰한 시간으로 나눈다. 만일 세 번 관찰했다면, 이 수는 30이다. 3단계 : 이 숫자는 분당 OTRs의 비율이다. 표 7.1에서 학급 체크업 피드백 지침에 근거하여 피드백을 주기 위한 결정에 이 숫자를 사용한다.
상호작용 % 정의 : 훈계 대 칭찬 비율 기록지 : 학급 체크업−10분 관찰 기록지	1단계 : 기록지마다 오른편에 칭찬 수의 합계를 낸다. 그러기 위해서 특정 행동 칭찬 수와 일반적인 칭찬 수를 더한다. 2단계 : 1단계에서 나온 합계를 전체 칭찬의 합에 더한다. 3단계 : 기록지마다 오른편에 훈계 수를 합한다. 그러기 위해서 명확한/능숙한 칭찬 수를 거칠고/비판적인 훈계 수에 더한다. 4단계 : 3단계에서 나온 수를 합하여 전체 훈계의 합을 낸다. 5단계 : 4단계에서 나온 전체 훈계 수를 2단계에서 나온 전체 칭찬 수로 나눈다. 이 숫자는 긍정 대 부정 비율이다(예, 훈계 20/칭찬 10 = 매번 칭찬에 대한 훈계 2. 따라서 1 : 2의 긍정 대 부정 비율). 6단계 : 상호작용 비율을 기록지마다 오른편에 각각 계산한다. 이것은 일관성에 대한 정보를 제공한다.

(계속)

출처 : Wendy M. Reinke, Keith C. Herman, & Randy Sprick(2011)

지표와 기록지	계산 방법
	7단계 : 표 7.1의 학급 체크업–피드백 지표를 토대로 피드백을 할 때 6단계에서 계산된 상호작용 비율과 5단계에서 계산된 상호작용 비율을 사용한다. *만약 시간으로 나눈 칭찬의 수가 분당 1 미만으로 너무 낮다면, 빨간색으로 피드백을 작성한다.*
특정 행동 칭찬 대 일반적인 칭찬 정의 : 일반적인 칭찬 문장의 총 수와 비교하여 특정한 행동 칭찬 문장의 총 수 기록지 : 학급 체크업–10분 관찰 기록지	1단계 : 기록지마다 특정 행동 칭찬 수를 모두 더한다. 2단계 : 기록지마다 일반적인 칭찬 수를 모두 더한다. 3단계 : (특정 행동 칭찬 대 일반적인 칭찬) 중 어느 쪽이 더 높은지 결정한다. 표 7.1에서 학급 체크업–피드백 지표를 토대로 피드백을 할 때 이 숫자를 사용한다. *만약 어떤 관찰에서도 칭찬이 없다면, 피드백은 자동적으로 빨간색이 된다.*
상호작용의 특성 정의 : 냉엄한/비판적인/감정적인 훈계과 긍정적인 분위기의 평가를 검토 기록지 : 학급 체크업–10분 관찰 기록지, 학급 체크업–전체 학급 평가 기록지	1단계 : 기록지마다 거친/비판적인 훈계 수를 합하여 적는다. 세 번 기록했을 경우 수가 3개다. 2단계 : 1단계에서 나온 수 중에서 가장 큰 수를 적는다. 표 7.1에서 학급 체크업–피드백 지표를 토대로 피드백을 할 때 이 숫자를 사용한다. 3단계 : 긍정적인 분위기 평가에 대한 학급 체크업–전체 학급 평가기록지를 검토한다. 어떤 점수라도 3점 미만이면, 피드백을 할 때 코멘트와 이 정보를 사용한다.
산만한 행동 비율 정의 : 시간으로 산만한 행동 수를 나눈 것이다 기록지 : 학급 체크업–10분 관찰 기록지	1단계 : 기록지마다 산만한 행동 수를 모두 더한다. 2단계 : 1단계에서 나온 수를 시간 수로 나눈다. 전체 3개의 관찰을 했다면, 이 숫자는 30이 될 것이다. 3단계 : 이 수는 분당 산만한 행동 수 또는 비율이다. 표 7.1에서 학급 체크업–피드백 지표를 토대로 피드백을 할 때 이 숫자를 사용한다.

학급 체크업 – 피드백 영역별 지침

학급 체크업– 피드백 영역	정보 출처	초록색(강점 영역)으로 간주할 수 있는 학급의 일반 지침
물리적 배치	관찰, CEC	공간 배치가 분명하다. 책상들은 교육이 최적화되도록 배열되어 있다. 교사는 교실의 모든 영역을 접근할 수 있다. 학생들은 항상 볼 수 있다. 학급 자료는 정돈되어 있고 쉽게 접근할 수 있다.
학급 규칙	관찰, CEC	다섯 가지 이하의 학급 규칙이 있다. 규칙은 명확하고, 관찰 가능하며, 분명하게 명시되고 눈에 띄도록 게시되어 있다.
행동 규칙	관찰, CEC	일상 행동에 대한 기대를 게시, 명확하고, 분명히 명시되어 있다.
원활한 이동	관찰, CEC, 학급 체크업– 전체 평가 기록지	이동이 신속하게 진행된다. 교사는 이동하기 전에 모든 학생들의 주의를 얻기 위해 신호물을 사용한다.
일정표 게시와 따르기	관찰, CEC, 학급 체크업– 전체 평가 기록지	일정표가 게시되어 있고, 교사는 일정표를 따른다. 일정에 대한 변경사항은 교사가 사전에 분명하게 공지하였다. 하루의 대부분이 학습 활동에 배분되어 있다.
명확한 학습 목표	관찰, CEC, 학급 체크업– 전체 평가 기록지	수업 과제에 앞서, 교사는 학생들에게 명확한 기대 수준을 말했다. 학생들은 과제에 대해 정확하게 이해하고 질문하는 학생이 거의 없었다.
진행 속도	학급 체크업–10분 관찰 기록지, 학급 체크업–피드백 지표(표 7.1), CEC	교사는 학생들에게 반응할 기회를 분당 네 번 이상을 준다. 교사는 그룹 및 개별 학생들에게 질문을 하였다. 수업시간에 대부분의 학생들은 수업 중 적어도 한 번 이상의 질문을 받았다.
학생 정확도	학급 체크업–10분 관찰 기록지, 학급 체크업–피드백 지표(표 7.1)	반응할 기회를 제공할 때, 학생들은 새로운 내용에 대해 80%를 답을 할 수 있고, 복습 자료에 대해서는 90%를 정확하게 답할 수 있었다. 자료는 학생들에게 너무 쉽지 않았다.
학생 참여	학급 체크업 5분–학업 참여관찰 기록지, 학급 체크업–피드백 지표(표 7.1),	학생들의 90% 이상이 수업에 몰입하고 참여했다.
명확한 행동 기대 수준	관찰, CEC, 학급 체크업– 전체 평가 기록지	학급을 관찰하는 동안 학생들은 기대하는 행동이 무엇인지 잘 이해하는 것으로 보인다. 교사는 학급 규칙과 일상 행동을 포함해서 적극적으로 가르쳤다.
적극적 슈퍼비전	관찰, 학급 체크업–전체 평가 기록지	교사는 교실을 돌아다니며 눈과 귀로 살피고 학생들과 상호작용을 한다. 교사는 접근성을 사용하여 학생들의 문제 행동을 방지하였다.

(계속)

출처 : Wendy M. Reinke, Keith C. Herman, & Randy Sprick(2011)

학급 체크업– 피드백 영역	정보 출처	초록색(강점 영역)으로 간주할 수 있는 학급의 일반 지침
칭찬 사용	학급 체크업–10분 관찰 기록지, 학급 체크업–피드백 지침(표 7.1), 학급 체크업–전체 평가 기록지	교사는 일반적인 칭찬보다 특정 행동 칭찬을 많이 사용하였다. 칭찬은 기대되는 행동에 유관하여 제공하였다.
훈계 사용	학급 체크업–10분 관찰 기록지, 학급 체크업–피드백 지침(표 7.1), 학급 체크업–전체 평가 기록지	교사는 훈계를 분명하게 하였고 학생이 무엇을 해야 하는지 말해주었다. 훈계시 차분하고 일관되고 간단하게 하였다.
긍정 대 부정 비율	학급 체크업–10분 관찰 기록지, 학급 체크업–피드백지침(표 7.1), CEC	교사는 한 번의 훈계에 대해 세 번 이상의 칭찬을 하였다.
다양한 보상물	관찰, 학급 체크업전체평가 서식, CEC	교사는 언어적 칭찬보다 다른 보상물을 사용하였다. 개별 학생이나 학급 전체의 적절한 행동에 대한 보상 체제가 잘되어 있고, 학생들이 이 체제에 대해 알고 있다.
비유관적 관심	관찰, 학급 체크업전체평가 서식, CEC	교사는 문 앞에서 학생들을 맞이하는 것이 관찰되며 개별 학생들에게 진정으로 관심을 보인다.
학생들과 상호작용	학급 체크업 10분 관찰지, 학급 체크업 피드백 지침 (표 7.1)	교사는 학생들과 부정적인 것보다 긍정적인 상호작용을 더 많이 한다. 교사의 말투는 부정적인 어조거나 빈정거리지 않고 긍정적이다. 교사가 필요한 경우 차분하고, 일관성 있고, 간결한 훈계를 제공한다.
산만한 행동 수준	학급 체크업–10분 관찰 기록지, 학급 체크업–피드백 지침(표 7.1)	학급에서 산만한 행동은 10분 관찰 동안 다섯 번 미만으로 미미했다.

부록 C.3   **학급 체크업-피드백 기록지**

교사 : _____ 날짜 : _____

교실 구조

물리적 배치	
학급 규칙	
행동 규칙	
원활한 이동	
기타 :	

강점 영역 ▬▬▬▬▬▬▬▬ 주의요구

수업 운영

일정표 게시와 따르기	
명확한 학습 목표	
진행 속도	
학생의 정확도	
학생 참여	
기타 :	

강점 영역 ▬▬▬▬▬▬▬▬ 주의요구

행동 관리

명확한 행동 기대 수준	
적극적 슈퍼비전	
칭찬 사용	
훈계 사용	
긍정 대 부정 비율	
다양한 보상물	
기타 :	

강점 영역 ▬▬▬▬▬▬▬▬ 주의요구

학급 분위기

비유관적 관심	
학생들과 상호작용	
산만한 행동 수준	
기타 :	

강점 영역 ▬▬▬▬▬▬▬▬ 주의요구

출처 : Wendy M. Reinke, Keith C. Herman, & Randy Sprick(2011)

학급 체크업-대안 메뉴 기록지

교사 : _____ 날짜 : _____

개선을 위한 목표 영역 :
피드백을 토대로, 교사로서 어떤 영역들에 초점을 두기 원하는가?
1.
2.
3.

효과적인 학급 운영 전략을 높이기 위한 대안 메뉴 :

협동적 아이디어	초기 전략	지속적인 지원
	긍정 대 부정 비율(목표 = 3 : 1)을 향상시키기 위해, 칭찬을 늘리고 훈계를 줄이는 전략들을 알아보기	매주 확인하기
	학급 분위기를 향상시키기 위해, 비유관적이고 긍정적인 보상물 증가시키기	학급에서 전략들을 모델링하기
	수업의 진행 속도를 향상시키기 위해, 복잡한 내용을 작은 단위로 나누는 전략을 알아보고, 많은 학생들에게 더 많은 질문을 할 수 있는 아이디어 알아보기	수행에 대한 관찰 결과와 피드백하기
	훈계의 사용을 향상시키기 위해, 훈계들을 간결하고 능숙하게 하는 아이디어들과, 훈계를 사용할 때를 알기 위한 전략들 알아보기	다른 교사가 전략을 사용하는 것을 관찰하는 방문 계획하기
	정확한 학습 반응을 증진시키기 위해, 학습 내용이 학생들의 수준에 적절한지 알아보기. 완전 정복하도록 가르치기	녹음하여 검토하기
	염려되는 문제 행동을 확인하고 일관성을 있게 단계적인 위계 개발하기	참고문헌 :
	학급 기대 수준에 맞는 교안 개발하기. 기대하는 바를 학생들에게 가르치기.	참고자료 :
	기타 :	기타 :

다음 단계 : 위의 대안 메뉴에서 하나 또는 그 이상의 전략들을 선택하여 실천한다. 행동 계획 기록지를 작성하고 특정 목표를 확인한다(예, 수업마다 특정 행동 칭찬을 다섯 번에서 열 번으로 높인다).

출처 : Wendy M. Reinke, Keith C. Herman, & Randy Sprick(2011)

학급 체크업 – 행동 계획 기록지

교사 : _____

학년 : _____ 날짜 : _____

학급에서 잘 되어가는 것들 :	
	학급에서 개선하고 싶은 영역 :

구체적으로 나의 목표는 : _____

이 목표 달성을 위해 어떤 행동을 할 것인가?

과제 : 무엇을 해야 할 필요가 있는가?	계획안	자원 : 무엇이 필요 한가?	시간표

(계속)

출처 : Wendy M. Reinke, Keith C. Herman, & Randy Sprick(2011)

학급에서 이 목표의 달성이 얼마나 중요한가?

0 1 2 3 4 5 6 7 8 9 10
전혀 중요하지 않음   매우 중요함

이 변화와 목표 달성을 해야 하는 가장 중요한 이유 :

학급에서 이 목표의 달성에 대해 얼마나 확신하는가?

0 1 2 3 4 5 6 7 8 9 10
전혀 중요하지 않음   매우 중요함

내가 확신하는 이유 :

이 목표 달성에 방해가 되는 것이 있는가?

이것이 방해가 되지 않도록 하려면 내가 무엇을 할 수 있는가?

부록 C.6   교사 자기 모니터링 기록지

1. 빈칸에 날짜를 적으시오. 2. 사용할 전략들을 적으시오. 3. 매일 사용하는 전략들을 체크하시오. 4. 어떤 어려움이 있었다면 그에 대한 코멘트를 적으시오.					
전략 :	날짜 :	날짜 :	날짜 :	날짜 :	날짜 :
	☐	☐	☐	☐	☐
	☐	☐	☐	☐	☐
	☐	☐	☐	☐	☐
	☐	☐	☐	☐	☐
	☐	☐	☐	☐	☐
코멘트 :					

출처 : Wendy M. Reinke, Keith C. Herman, & Randy Sprick(2011)

흔히 발생하는 장애물의 해결 전략

공통적인 문제	동기면담 전략	개별화된 피드백
가르치고 비하적인 훈계를 사용하는 교사	• 결정저울 사용하기 • 가진 방식의 장단점, 대체 가능한 방식의 장단점에 대해 묻기(예, 타임아웃) • 그리고 각각의 방식들의 장단점으로부터 누가 해택을 얻는지 묻기 • 가진 방식으로 인한 해택은 대체적으로 어른들을 위한 것이고, 학생들은 대체적으로 부정적 측면에 의한 영향을 받는다는 점을 강조하기	• 교사의 가진 반응과 학생들의 선호한 행동이나 바람직한 행동 사이에 상관관계를 드러내는 데이터를 수집한다. • 가진 반응이 학생들의 바람직한 행동을 가져오지 않음을 보여주는 데 목적이 있다.
적극적이지 않거나 지친 교사	• 숨어있는 보석 찾기 • 교사의 가치관과 긍정적인 의도에 초점 두기 • 학생의 관점에 초점을 두기 • 교사에게 직장생활을 더 낫게(더 즐겁고 의미 있게) 만들 수 있는 한 가지를 떠올리고, 그것을 현실화시킬 수 있을지에 보도록 요청하기	• 교사에게 매일의 기분/에너지 수준을 체크해보고, 그것이 학급에서 어떤 변화를 주고 어떻게 연결되는지 알아보도록 요청한다. • 긍정적인 기분/에너지가 교사와 학생으로부터의 긍정적인 에너지를 야기한다는 사실을 강조한다.
전문가를 회피하는 교사	• 교사의 책임임을 많이 말하기("자와 함께 하는 것은 전적으로 선생님에게 달려 있습니다."). • 신뢰적이고 비평가적인 관계 맺기	• 학생의 행동 변화가 교사에게 이미 있는지 살펴본다. • 변화가 교사에게 주는 영향과 결과에 대해 체계적인 데이터를 수집한다.
학생을 특수반에 넣는 것이 유일한 개입이라라고 결정을 내린 교사	• 해당 학생의 관점, 그리고 이 개입으로 타 학생들이 무엇을 얻게 되는지 강조하기 • 교사의 책임임을 강조하기("우리는 다른 계획을 세우는 데 시간을 많이 할애할 수 있습니다. 하지만 이것이 가치 있는 일이라고 느끼는 궁극적으로 선생님에게 달려 있습니다.") • 해당 학생이 학급에서 훌륭한 성과를 낸다면, 그 학생에게 특별한 문제가 없음을 알려주는 것임을 교사에게 제시하기(예, "우리가 포괄적인 계획을 세운다면 해당 학생의 변화된 행동이 적응하는 경우가 흔합니다.")	• 교사에게 학생의 학생/상황에 대한 부정 대 대처 신념을 자기 모니터링하도록 요청한다. • 이 개인 시도 패턴을 교사와의 기준, 그리고 학생의 긍정적인 변화와 연결한다. • 학생의 목표 행동에 대한 데이터를 모으고, 시간에 따른 변화를 관찰한다. • 해당 학생의 행동이 타학생들이 보기에 달라졌는지, 그리고 어떻게 달라졌는지 데이터를 수집한다.

(계속)

출처 : Wendy M. Reinke, Keith C. Herman, & Randy Sprick(2011)

공통적인 문제	동기면담 전략	개별화된 피드백
	• 가족을 참여시키고, 가족과 교사의 관계를 형성하기 • 교사에게 학생에 대한 인식을 생각해 보도록 요청하기. 흔히 발생하는 예시들을 제시하고, 교사에게 그중 경험했던 것이 있는지 묻기 (예, "도전적인 행동 문제가 있는 학생들을 열심히 돕다 보면 결국에 좌절하고 당황하는 교사들이 많습니다. 이러한 상황에서 교사들이 학생에 대한 부정적인 인식 또는 성공에 대한 부정적인 기능성을 가지게 되는 것은 매우 흔한 일입니다.") • 도전적인 학생들에 대해 교사들이 가지고 있는 공통적인 인식으로는, "이 아이를 더 이상 도울 길이 없어", "이 아이는 그저 나를 째증나게 하려고 저런 행동을 하는 거야", "더 이상 희망이 보이질 않아" 등이다. • 교사들이 이러한 인식들에 대하여 인지할 수 있고, 인식이 교사와 아이 간의 관계에 영향을 줄 수 있도록 돕는 데 목적이 있다. 마침내 부정적인 인음들을 대체할 수 있는 적용 가능한 인음들을 교사들이 찾을 수 있도록 돕기	
일관성이 없거나 흔히 사용하지 않은 대가와 구조를 사용하는 교사	• 가치관의 불일치 강조하기(체계적인 구조가 없거나 일관적이지 않은 환경이 학생의 학습에 부정적인 결과를 가져온다.) • 모델링과 수업 계획을 통해 실천함으로써 자기효능감을 증진하기 • 훈계를 주저하는 교사와 관련 사례 찾기	• 작은 구조적 변화가 어떻게 바람직한 결과(산만한 행동 감소, 수업 몰입 행동 증가, 수업시간 증가)를 만드느냐 보여주는 데이터를 수집한다. • 칭찬과 대 훈계 비율에 대한 명쾌하고 지속적인 피드백을 한다. • 명쾌하고 능숙한 훈계에 대한 피드백을 한다.

부록 D.1

학급 규칙 가르치기

규칙

가르치기
규칙을 설명하고 왜 중요한지 이야기한다.

모델링
학생들에게 행동으로 보여줌으로써 긍정적인 모델을 제공한다.   *잘못된 행동을 보여줌으로써 부정적인 모델을 제공한다.*

연습하기
학생(들)이 규칙을 시연하도록 한다.

칭찬/보상
규칙을 시연한 학생(들)에게 구체적으로 칭찬한다.   *규칙을 따르는 학생들을 보상하는 계획을 만든다.*

출처 : Wendy M. Reinke, Keith C. Herman, & Randy Sprick(2011)

행동 규칙 가르치기

행동 규칙

가르치기
행동 규칙을 설명하고 왜 중요한지 이야기한다.

모델링
학생들에게 행동을 시연하여 긍정적인 모델이 되어준다. *잘못된 행동을 시연하여 부정적인 모델이 되어준다.*

연습하기
학생(들)이 행동 규칙을 시연하도록 한다.

칭찬/ 보상
행동 규칙을 정확하게 시연한 학생(들)에게 구체적으로 칭찬한다. *행동 규칙을 정확하게 시연하여 학생들을 보상하는 계획을 만든다.*

출처 : Wendy M. Reinke, Keith C. Herman, & Randy Sprick(2011)

| 부록 D.3 | 사전에 준비시키기 |

1단계 : 행동 규칙 중에서 학생들이 기억을 하지 않으면 하기 힘든 것을 고른다.
2단계 : 구체적으로 사전에 준비시키기와, 특정 행동 칭찬을 작성한다.
3단계 : 사전에 준비시키기 절차가 효과적이었는지 평가한다.

행동 규칙 :

사전 준비시키기 계획	
그룹에게 특정 행동 칭찬하기	
개인에게 특정 행동 칭찬하기	

85% 학생들이 기대 수준에 부응했나요?	예	아니요

아닌 경우, 학급에 행동 규칙을 명확하게 교육할 계획을 개발한다.

출처 : Wendy M. Reinke, Keith C. Herman, & Randy Sprick(2011)

부록 D.4

잘하는 학생 선별적으로 칭찬하기

1단계 : 잘하는 학생들을 '선별적으로 칭찬하기' 위해서 하루 중에 시간을 정한다. 산만한 행동이 많을 때가 좋은 목표 시간이 된다.

2단계 : 이 시간에 흔히 발생하는 산만한 행동들을 적는다.

3단계 : 더 많이 보고 싶은 행동이 무엇인지 적는다.

4단계 : 더 많이 보고 싶은 행동을 보이는 학생들을 '잡을' 때 사용할 특정 행동 칭찬 목록을 적는다.

기억할 것 : 특정 행동 칭찬이란 어떤 올바른 행동을 했는지 정확하게 학생들에게 말하는 칭찬이다(예, "손을 들어주어 고맙다.").

학생들을 '선별하기' 시간 :

문제 행동	'선별적으로 칭찬하기' 행동 교사가 더 많이 보고 싶은 행동을 말한다. 문제 행동과는 반대된다.	칭찬하기
예제 : 떠들기	손을 들고 차례 기다리기	"손을 들고 기다려주어 고맙다."

출처 : Wendy M. Reinke, Keith C. Herman, & Randy Sprick(2011)

부록 D.5

보상물 기록지

다음의 영역별로 몇 가지 보상물을 찾는다.

각 칸에 많고 다양한 보상물들을 추가하여 학습에서 긍정적인 학생 행동을 증가시킨다.

사회적 보상물	활동 보상물	물질 보상물

출처 : Wendy M. Reinke, Keith C. Herman, & Randy Sprick(2011)

부록 D.6   행동 대처 계획 기록지

1단계 : 수업 중 발생하는 문제 행동 목록을 만든다. 가장 덜 산만하고 덜 염려가 되는 행동에서부터 가장 산만하고 염려가 되는 행동 순서로 작성한다. 구체적이고 관찰 가능하게 작성한다.
2단계 : 각각의 문제 행동에 대한 대처 반응을 찾는다.

문제 행동	대처 반응

출처 : Wendy M. Reinke, Keith C. Herman, & Randy Sprick(2011)

**참고
문헌**

Abramowitz, A. J., O'Leary, S. G., & Futtersak, M.W. (1988). The relative impact of long and short reprimands on children's off-task behavior in the classroom. *Behavior Therapy, 19*(2), 243–247.

Allday, A., & Pakurar, K. (2007). Effects of teacher greeting on students' on-task behavior. *Journal of Applied Behavior Analysis, 40,* 317–320.

Amrhein, P. C., Miller, W. R., Yahne, C. E., Knupsky, A., & Hochstein, D. (2004). Strength of client commitment language improves with therapist training in motivational interviewing. *Alcoholism: Clinical and Experimental Research,73,* 99–106.

Amrhein, P. C., Miller, W. R., Yahne, C. E., Palmer, M., & Fulcher, L. (2003). Client commitment language during motivational interviewing predicts drug use outcomes. *Journal of Consulting and Clinical Psychology, 71*(5),862–878.

Anderson, L. M., Evertson, C. M., & Brophy, J. E. (1979). An experimental study of effective teaching in first-grade reading groups. *Elementary School Journal, 79*(4), 193–223.

Bandura, A. (1977). Self-efficacy: Toward a unifying theory of behavioral change. *Psychological Review, 84*(2), 191–215.

Barrett, E. R., & Davis, S. (1995). Perceptions of beginning teachers' needs in classroom management. *Teacher Education and Practice, 11,* 22–27.

Barrish, H. H., Saunders, M., & Wof, M. M. (1969). Good behavior game: Effects of individual contingencies for group consequences on disruptive behavior in a classroom. *Journal of Applied Behavior Analysis, 2*(2), 119–124.

Barton, L. E., Brulle, A.R., & Repp, A. C. (1987). Effects of differential scheduling of timeout to reduce maladaptive responding. *Exceptional Children, 53*(4), 351–356.

Becker, W. C., Madsen, C. H., Arnold, C. R., & Thomas, D. R. (1967). The contingent use of teacher attention and praise in reducing classroom behavior problems. *Journal of Special Education, 1*(3), 287–307.

Brophy, J. E. (1981). On praising effectively. *Elementary School Journal, 81,* 268–278.

Brophy, J. E. (1983). Classroom organization and management. *Elementary School Journal, 83*(4), 265–285.

Brophy, J. E. (1996). *Teaching problem students.* New York: Guilford Press.

Brophy, J. E., & Evertson, C. M. (1976). *Learning from teaching: A developmental perspective.* Boston: Allyn & Bacon.

Burden, P. (2006). *Classroom management: Creating a successful K–12 learning community.* Hoboken, NJ: Wiley.

Cameron, J., & Pierce, W. (1994). Reinforcement, reward, and intrinsic motivation: A meta-analysis. *Review of Educational Research, 64*(3), 363–423.

Carnine, D. W. (1976). Effects of two teacher-presentation rates on off-task behavior, answering correctly, and participation. *Journal of Applied Behavior Analysis, 9*(2), 199–206.

Chaskin, R. J., & Rauner, D. M. (1995). Youth and caring: An introduction. *Phi Delta Kappan, 76*(9), 667–674.

Coalition for Psychology in Schools and Education. (2006, August). *Report on the Teacher Needs Survey.* Washington, DC: Center for Psychology in the Schools and Education.

Coladarci, T., & Gage, N. L. (1984). Effects of minimal intervention on teacher behavior and student achievement. *American Education Research Journal, 1*, 236–248.

Colvin, G., Sugai, G., & Patching, B. (1993). Precorrection: An instructional approach for managing predictable problem behaviors. *Intervention in School and Clinic, 28*(3), 143–150, 164.

Comer, J. P. (1993). *School power: Implications for an intervention project.* New York: Free Press.

Connell, J., & Wellborn, J. (1991). Competence, autonomy, and relatedness: A motivational analysis of self-system process. In M. Gunnar & A. Sroufe (Eds.), *Minnesota symposium on child psychology* (Vol. 22, pp. 43–77). Hillsdale, NJ: Erlbaum.

Conners, D. A. (1983). The school environment: A link to understanding stress. *Theory Into Practice, 22*(1), 15–20.

Conroy, M., Sutherland, K. S., Haydon, T., Stormont, M., & Harmon, J. (2009). Preventing and ameliorating young children's chronic problem behaviors: An ecological classroom-based approach. *Psychology in the Schools, 46*(1), 3–17.

Council for Exceptional Children. (1987). *Academy for effective instruction: Working with mildly handicapped students.* Reston, VA: Author.

Crone, D., & Horner, R. (2003). *Building positive behavior support systems in schools: Functional behavioral assessment.* New York: Guilford Press.

Crone, D., Hawken, L., & Horner, R. (2010). *Responding to problem behavior in schools: The behavior education program* (2nd ed.). New York: Guilford Press.

Delquadri, J., Greenwood, C., Stretton, K., & Hall, R. (1983). The peer tutoring spelling game: A classroom procedure for increasing opportunity to respond and spelling performance. *Education and Treatment of Children, 6*, 225–239.

De Pry, R. L., & Sugai, G. (2002). The effect of active supervision and precorrection on minor behavioral incidents in a sixth-grade general education classroom. *Journal of Behavioral Education, 11*, 255–267.

Didden, R., de Moor, J., & Bruyns, W. (1997). Effectiveness of DRO tokens in decreasing disruptive behavior in the classroom with five multiply handicapped children. *Behavioral Interventions, 12*(2), 65–75.

Dishion, T. J., & Kavanagh, K. (2003). *Intervening in adolescent problem behavior: A family-centered approach.* New York: Guilford Press.

Doll, B., Zucker, S., & Brehm, K. (2004). *Resilient classrooms: Creating healthy environments for learning.* New York: Guilford Press.

Domitrovich, C. E., & Greenberg, M. T. (2000). The study of implementation: Current findings from effective programs that prevent mental disorders in school-aged children. *Journal of Educational and Psychological Consultation, 11*(2), 193–221.

Drabman, R. S., Spitalnik, R., & O'Leary, K. D. (1973). Teaching self-control to disruptive children. *Journal of Abnormal Psychology, 82*(1), 10–16.

Embry, D. (2002). The Good Behavior Game: A best practice candidate as a universal behavioral vaccine. *Clinical Child and Family Psychology Review, 5*, 273–297.

Emmer, E. T., Evertson, C., & Anderson, L. (1980). Effective classroom management at the beginning of the school year. *Elementary School Journal, 80*(5), 219–231.

Engelman, S., & Carnine, D. (1982). *Theory of instruction: Principles and applications.* New York: Irvington.

Espin, C., & Yell, M. (1994). Critical indicator of effective teaching for preservice teachers: Relationships between teaching behaviors and ratings of effectiveness. *Teacher Education and Special Education, 17*, 154–169.

Evertson, C. M., Anderson, C. W., Anderson, L. M., & Brophy, J. E. (1980). Relationships between classroom behaviors and student outcomes in junior high mathematics and English classes. *American Educational Research Journal, 17*(1), 43–60.

Evertson, C. M., & Emmer, E. (1982). Effective management at the beginning of the year in junior high classes. *Journal of Educational Psychology, 74*, 485–498.

Evertson, C. M.., & Weinstein, C. S. (2006). Classroom management as a field of inquiry. In C. M. Evertson & C. S. Weinstein (Eds.), *Handbook of classroom management: Research, practice, and contemporary issues* (pp. 3–15). Mahwah, NJ: Erlbaum.

Feldman, S. (2003). The place for praise. *Teaching PreK–8, 5*, 6.

Fixen, D., Naoom, S., Blase, K., Friedman, R., & Wallace, F. (2005). *Implementation research: A synthesis of the literature* (FMHI Publication No. 231). Tampa, FL, University of South Florida, Louis de la Parte Florida Mental Health Institute, National Implementation Research Network.

Forman, S. G. (1980). A comparison of cognitive training and response cost procedures in modifying aggressive behavior of elementary school children. *Behavior Therapy, 11*(4), 594–600.

Fuchs, D., Fuchs, L.S., & Burish, P. (2000). Peer assisted learning strategies: An evidence based practice to promote reading achievement. *Learning Disabilities Research and Practice, 15*(2), 85–91.

Gable, R. A., Hester, P. H., Rock, M. L., & Hughes, K.

G. (2009). Back to basics: Rules, praise, ignoring, and reprimands revisited. *Intervention in School and Clinic, 44,* 195–205.

Good, C. E., Eller, B. F., Spangler, R. S., & Stone, J. E. (1981). The effect of an operant intervention program on attending and other academic behavior with emotionally disturbed children. *Journal of Instructional Psychology, 9*(1), 25–33.

Good, T., & Brophy, J. (2003). *Looking in classrooms* (9th ed.). New York: Allyn & Bacon.

Greenwood, C. R., Terry, B., Marquis, J., & Walker, D. (1994). Confirming a performance-based instructional model. *School Psychology Review, 23*(4), 652–668.

Grossman, H. (2004). *Classroom behavior management for diverse and inclusive schools.* New York: Rowman & Littlefield.

Gunter, P. L., Hummel, J. H., & Conroy, M. A. (1998). Increasing incorrect academic responding: An effective intervention strategy to decrease behavior problems. *Effective School Practices, 17,* 55–62.

Hall, R., Lund, D., & Jackson, D. (1968). Effects of teacher attention on study behavior. *Journal of Applied Behavior Analysis, 1*(1), 1–12.

Han, S. S., & Weiss, B. (2005). Sustainability of teacher implementation of school-based mental health programs. *Journal of Abnormal Child Psychology, 33*(6), 665–679.

Hawkins, J. D., Catalano, R. F., Kosterman, R., Abbott, R., & Hill, K. G. (1999). Preventing adolescent health-risk behaviors by strengthening protection during childhood. *Archives of Pediatrics and Adolescent Medicine, 153,* 226–234.

Henley, M. (2006). *Classroom management: A proactive approach.* Upper Saddle River, NJ: Pearson Education.

Houston, W. R., & Williamson, J. L. (1992). Perceptions of their preparation by 42 Texas elementary school teachers compared with their responses as student teachers. *Teacher Education and Practice, 8,* 27–42.

Huston-Stein, A., Friedrich-Cofer, L., & Sussman, E. (1977). The relation of classroom structure to social behavior, imaginative play, and self-regulation of economically disadvantaged children. *Child Development, 48*(3), 908–916.

Ialongo, N., Poduska, J., Werthamer, J., & Kellam, S. (2001). The distal impact of two first-grade preventive interventions on conduct problems and disorder in early adolescence. *Journal of Emotional and Behavioral Disorders, 9*(3), 146–160.

Ingersoll, R. M. (2002, August 15). High turnover plagues schools. *USA Today,* p. 13A.

Jerome, A., & Barbetta, P.M. (2005). The effect of active student responding during computer-assisted instruction on social studies learning by students with learning disabilities. *Journal of Special Education Technology, 20,* 13–23.

Johnson, S., & White, G. (1971). Self-observations as an agent of behavioral change. *Behavior Therapy, 2,* 488–497.

Jones, R. T., & Kazdin, A. E. (1975). Programming response maintenance after withdrawing token reinforcement. *Behavior Therapy, 6,* 153–164.

Jones, V. F., & Jones, L. S. (2004). *Comprehensive classroom management: Creating communities of support and solving problems.* Boston: Allyn & Bacon.

Kalis, T. M., Vannest, K. J., & Parker, R. (2007). Praise counts: Using self-monitoring to increase effective teaching practices. *Preventing School Failure, 51*(3), 20–27.

Kellam, S. G., Ling, X., Merisca, R., Brown, C. H., & Ialongo, N. (1998). The effect of the level of aggression in the first grade classroom on the course and malleability of aggressive behavior into middle school. *Development and Psychopathology, 10*(2), 165–185.

Kelley, M. L., & Stokes, T.F. (1984). Student–teacher contracting with goal setting for maintenance. *Behavior Modification, 8*(2), 223–244.

Kunter, M., Baumert, J., & Köller, O. (2007). Effective classroom management and the development of subject-related interest. *Learning and Instruction, 17*(5), 494–509.

Lazarus, B. D. (1993). Guided notes: Effects with secondary and post-secondary students with mild disabilities. *Education and Treatment of Children, 16*(3), 272–289.

Lewis, R. J., & Sugai, G. (1999). Effective behavior support: A systems approach to proactive schoolwide management. *Focus on Exceptional Children 31,* 1–24.

Maag, J. W. (2001). Rewarded by punishment: Reflections on the disuse of positive reinforcement in schools. *Exceptional Children, 67*(2), 173–186.

Madsen, C. H., Becker, W. C., & Thomas, D. R. (1968). Rules, praise, and ignoring: Elements of elementary classroom control. *Journal of Applied Behavior Analysis, 1*(2), 139–150.

Mayer, G. (1995). Preventing antisocial behavior in the schools. *Journal of Applied Behavior Analysis, 28*(4), 467–478.

McAllister, L. W., Stachowiak, J. G., Baer, D., & Conderman, L. (1969). The application of operant conditioning techniques in a secondary school classroom. *Journal of Applied Behavior Analysis, 2*(4), 277–285.

McCormick, L. K., Steckler, A., & McLeroy, K. R. (1994). Diffusion of innovation in schools: A study of adoption and implementation of school-based tobacco prevention curricula. *American Journal of Health Promotion, 9,* 210–219.

McGill, P., Teer, K., Rye, L., & Hughes, D. (2003). Staff reports of setting events associated with challenging behavior. *Behavior Modification, 27*(2), 265–282.

McNeely, C.A., Nonnemaker, J.M., & Blum, R. W. (2002). Promoting student connectedness to school: Evidence from the National Longitudinal Study of Adolescent Health. *Journal of School Health, 72*(4), 138–146.

Mesa, J., Lewis-Palmer, T., & Reinke, W.M. (2005). Providing teachers with performance feedback on praise to reduce student problem behavior. *Beyond Behavior, 15,* 3–7.

Miller, W. R., Benefield, R., & Tonigan, J. S. (1993). Enhancing motivation for change in problem drinking: A controlled comparison of two therapist styles. *Journal of Consulting and Clinical Psychology, 61*(3), 455–461.

Miller, W. R., & Rollnick, S. (2002). *Motivational interviewing: Preparing people for change* (2nd ed.). New York: Guilford Press.

Miller, W. R., Yahne, C. E., Moyers, T. B., Martinez, J., & Pirritano, M. (2004). A randomized trial of methods to help clinicians learn motivational interviewing. *Journal of Counseling and Clinical Psychology, 72,* 1050–1062.

National Research Council. (2002). *Minority students in special and gifted education: Committee on Minority Representation in Special Education.* Washington, DC: National Academy Press.

Nevin, A., Johnson, D. W., & Johnson, R. (1982). Effects of group and individual contingencies on academic performance and social relations of special needs students. *Journal of Social Psychology, 116*(1), 41–59.

Noell, G. H., Witt, J. C., LaFleur, L. H., Mortenson, B. P., Ranier, D. D., & LaVelle, J. (2000). Increasing intervention implementation in general education following consultation: A comparison of two follow-up strategies. *Journal of Applied Behavior Analysis, 33,* 271–284.

O'Leary, K., & Becker, W. (1968). The effects of the intensity of a teacher's reprimands on children's behavior. *Journal of School Psychology, 7,* 8–11.

Patterson, G. R., & Forgatch, M. S. (1985). Therapist behavior as a determinant for client noncompliance: A paradox for the behavior modifier. *Journal of Consulting and Clinical Psychology, 53*(6), 846–851.

Peterson, R. (1992). *Life in a crowded place: Making a learning community.* Portsmouth, NH: Heinemann.

Phelan, P., Yu, H. C., & Davidson, A. L. (1994). Navigating the psychosocial pressures of adolescence: The voices and experiences of high school youth. *American Educational Research Journal, 31*(2), 415–447.

Pianta, R. (1999). *Enhancing relationships between children and teachers.* Washington, DC: American Psychological Association.

Rao, S. (1998). *The short-term impact of the Family Check-Up: A brief motivational intervention for at-risk families.* Unpublished dissertation, University of Oregon, Eugene.

Rathvon, N. (2008). *Effective school interventions: Evidence-based strategies for improving student outcomes* (2nd ed.). New York: Guilford Press.

Reider, B. (2005). *Teach more and discipline less: Preventing problem behaviors in the K–6 classroom.* Thousand Oaks, CA: Corwin Press.

Reinke, W. M., & Herman, K. C. (2002). Creating school environments that deter antisocial behaviors in youth. *Psychology in the Schools, 39*(5), 549–560.

Reinke, W. M., Lewis-Palmer, T., & Martin, E. (2007). The effect of visual performance feedback on teacher use of behavior-specific praise. *Behavior Modification, 31*(3), 247–263.

Reinke, W. M., Lewis-Palmer, T., & Merrell, K. (2008). The Classroom Check-Up: A classwide teacher consultation model for increasing praise and decreasing disruptive behavior. *School Psychology Review, 37*(3), 315–332.

Reinke, W. M., Stormont, M., Herman, K. C., Puri, R., & Goel, N. (2011). Supporting children's mental health in schools: Teacher perceptions of needs, roles, and barriers. *School Psychology Quarterly, 26,* 1–13.

Ringeisen, H., Henderson, K., & Hoagwood, K. (2003). Context matters: Schools and the "research to practice gap" in children's mental health. *School Psychology Review, 32*(2), 153–168.

Rollnick, S., Miller, W.R., & Butler, C. C. (2008). *Motivational interviewing in health care: Helping patients change behavior.* New York: Guilford Press.

Rose, L. C., & Gallup, A. M. (2002). The 34th annual Phi Delta Kappa/Gallup Poll of the public's attitudes toward the public schools. *Phi Delta Kappan, 84*(1), 41–46.

Rose, L. C., & Gallup, A. M. (2006). The 38th annual Phi Delta Kappa Gallup Poll of the public's attitudes toward the public schools. *Phi Delta Kappan, 88,* 41–56.

Scheuermann, B. K., & Hall, J. A. (2008). *Positive behavioral supports for the classroom.* Upper Saddle River, NJ: Pearson/Merrill Prentice Hall.

Schuldheisz, J. M., & van der Mars, H. (2001). Active supervision and students' physical activity in middle school physical education. *Journal of Teaching in Physical Education, 21*, 75–90.

Sheridan, S., Welch, M., & Orme, S. (1996). Is consultation effective?: A review of outcome research. *Remedial and Special Education, 17*, 341–354.

Shores, R. E., Cegelka, P., & Nelson, C. (1973). Competency-based special education teacher training. *Exceptional Children, 40*, 192–197.

Shores, R. E., Gunter, P. L., & Jack, S. L. (1993). Classroom management strategies: Are they setting events for coercion? *Behavioral Disorders, 18*(2), 92–102.

Silver-Pacuilla, H., & Fleischman, S. (2006). Technology to help struggling students. *Educational Leadership, 63*(5), 84–85.

Simonsen, B., Fairbanks, S., Briesch, A., Myers, D., & Sugai, G. (2008). Evidence-based practices in classroom management: Considerations for research to practice. *Education and Treatment of Children, 31*(3), 351–380.

Skinner, C. H., Belfiore, P. J., Mace, H. W., Williams-Wilson, S., & Johns, G. A. (1997). Altering response topography to increase response efficiency and learning rates. *School Psychology Quarterly, 12*, 54–64.

Skinner, C. H., Smith, E. S., & McLean, J. E. (1994). The effects of intertrial interval duration on sight-word learning rates in children with behavioral disorders. *Behavioral Disorders, 19*, 98–107.

Sprick, R. (2006). *Discipline in the secondary classroom: A positive approach to behavior management.* (2nd ed.). Eugene, OR: Pacific Northwest.

Sprick, R. (2008). *CHAMPS: A proactive and positive approach to classroom management* (2nd ed.). Eugene, OR: Pacific Northwest Publishing.

Sprick, R., Booher, M., & Garrison, M. (2009). *Behavioral response to intervention: Creating a continuum of problem-solving and support.* Eugene, OR: Pacific Northwest.

Sprick, R., & Garrison, M. (2008). *Interventions: Evidence-based behavioral strategies for individual students.* (2nd ed.). Eugene, OR: Pacific Northwest.

Sprick, R., Knight, J., Reinke, W., Skyles, T., & Barnes, L. (2010). *Coaching classroom management: Strategies and tools for administrators and coaches.* Eugene, OR: Pacific Northwest.

Stevenson, R., & Ellsworth, J. (1993). Dropouts and the silencing of critical voices. In L. Weis & M. Fine (Eds.), *Beyond silenced voices* (pp. 259–271). Albany: State University of New York Press.

Stormont, M., Covington, S., & Lewis, T. J. (2006). Using data to inform systems: Assessing teacher implementation of key features of positive behavior support. *Beyond Behavior, 15*(3), 10–14.

Stormshack, E., & Dishion, T. J. (2002). An ecological approach in child and family clinical and counseling psychology. *Clinical Child and Family Psychology Review, 5*, 197–215.

Strein, W., Hoagwood, K., & Cohn, A. (2003). School psychology: A public health perspective. *Journal of School Psychology, 41*, 83–90.

Sutherland, K. S., Alder, N., & Gunter, P. L. (2003). The effect of varying rates of opportunities to respond to academic requests on the classroom behavior of students with EBD. *Journal of Emotional and Behavioral Disorders, 11*(4), 239–248.

Sutherland, K. S., & Wehby, J.H. (2001). Exploring the relationship between increased opportunities to respond to academic requests and the academic behavioral outcomes of students with EBD: A review. *Remedial and Special Education, 22*(2), 113–121.

Sutherland, K. S., Wehby, J., & Copeland, S. (2000). Effect on varying rates of behavior-specific praise on the on-task behavior of students with EBD. *Journal of Emotional and Behavioral Disorders, 8*, 2–8.

Sutherland, K. S., Wehby, J. H., & Yoder, P. (2002). Examination of the relationship between teacher praise and opportunities for students with EBD to respond to academic requests. *Journal of Emotional and Behavioral Disorders, 10*(1), 5–13.

Thevos, A., Fred, A., Kaona, A., Siajunza, M., & Quick, R. (2000). Adoption of safe water behaviors in Zambia: Comparing educational and motivational approaches. *Education for Health, 13*(3), 366–376.

Trussell, R. (2008). Classroom universals for prevention of problem behaviors. *Interventions in School and Clinic, 43*, 179–186.

Van Acker, R., Grant, S. H., & Henry, D. (1996). Teacher and student behavior as a function of risk for aggression. *Education and Treatment of Children, 19*(3), 316–334.

Walker, H. M., Colvin, G., & Ramsey, E. (1995). *Antisocial behavior in school: Strategies and best practices.* Belmont, CA: Thomson Brooks/Cole.

Watson, T. S., & Robinson, S. L. (1996). Direct behavioral consultation: An alternative approach to didactic consultation. *School Psychology Quarterly, 11*, 267–278.

Webster-Stratton, C. (1999). *How to promote children's social and emotional competence.* Los Angeles: Sage.

Webster-Stratton, C., Reid, M., & Hammond, M.

(2004). Treating children with early-onset conduct problems: Intervention outcomes for parent, child, and teacher training. *Journal of Clinical Child and Adolescent Psychology, 33*(1), 105–124.

Weinstein, C. S. (1977). Modifying student behavior in an open classroom through changes in the physical design. *American Educational Research Journal, 14*(3), 249–262.

Weinstein, C. S. (2007). *Middle and secondary classroom management: Lessons from research and practice* (3rd ed.). New York: McGraw-Hill.

White-Blackburn, G., Semb, S., & Semb, G. (1977). The effects of a good-behavior contract on the classroom behaviors of sixth-grade students. *Journal of Applied Behavior Analysis, 10*(2), 312.

Williams, R. L., & Anandam, K. (1973). The effect of behavior contracting on grades. *Journal of Educational Research, 66*(5), 230–236.

Witt, J. C., Noell, G. H., LaFleur, L. H., & Mortenson, B. P. (1997). Teacher use of intervention in general education settings: Measurement and analysis of the independent variable. *Journal of Applied Behavior Analysis, 30*, 693–696.

Witt, J. C., VanDerHeyden, A. M., & Gilbertson, D. (2004). Troubleshooting behavioral interventions: A systematic process for finding and eliminating problems. *School Psychology Review, 33*(3), 363–383.

Yarbrough, J. L., Skinner, C. H., Lee, Y. J., & Lemmons, C. (2004). Decreasing transition times in a second grade classroom: Scientific support for the timely transitions game. *Journal of Applied School Psychology, 20*(2), 85–107.

Zwald, L., & Gresham, F. M. (1982). Behavioral consultation in a secondary class: Using DRL to decrease negative verbal interactions. *School Psychology Review, 11*(4), 428–432.

찾아보기

저자 소개

Wendy M. Reinke, PhD

미주리대학교의 심리학 조교수이자, 미주리 예방 센터장이다. 그녀는 Classroom Check-Up(교실 체크업), 즉 평가에 기초한 교실 수준의 교사 자문 모델을 개발하였다. 그녀의 연구는 근거 기반 실천 수행을 증가시키고, 학생들에게 있어서 지장을 주는 행동 문제를 예방하는데 초점을 두고 있다. 전국적으로 강의를 다니며, 상호 검토된 수많은 기사들의 출판자이자, 책 *Coaching Classroom Management: Strategies and Tools for Administrators and Coaches*, 2판의 공동저자다.

Keith C. Herman, PhD

미주리대학교의 자문심리 부교수이자, 미주리 예방 센터장이다. 동기면담 훈련가들의 국제적인 그룹인 MINT 멤버다. 전국적으로 강의를 다니며, 지금까지 50개가 넘는 수많은 기사와 책들을 출판하였다. 그의 작업 중 많은 부분은 아이들을 위한 효과적인 환경을 촉진하기 위해 교사와 가족들과 함께 동기면담을 생활에 적용하는 데 초점을 두고 있다.

Randy Sprick, PhD

미국 도처에서 연수 프로그램을 제공하는 회사인 Teaching Strategies의 감독이다. 매년 20,000명이 넘는 교사와 운영자들을 위해 워크숍과 강의를 진행한다. 정서 및 행동 문제를 가진 학생들의 교사며, 초등교육과 중등교육의 교사들의 지도자이자, 교사들을 위한 훈련가로 일해 왔다. 또한 많은 기사들을 써 왔으며, 학급운영, 학교차원의 규율 정책, 운동장 규율, 그리고 통학버스에서의 행동 등의 주제를 다루는 오디오와 비디오 연수 프로그램을 제작하였다. 그는 책 *CHAMPs: A Proactive and Positive Approach to Classroom Management*, 2판을 포함한 다양하게 사용되고 있는 책들의 저자다.

역자 소개

김기은

백석대학교 상담대학원 석사

동기면담 국제 훈련가

학교전문상담사

진로탐색전문가

김주현

백석대학교 상담대학원 석사

청소년상담사

학습상담사

진로디자이너

이서현

경희대학교 재학중

학습부진아 학습 멘토

조성희

미국 미주리주립대학교 대학원 교육 및 상담심리학 박사

동기면담 국제 훈련가

임상심리전문가